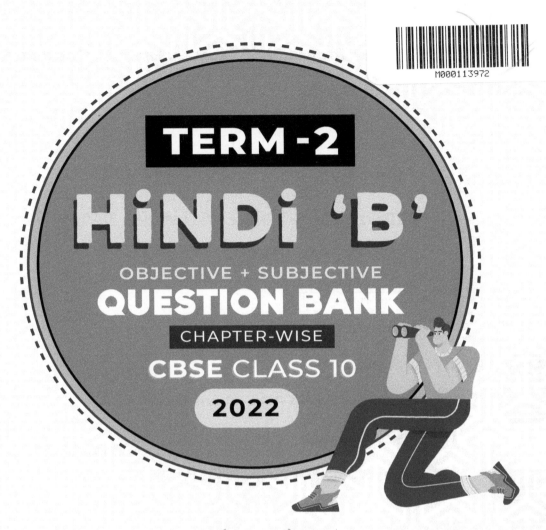

TERM -2

HiNDi 'B'

OBJECTIVE + SUBJECTIVE

QUESTION BANK

CHAPTER-WISE

CBSE CLASS 10

2022

आत्मनिर्भर भारत

COMPLETE SELF-PREP BOOK

AGP

AGRAWAL GROUP OF PUBLICATIONS

EduCart | Agrawal Publications | AGRAWAL EXAMCART

Book Name	**Educart Term-II CBSE Class 10 Hindi 'B' Question Bank**
Editor Name	**Sonali Khosla**
Edition	**Latest**
Published by	**Agrawal Group Of Publications (AGP)** © All Rights reserved.
ADDRESS (Head office)	**28/115 Jyoti Block, Sanjay Place, Agra, U.P. 282002**
CONTACT	**quickreply@agpgroup.in** We reply super fast
BUY BOOK	**www.educart.co** Cash on delivery available
WHATSAPP (Head office)	**8937099777**
PRINTED BY	**Schoolcart**
DESKTOP PUBLISHING	**Agrawal Group Of Publications (AGP)**
ISBN	**978-93-5561-125-3**
© COPYRIGHT	**Agrawal Group Of Publications (AGP)**

AGP contributes Rupee One on every book purchased by you to the **Friends of Tribals Society** Organization for better education of tribal children.

WHY THIS BOOK ?

Only book designed to prepare and assess you as per the New CBSE guidelines for TERM 2 Exams!

CBSE TERM 2

Objective (maybe) — **Subjective**

MCQ + VSA + SA + LA

ROTE LEARNING
RATTAFICATION

- ⊗ What they Remember?

COMPETENCY
BASED EDUCATION

- ✓ What they actually Understand?
- ✓ How to Apply in Real-life?

CRITICAL THINKING
- Q Writing
- Q Inference-based

CONCEPTUAL CLARITY
- Q Reading Comprehension
- Q Integrated

APPLICATION OF KNOWLEDGE
- Q Stand-alone
- Q Extract-based

TOPIC NOTES
- ✓ NCERT Chapters Simplified
- ✓ Examples and Definitions
- ✓ Marking Scheme

QUESTIONS
- ✓ All New Competency Q's
- ✓ Detailed Explanations
- ✓ Related Caution Points

हैं झाँक रहे नीरव नभ पर,
अनिमेष, अटल, कुछ चिंतापर।

शब्दार्थ

गिरि- पर्वत, *उच्चाकांक्षाएँ-* बड़ी बड़ी इच्छाएँ, *तरुवर-* वृक्ष, *नीरव-* सूना, *नभ-* आकाश, *अनिमेष-* लगातार, *अटल-* अडिग।

व्याख्या

पर्वतों पर लगे ऊँचे-ऊँचे वृक्षों को देखकर कवि को ऐसा लग रहा है मानो वह वृक्ष पर्वतों के हृदय से निकलने वाली ऊँची-ऊँची आकांक्षाएँ हैं। पर्वतों की आकांक्षाएँ आकाश को छूने की हैं। वृक्ष बिलकुल स्थिर हैं, अटल हैं। कवि को उनकी स्थिरता में उनकी उदासी झलकती दिखती है। कवि के अनुसार ये वृक्ष इसलिए उदास हैं क्योंकि ये पर्वतों की आकाश को छूने की इच्छाओं को पूरा नहीं कर पा रहे हैं।

को अंग्रेजों की पराधीनता से मुक्त कराने के प्रयासों में जुट गया। अंग्रेज सरकार भी उसे पकड़ने के लिए प्रयासरत हो गई, पर उसने अपने चातुर्य के बल पर सरकार की दृष्टि से बचकर निकल जाने में बार-बार सफ़लता प्राप्त की।

उदाहरण 1. **सआदत अली को अवध के त... पीछे कर्नल का क्या मकसद था?**

[CBSE 2016, ...

उत्तर : सआदत अली वज़ीर अली के पिता ... भाई था। जब तक वज़ीर अली का जन्... तक सआदत अली को लगता था कि ... बाद अवध के तख़्त पर वही बैठेगा। ... जन्म के बाद उसे लगा कि उसके सारे ...

लघु उत्तरीय प्रश्न (25-30 शब्द)
[2 अंक]

4. 'सारे हिंदुस्तान में एक लहर दौड़ गई है'। लेफ्टिनेंट के इस कथन का क्या अर्थ है? [CBSE 2012, 11]

उत्तर : लेफ्टिनेंट ने ऐसा सुना था कि वज़ीर अली अफ़गानिस्तान के बादशाह शाहे जमा को हिंदुस्तान पर हमला करने की दावत दे रहा है और कर्नल ने उसे बताया कि सबसे पहले टीपू सुल्तान ने और फिर वज़ीर अली ने और फिर शमसुद्दौला ने अफ़गानिस्तान को हमले की दावत दी थी। वज़ीर अली आजमगढ़ के जंगलों में छिपता फिर रहा था और उसकी योजना थी कि किसी तरह से नेपाल पहुँच

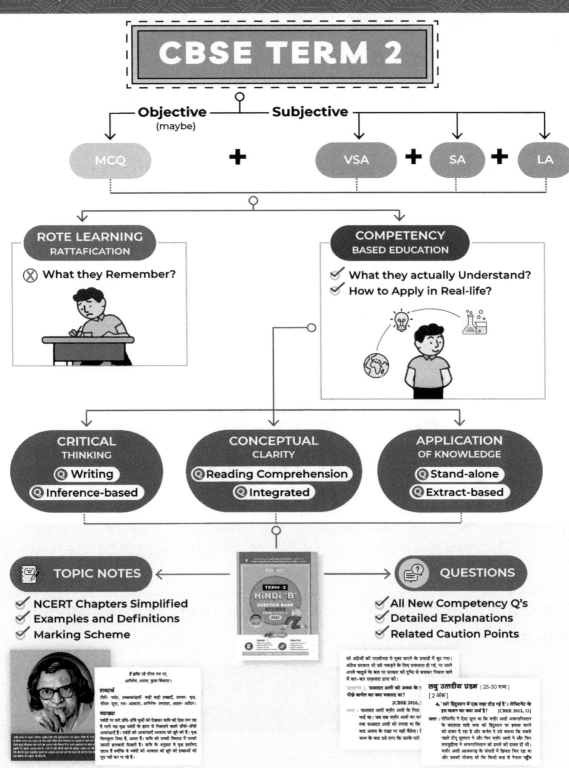

FREE
Future Announcements + Term 2 Study Material

Want to Subscribe to receive exclusive complimentary study material and latest CBSE updates by WhatsApp for FREE?

- CBSE Curriculum Changes
- Topper Strategies

- CBSE Term 2 SQPs
- Past 10 Year Papers etc...

Scan this special QR code to Subscribe

Everyone who buys the book, benefits from this exclusive feature!

www.educart.co

INDEX

NEW PATTERN
QUESTIONS +
TOPPER'S CORNER

अपने सहस्र दृग-सुमन फाड़,
अवलोक रहा है बार-बार,
जिसके चरणा में निज महाकार।
दर्पण-सा फैला है में पला ताल,
है विशाल।
कवि ने किस समय औ और स्थान का वर्णन किया है?
(i) ग्रीष्म ऋतु-पर्वतोंतों का क्षेत्र
(ii) वर्षा ऋतु-महानहानगर
ऋतु-पर्वतीय क्षेत्र
(iv) शीत ऋतु-पर्वतीय क्षेत्र

Extract-based Questions

Extract-based Questions are the most scoring ones in Hindi B Board exam. Practice as many solved and unsolved questions in each chapter.

Marking Scheme

CBSE Marking Scheme breakdown can help you score full marks in such questions. We have given them for all Writing questions.

अंक विभाजन	
आरंभ व समापन की औपचारिकताएँ	1 अंक
विषय-वस्तु	3 अंक
भाषा की शुद्धता	1 अंक
कुल अंक	5 अंक

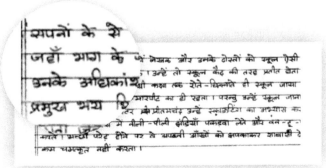

Topper's Answers

Get a good idea on how to answer subjective questions and score maximum marks with the help of topper's answers. Given at the end of most chapters.

TERM-2
BREAKDOWN

भाग	विषयवस्तु	अंक
क	लेखन (Writing)	26
ख	साहित्य (Literature)	14
	आंतरिक मूल्याअंकन (INTERNAL ASSESSMENT) सामयिक आंकलन (3) + बहुविध आंकलन (2) + पोर्टफोलियो (2) + श्रवण एवं वाचन (3)	10
	कुल	40 + 10

पूर्ण पाठ्यक्रम से निम्नलिखित पाठ हटा दिए गए है–

व्याकरण	अलंकार

स्पर्श भाग 2

काव्य खंड	गद्य खंड
बिहारी–दोहे	सीताराम सेकसरिया–डायरी का एक पन्ना
महादेवी वर्मा– मधुर मधुर मेरे दीपक जल	प्रहलाद अग्रवाल–तीसरी कसम के शिल्पकार शैलेंद्र
वीरेन डंगवाल–तोप	अंतोन चेखव–गिरगिट
रवींद्रनाथ ठाकुर–आत्मत्राणव	रवींद्र केलेकर–पतझर में टूटी पत्तियाँ (i) गिन्नी का सोना

Syllabus
(TERM - 2 Only)

परीक्षा भाग विभाजन सत्र 2

क्रम	विषयवस्तु		उपभार	कुल भार
1.	**पाठ्यपुस्तक स्पर्श भाग–2**			14
	1.	स्पर्श से निर्धारित पाठों के आधार पर विषयवस्तु का ज्ञान, बोध, अभिव्यक्ति आदि पर 25–30 शब्दों वाले तीन प्रश्नों में से दो प्रश्न पूछे जाएंगे।	2 × 2 = 4	
	2.	स्पर्श से निर्धारित पाठों के आधार पर विद्यार्थियों की उच्च चिंतन क्षमताओं एवं अभिव्यक्ति का आकलन करने हेतु 60–70 शब्दों वाला प्रश्न।	4 × 1 = 4	
	पूरक पाठ्यपुस्तक संचयन भाग–2			
		पूरक पाठ्यपुस्तक संचयन के निर्धारित पाठों से तीन में से दो प्रश्न पूछे जाएंगे जिनका उत्तर 40-50 शब्दों में देना होगा।	3 × 2 = 6	
2.	**लेखन**			26
	अ.	संकेत बिन्दुओं पर आधारित समसामयिक एवं व्यावहारिक जीवन से जुड़े हुए किन्हीं तीन विषयों में से किसी एक विषय पर 150 शब्दों में अनुच्छेद। (विकल्प सहित)	6 × 1 = 6	
	ब.	औपचारिक विषय से सम्बन्धित लगभग 120 शब्दों पत्र (विकल्प सहित)	5 × 1 = 5	
	स.	व्यावहारिक जीवन से सम्बन्धित विषयों पर आधारित दो सूचनाओं (प्रत्येक लगभग 50 शब्दों वाली) का लेखन। (विकल्प सहित)	2.5 × 2 = 5	
	द.	विषय से सम्बन्धित दो विज्ञापनों (प्रत्येक लगभग 50 शब्दों वाला) का लेखन। (विकल्प सहित)	2.5 × 2 = 5	
	इ.	लघु कथा लेखन लगभग 120 शब्दों में लघु कथा लेखन।(विकल्प सहित)	5 × 1 = 5	
	आन्तरिक मूल्यांकन			10
	अ.	समसामयिक आकलन	3	
	ब.	बहुविध आकलन	2	
	स.	पोर्टफोलियो	2	
	द.	श्रवण एवं वाचन	3	
	कुल		**40 + 10**	

1

स्पर्श (भाग-2)
(LITERATURE)

मनुष्यता

–मैथिलीशरण गुप्त

काव्यांश

'मनुष्यता' कविता के माध्यम से कवि ने मनुष्य जीवन का अर्थ, महत्व और उसे सार्थक करने का उपाय बताया है। अन्य प्राणियों की तुलना में मनुष्य में चेतना शक्ति अधिक प्रबल होती है। वह अपना ही नहीं औरों के हिताहित का ख्याल रखने में, सभी के लिए कुछ कर सकने में भी सक्षम होता है। केवल अपने लिए सोचना, अपना पेट भरना पशुओं का जीवन होता है, किंतु मनुष्य को ऐसा नहीं करना चाहिए। मनुष्य कहलाने के लिए सब के हित में सोचना और कार्य करना आवश्यक है।

Topic Notes

- पाठ का सार
- पाठ में निहित केंद्रीय भाव

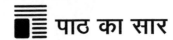 **पाठ का सार**

काव्यांश — 1

विचार लो कि मर्त्य हो न मृत्यु से डरो कभी,
मरो, परंतु यों मरो कि याद जो करें सभी।
हुई न यों सुमृत्यु तो वृथा मरे वृथा जिए,
मरा नहीं वही कि जो जिया न आपके लिए।
वही पशु प्रवृत्ति है कि आप आप ही चरे,
वही मनुष्य है कि जो मनुष्य के लिए मरे।।

शब्दार्थ

मर्त्य– मरणशील, *सुमृत्यु*– महान या अच्छी मृत्यु, *वृथा*– व्यर्थ / बेकार, *पशु प्रवृत्ति*– पशु जैसा स्वभाव, *चरना*– खाना / पेट भरना

व्याख्या

कवि का कहना है कि इस बात को समझना और स्वीकारना आवश्यक है कि मनुष्य शरीर नश्वर है। धरती पर जन्मा हर मनुष्य मरणशील है। सभी के जीवन का अंत निश्चित है। इसलिए हमें मृत्यु का भय अपने मन से सहज निकाल देना चाहिए। किंतु ऐसी मृत्यु की कामना सदैव करनी चाहिए जिसके बाद भी सब हमें याद करें अर्थात् अपने जीवन को व्यर्थ न गँवाकर परहित के मार्ग पर निरंतर अग्रसर रहना चाहिए। तभी मरकर भी हम अमर हो पाएँगे। मरण-उपरांत भी लोग हमारे सुकृत्यों का स्मरण करेंगे। उनकी स्मृतियों में हम सजीव हो उठेंगे। इसलिए महान मृत्यु को प्राप्त करो। यदि सुमृत्यु या महान मृत्यु प्राप्त नहीं हुई तो हमारा मरना और जीना दोनों ही व्यर्थ हैं। यदि हमारा जीवन व्यर्थ बीतता जाता है, किसी के काम नहीं आता, तो ऐसा जीवन जीना व्यर्थ है और उसके बाद मिलने वाली मृत्यु भी व्यर्थ ही है। उसके जीवन का कभी अंत नहीं होता जो केवल अपने लिए नहीं जीता अर्थात् सभी के लिए जीने वाला, सभी के हित में सोचने और कार्य करने वाला कभी मरता नहीं है। यह तो पशुओं का स्वभाव होता है कि केवल अपना पेट भरने के लिए ही कार्य करें। पशु चरागाह में जाते हैं और अपने-अपने हिस्से का भोजन करके लौट आते हैं। अपना पेट भरना और सोना; यही उनका जीवन होता है। किंतु मनुष्य का जीवन ऐसे व्यतीत नहीं होना चाहिए। मनुष्य तो वही है जो मनुष्य के लिए या समस्त जीव-जगत के लिए कार्य करे, सभी के हित के बारे में सोचे ।

शिल्प सौंदर्य

(1) सरल, सहज भाषा में भावाभिव्यक्ति की गई है।
(2) बोलचाल की भाषा का प्रयोग है।
(3) 'आप-आप' में पुनरुक्ति प्रकाश अलंकार है।
(4) 'जो-जिया' में अनुप्रास अलंकार है।
(5) 'सुमृत्यु', 'पशु-प्रवृत्ति' सामासिक शब्द हैं।

भाव सौंदर्य

मृत्यु को एक सच्चाई बताया गया है और उसका भय अपने हृदय से निकाल देने पर बल दिया गया है।

उदाहरण 1. कवि ने कैसी मृत्यु को सुमृत्यु कहा है?
[CBSE 2011, NCERT]

उत्तर :सुमृत्यु का अर्थ है महान या अच्छी मृत्यु। कवि अनुसार जब मनुष्य जीवन भर परोपकार का निर्वाह करता है, सबके काम आता है, सबकी मदद करने के लिए तत्पर रहता है, कभी किसी का दिल न दुखाकर सबके कष्टों को दूर करने का प्रयत्न करता है तभी उसका जीवन सार्थक बनता है। उसकी मृत्यु पश्चात भी लोग उसके परोपकारी स्वभाव का, सुकृत्यों का स्मरण करते हैं। ऐसे में वह उनकी स्मृतियों में सजीव हो उठता है। वह मरकर भी अमर हो जाता है। इसे ही कवि ने सुमृत्यु कहा है।

काव्यांश — 2

उसी उदार की कथा सरस्वती बखानती,
उसी उदार से धरा कृतार्थ भाव मानती।
उसी उदार की सदा सजीव कीर्ति कूजती,
तथा उसी उदार को समस्त सृष्टि पूजती।
अखंड आत्म-भाव जो असीम विश्व में भरे,
वही मनुष्य है कि जो मनुष्य के लिए मरे।।

शब्दार्थ

उदार– बड़े दिलवाला, *बखान*– वर्णन, *धरा*– धरती, *कृतार्थ*– उपकार, *कीर्ति*– यशगान, *कूजती*– गूँजती है, *समस्त*– सारी, *अखंड*– कभी न टूटने वाला, *आत्म-भाव*– अपनेपन की भावना, *असीम विश्व*– सारा संसार ।

व्याख्या

प्रस्तुत पंक्तियों में कवि ने उदार व्यक्ति की पहचान बताई है और यह भी स्पष्ट किया है कि उसे कैसे याद रखा जाता है। कवि कहते हैं कि जो उदार होता है, जिसका हृदय बहुत बड़ा होता है, उसका बखान पुस्तकें सदियों तक करती हैं। उदार लोगों का तो धरा भी उपकार मानती है कि उन्होंने उसकी गोद में जन्म लिया। उदार लोगों की कीर्ति, उनका यशगान हमेशा गूँजता रहता है और उदार लोगों को समस्त सृष्टि याद करती है। कवि के अनुसार जो संपूर्ण विश्व को एक सूत्र में बाँधने का काम करता है, संपूर्ण विश्व में ऐसे अपनेपन का भाव पिरो देता है, जो अखंड होता है अर्थात् जो कभी टूटता नहीं है, वही उदार कहलाता है। मनुष्य कहलाने योग्य ही वह है जो मानव मात्र के लिए, संपूर्ण जगत के लिए जीता है और अपना जीवन कुर्बान कर देता है।

शिल्प सौंदर्य

(1) प्रभावशाली, आकर्षक, ओजपूर्ण भाषा का प्रयोग है।

(2) 'उसी उदार', 'सदा सजीव', 'समस्त सृष्टि', 'अखंड आत्म', में अनुप्रास अलंकार का उत्तम प्रयोग है।

(3) 'धरा कृतार्थ भाव मानती' में मानवीकरण अलंकार है।

भाव सौंदर्य

उदार व्यक्तियों की पहचान और अमरता का वर्णन करते हुए हमें उदार हृदय वाला व्यक्ति बनने के लिए प्रेरित किया गया है।

उदाहरण 2. **उदार व्यक्ति की पहचान कैसे हो सकती है?**
[CBSE 2012, 11, NCERT]

उत्तर : जिस व्यक्ति का दिल बड़ा होता है, जो सबकी मदद करने के लिए तैयार रहता है, वह उदार कहलाता है। ऐसे लोगों की गाथा पुस्तकों में वर्णित होती है, धरती भी उनका उपकार मानती है, सारी सृष्टि उनको पूजती है और उनका यशगान सदा किया जाता है। उदार व्यक्ति की यही पहचान है कि वह समस्त सृष्टि को एक सूत्र में बाँधने का काम करता है। वह सबको समान दृष्टि से देखता है और सभी में अपनेपन का भाव भरने का प्रयत्न करता है।

काव्यांश — 3

क्षुधार्त रंतिदेव ने दिया करस्थ थाल भी,
तथा दधीचि ने दिया परार्थ अस्थिजाल भी।
उशीनर क्षितीज ने स्वमांस दान भी किया,
सहर्ष वीर कर्ण ने शरीर-चर्म भी दिया।
अनित्य देह के लिए अनादि जीव क्या डरे ?
वही मनुष्य है कि जो मनुष्य के लिए मरे।।

शब्दार्थ

क्षुधार्त- भूख से व्याकुल, *करस्थ*- हाथ में लिया हुआ, *परार्थ*- दूसरे के हित में, *अस्थिजाल*- हड्डियों का ढाँचा, *स्वमांस*- अपने शरीर का मांस, *सहर्ष*- खुशी-खुशी, *शरीर- चर्म*-शरीर की चमड़ी, *अनित्य*- नाशवान, *अनादि*- हमेशा रहने वाला।

व्याख्या

हमें दान की प्रेरणा देने के लिए विभिन्न उदाहरण देते हुए कवि कह रहे हैं कि राजा रंतिदेव ने लंबे उपवास के बाद भी अपने हाथों में लिया हुआ भोजन का थाल एक क्षुधा से व्याकुल व्यक्ति को दान दे दिया। दधीचि ऋषि ने देवताओं के हित में, धर्म की रक्षा के लिए अपनी अस्थियाँ तक दान कर दीं। उशीनर नाम के राजा ने एक पक्षी की जान बचाने के लिए अपना मांस दान कर दिया और वीर कर्ण ने खुशी-खुशी उस सुरक्षा कवच का दान कर दिया जो उसे जन्म से ही मिला हुआ था। यह देह तो नश्वर है, अमर तत्व हमारी आत्मा है। तो अपनी आत्मा को महान बनाने के लिए हम इस देह के परहित प्रयोग में संकोच क्यों करें अर्थात् जो दानवीर होते हैं वह निसंकोच दूसरों के हित के लिए अपना तन-मन न्यौछावर करने को हमेशा तैयार रहते हैं। सच्चा मनुष्य वही है जो जीव और जगत के लिए अपना जीवन सहर्ष बलिदान कर दे।

शिल्प सौंदर्य

(1) सरल, सहज, प्रभावशाली भाषा का प्रयोग है। चर्म, क्षितीश, करस्थ जैसे तत्सम शब्दों के प्रयोग से भाषा आकर्षक बन गई है।

(2) काव्यांश दृष्टांत अलंकार का सुंदर उदाहरण है।

(3) भाषा ओजपूर्ण और प्रभावशील है।

भाव सौंदर्य

भारतीय संस्कृति-सभ्यता विश्व के लिए एक उदाहरण है। भारतीय मनीषियों ने त्याग, तपस्या और परहित का ऐसा मार्ग दिखाया है, जो ईर्ष्या, लोभ और क्रोध से तपती जलती धरती को सच्चे सुख, आनंद और शीतलता की राह दिखा सकता है। प्रस्तुत पद में गुप्त जी ने ऐसे ही कई महापुरुषों—रंतिदेव, दधीचि, कर्ण, बुद्ध आदि की चर्चा की है, जिन्होंने भारतीय संस्कृति को समृद्ध बनाने में अपूर्व योगदान दिया है।

उदाहरण 3. **कवि ने दधीचि, कर्ण आदि महान व्यक्तियों का उदाहरण देकर मनुष्यता के लिए क्या संदेश दिया है?**
[NCERT]

उत्तर : कवि ने अनेक दानवीरों के उदाहरण देकर हमें परोपकार करने की प्रेरणा दी है। दधीचि ऋषि ने देवताओं के हित में अपनी अस्थियाँ तक दान कर दी थीं, दानवीर कर्ण ने अपना सुरक्षा कवच, राजा रंतिदेव ने भोजन का थाल, राजा क्षितीश ने अपने शरीर का मांस खुशी-खुशी दान किया था क्योंकि शरीर नश्वर है। उसके परहित इस्तेमाल में हमें संकोच नहीं करना चाहिए।

काव्यांश — 4

सहानुभूति चाहिए, महाविभूति है यही;
वशीकृता सदैव है बनी हुई स्वयं मही ।
विरुद्धवाद बुद्ध का दया-प्रवाह में बहा,
विनीत लोकवर्ग क्या न सामने झुका रहा?
अहा! वही उदार है परोपकार जो करे,
वही मनुष्य है कि जो मनुष्य के लिए मरे।

शब्दार्थ

सहानुभूति- दूसरों के दुख को समझना, *महाविभूति*- बहुत बड़ा गुण, *वशीकृता*- बस में हो जाना, *मही*- धरती, *विरुद्धवाद*- विरोध, *प्रवाह*- बहाव, *विनीत लोकवर्ग*- सभ्य समाज।

व्याख्या

कवि का मानना है कि हमारे अंदर सहानुभूति का गुण होना चाहिए, यह एक बहुत बड़ा गुण है। इसकी प्रेरणा हमें मही अर्थात् धरती से मिलती है। वह इतनी विशाल होते हुए भी सदैव वशीकृता बनी रहती है अर्थात् दूसरों के वश में रहती है। हम अपनी अनंत जरूरतों को पूरा करने के लिए उसका मनचाहा प्रयोग करते रहते हैं और वह चुपचाप सब कुछ सहती है। हमारी जरूरतों को समझती है और पूरा करती है। इसके अतिरिक्त महात्मा बुद्ध का उदाहरण देकर

कवि ने हमें परोपकार की सीख दी है। कवि कहते हैं कि तत्कालीन समाज ने महात्मा बुद्ध के उपदेशों का बहुत विरोध किया किंतु वह सारा विरोध उनकी दया और करुणा के प्रवाह में बह गया अर्थात् सारा समाज उनके विचारों के समक्ष नतमस्तक हो गया। वास्तव में उदार वही है जो परोपकार करता है, दूसरों के हित में सोचता और कार्य करता है। मनुष्य होने का अर्थ ही यह है कि सबके हित में अपना जीवन व्यतीत कर दें।

शिल्प सौंदर्य

(1) प्रश्न शैली से भाव अभिव्यक्ति में सौंदर्य आ गया है।

(2) सरल, सुबोध प्रभावशाली भाषा का प्रयोग है। भाषा तत्सम शब्दों से युक्त है।

(3) 'महाविभूति', 'विरुद्धवाद', 'दया-प्रवाह' सामासिक शब्द हैं।

(4) तुकांत शब्दों का प्रयोग है।

भाव सौंदर्य

सहानुभूति को एक महत्वपूर्ण मानवीय गुण बताया गया है। धरती और महात्मा बुद्ध से प्रेरणा लेते हुए दया-करुणा को अपनाने पर बल दिया गया है।

काव्यांश — 5

रहो न भूल के कभी मदांध तुच्छ वित्त में,
सनाथ जान आपको करो न गर्व चित्त में।
अनाथ कौन है यहाँ ? त्रिलोकनाथ साथ हैं,
दयालु दीनबंधु के बड़े विशाल हाथ हैं।
अतीव भाग्यहीन है अधीर भाव जो करे,
वही मनुष्य है कि जो मनुष्य के लिए मरे।

शब्दार्थ

मदांध- मद में अंधा, *तुच्छ*- छोटा, *वित्त*- धन, *सनाथ*- जिसके सिर पर किसी का हाथ हो, *चित्त*- मन, *त्रिलोकनाथ*- तीनों लोकों के स्वामी अर्थात् ईश्वर, *अतीव*- अत्यधिक, *अधीर*- धैर्य खो देना।

व्याख्या

कवि किसी भी कारण घमंड न करने की सीख देते हुए कह रहे हैं कि हमें भूलकर भी धन जैसी छोटी चीज़ के नशे में अंधा नहीं होना चाहिए। यदि हम सनाथ हैं, हमारे सिर पर किसी का हाथ है, तो इस बात का मन में अहंकार पैदा होना अनुचित है क्योंकि ईश्वर का सहारा सभी को प्राप्त है। उसके होते हुए कोई भी अकेला या बेसहारा है ही नहीं। प्रभु के विशाल हाथ, उनकी सहायता सभी के लिए पर्याप्त है। उनके होते हुए भी यदि कोई अपने आप को अकेला या बेसहारा महसूस करके अपना धैर्य खो देता है तो वह अत्यधिक भाग्यहीन है।

शिल्प सौंदर्य

(1) प्रभावशाली, ओजपूर्ण भाषा का प्रयोग है।

(2) 'दयालु दीनबंधु' में अनुप्रास अलंकार है। 'त्रिलोकनाथ', 'भाग्यहीन' - सामासिक शब्द हैं।

(3) प्रश्न शैली ने भाषा को प्रभावशाली बना दिया है।

(4) तत्सम शब्दों से युक्त संस्कृतनिष्ठ भाषा का सुंदर प्रयोग हुआ है।

भाव सौंदर्य

गर्व रहित जीवन जीने के लिए प्रेरित किया गया है। ईश्वर में आस्था व्यक्त करते हुए सभी को धैर्य और विश्वास बनाए रखने को कहा गया है।

उदाहरण 4. **कवि ने किन पंक्तियों में यह व्यक्त किया है कि हमें गर्व रहित जीवन व्यतीत करना चाहिए?**

[CBSE 2012, 11, NCERT]

उत्तर :'रहो न भूल के कभी मदांध तुच्छ वित्त में' कहकर कवि ने स्पष्ट किया है कि धन जैसी तुच्छ चीज पर कभी भूलकर भी घमंड नहीं करना चाहिए। सदैव अहंकार रहित जीवन जीने हेतु प्रयासरत रहना चाहिए। यदि हम सनाथ हैं, हमें अपनों का सहारा मिला हुआ है, तो भी अभिमान करने का कोई अर्थ नहीं है क्योंकि संसार में आनाथ तो कोई है ही नहीं। तीनों लोकों के स्वामी अर्थात् ईश्वर सभी के साथ हैं और उनके होते हुए तो कोई भी अकेला या बेसहारा हो ही नहीं सकता।

काव्यांश — 6

अनंत अंतरिक्ष में अनंत देव हैं खड़े,
समक्ष ही स्वबाहु जो बढ़ा रहे बड़े-बड़े।
परस्परावलंब से उठो तथा बढ़ो सभी,
अभी अमर्त्य-अंक में अपंक हो चढ़ो सभी।
रहो न यों कि एक से न काम और का सरे,
वही मनुष्य है कि जो मनुष्य के लिए मरे।

शब्दार्थ

अनंत- जिसका कोई अंत न हो, *समक्ष*- सामने, *स्वबाहु*- अपनी बाहें, *परस्परावलंब*- एक दूसरे के सहारे से, *अमर्त्य- अंक*-कभी न मिटने वाली गोद / ईश्वर की गोद, *अपंक*- निर्दोष, *सरे*- पूर्ण हो।

व्याख्या

अंतरिक्ष अनंत है, इसका कोई अंत नहीं है और असीम अंतरिक्ष में अनगिनत देव (वायु देव, अग्नि देव आदि-शक्तियाँ) हमारी सहायता के लिए हर समय मौजूद हैं। वे हमारे समक्ष अपनी बड़ी-बड़ी बाहें फैलाएँ मदद देने के लिए तैयार हैं। ज़रूरत इस बात की है कि हम एक दूसरे का सहारा बनें और आगे बढ़ें अर्थात् हमें ही एक दूसरे के लिए ताकत बनना है और अमर गोद में समाने के लिए, ईश्वर से एकाकार होने के लिए हर समय अपंक अर्थात् दोषमुक्त रहना है। ऐसा जीवन नहीं जीना है कि हमारे किसी प्रयास से केवल हमारा ही भला हो न की किसी ओर का। हमारा निजी स्वार्थ से ऊपर उठकर सभी के काम आना ज़रूरी है क्योंकि सच्चा मनुष्य वही है जो सबके काम आए।

शिल्प सौंदर्य

(1) प्रसंगानुसार तत्सम शब्दों का पर्याप्त प्रयोग किया गया है।
(2) 'अनंत अंतरिक्ष', 'अभी अमर्त्य' में अनुप्रास अलंकार है।
(3) 'बड़े-बड़े' में पुनरुक्ति प्रकाश अलंकार है।
(4) उपदेशात्मक शैली का प्रयोग है।
(5) तुकांत शब्दों का प्रयोग है।

भाव सौंदर्य

ईश्वर के प्रति विश्वास व्यक्त करते हुए हमें निष्कलंक और निर्दोष बने रहने की प्रेरणा दी गई है।

उदाहरण 5. **कवि ने सबको एक होकर चलने की प्रेरणा क्यों दी है? [CBSE 2014, 11, NCERT]**

उत्तर : कवि का मानना है कि हम सब एक हैं। सब उसी परमपिता परमेश्वर की ही संतानें हैं। हमारा जीवन बाहर से भले ही अलग-अलग हो किंतु अंदर से सभी की आत्मा एक है। इस दृष्टि से हम सब एक दूसरे के भाई-बंधु हैं अत: हमें एक होकर, मेल-मिलाप के साथ जीवन जीना चाहिए। हम एक-दूसरे का सहारा बनकर आगे बढ़ेंगे तभी समाज, देश और पूरा विश्व समान रूप से प्रगति कर सकेगा। एक-दूसरे के रूप में हमें ईश्वर का ही सहारा मिलता है क्योंकि वह ईश्वर सबके अंदर विद्यमान है। हर कोई एक-दूसरे का सहारा बनेगा तो कोई भी बेसहारा नहीं रहेगा।

काव्यांश — 7

'मनुष्य मात्र बंधु है' यही बड़ा विवेक है,
पुराणपुरुष स्वयंभू पिता प्रसिद्ध एक है।
फलानुसार कर्म के अवश्य बाह्य भेद हैं,
परंतु अंतरैक्य में प्रमाणभूत वेद हैं।
अनर्थ है कि बंधु ही न बंधु की व्यथा हरे,
वही मनुष्य है कि जो मनुष्य के लिए मरे।

शब्दार्थ

मात्र- केवल, *विवेक*- समझदारी की बात, *पुराणपुरुष*- पुराणों में वर्णित पुरुष, *स्वयंभू*- स्वयं भू की रचना की है जिसने, *बाह्य*- बाहर से, *अंतरैक्य*- अंदर की एकता, *प्रमाणभूत*- प्रमाण / साक्षी, *अनर्थ*- बहुत भारी गलती, *बंधु*- साथी, *व्यथा*- दुख।

व्याख्या

यह एक समझने की बात है कि मनुष्य आपस में केवल बंधु और साथी ही हैं। किसी भी स्थिति में वह एक-दूसरे के शत्रु नहीं हो सकते। उनकी एकता का प्रमाण वेदों में मौजूद है। पुराणों में जिस परमपिता परमात्मा का वर्णन किया गया है वह एक ही है और हम सब उसी की संतानें हैं। इस दृष्टि से हम सभी परस्पर भाई-बंधु हैं। बाहर से देखने में अवश्य ही सबका जीवन अलग-अलग है किंतु अंदर से सब एक हैं। एक होते हुए भी यदि हम अलग- अलग तरह का जीवन व्यतीत कर रहे हैं, कोई सुखी है कोई दुखी, तो यह हमारे ही कर्मों का परिणाम है। जैसा कर्म करते हैं उसी के अनुसार हमें भौतिक संसार में जीवन जीने को मिलता है। वास्तव में सभी के अंदर विद्यमान आत्मा का स्वरूप, ईश्वरांश एक ही है। यह जानते हुए भी अगर एक व्यक्ति दूसरे की सहायता नहीं करता तो उसका जीवन व्यर्थ है।

शिल्प सौंदर्य

(1) प्रभावशाली, सहज, सुबोध भाषा का प्रयोग है।
(2) 'मनुष्य मात्र', 'पिता प्रसिद्ध' में अनुप्रास अलंकार है।
(3) 'पुराणपुरुष', 'प्रमाणभूत' - सामासिक शब्द हैं।
(4) पूरे काव्यांश में लयात्मकता है।

भाव सौंदर्य

प्राणीमात्र की एकता के प्रति विश्वास व्यक्त किया गया है। सभी को एक-दूसरे की मदद के लिए आगे आने की प्रेरणा दी गई है।

उदाहरण 6. **'मनुष्य मात्र बंधु है', से आप क्या समझते हैं? स्पष्ट कीजिए। [CBSE 2012, 11, NCERT]**

उत्तर : कवि के अनुसार हम सब परमपिता परमेश्वर की ही संतानें हैं। इसी आधार पर कवि मानते हैं कि हम सभी परस्पर भाई-बंधु हैं किसी भी दृष्टि में हम एक-दूसरे के शत्रु नहीं हो सकते। हमें परस्पर मित्रता का भाव रखना चाहिए और एक-दूसरे को कष्ट देने का विचार भी मन में नहीं लाना चाहिए। अपितु सभी के कष्टों को दूर करना, सभी की मदद करना हमारा कर्तव्य होना चाहिए।

काव्यांश — 8

चलो अभीष्ट मार्ग में सहर्ष खेलते हुए,
विपत्ति, विघ्न जो पड़ें उन्हें ढकेलते हुए।
घटे न हेलमेल हाँ , बढ़े न भिन्नता कभी,
अतर्क एक पंथ के सतर्क पंथ हों सभी।
तभी समर्थ भाव है कि तारता हुआ तरे,
वही मनुष्य है कि जो मनुष्य के लिए मरे।

शब्दार्थ

अभीष्ट- अपनी इच्छा से चुना हुआ, *सहर्ष*- खुशी-खुशी, *विघ्न*- बाधाएँ, *धकेलना*- दूर करना, *हेलमेल*- मेलजोल, *अतर्क*- बिना तर्क या बहस के, *सतर्क*- सावधान, *पंथ*- मार्ग / राह, *समर्थ*- अर्थपूर्ण, *तारता*- उद्धार करता हुआ।

व्याख्या

कवि 'मैथिलीशरण गुप्त' ने पहले मनुष्य जीवन का अर्थ बताया फिर उसे सफल बनाने के उपाय बताए हैं। इसके पश्चात वह कह रहे हैं कि अब तुम अपनी इच्छा से एक उचित मार्ग का चुनाव करो और उस पर हँसते-हँसते आगे बढ़ो। ऐसा नहीं है कि इस मार्ग में कोई मुश्किलें या बाधाएँ नहीं आएँगी। तुमने उन विघ्न-बाधाओं को धकेलते हुए आगे बढ़ते जाना है। इस बात का ध्यान रखना है कि मेलजोल कम न हो और भिन्नताएँ बढ़ें नहीं अर्थात् जीवन

मार्ग पर आगे बढ़ते हुए आपसी मनमुटाव दूर होना चाहिए और प्रेम भाव बढ़ते जाना चाहिए। हम सबने एक ऐसी राह के सतर्क राही बनना है जिस पर कोई मतभेद या विचारों का टकराव न हो। मनुष्य जीवन की सफलता ही इसमें है कि हम दूसरों का उद्धार करते हुए अपना उद्धार करें और मनुष्य कहलाने योग्य ही वह है जो सबके हित के बारे में सोचे और कार्य करे।

शिल्प सौंदर्य

(1) सहज, सरल, प्रभावशाली भाषा सुंदर भावाभिव्यक्ति में पूरी तरह सक्षम है।

(2) तत्सम शब्दों का समुचित प्रयोग किया गया है।

(3) 'विपत्ति विघ्न' में अनुप्रास अलंकार है।

(4) तुकांत शब्दों का प्रयोग है।

भाव सौंदर्य

मनुष्य जीवन को सफल बनाने का मार्ग बताने के उपरांत एक उचित मार्ग का चुनाव करके, सकारात्मक सोच के साथ आगे बढ़ने की सीख दी गई है।

उदाहरण 7. व्यक्ति को किस प्रकार का जीवन व्यतीत करना चाहिए? इस कविता के आधार पर लिखिए।

[CBSE 2011, NCERT]

उत्तर : कवि के अनुसार मनुष्य रूप में जन्म लेने मात्र से कोई मनुष्य नहीं कहलाता। मनुष्य जीवन को सफल बनाने के लिए हमारे भीतर दया, करुणा, सहानुभूति जैसे गुण होने ही चाहिए। हमें विवेकपूर्वक अपने जीवन के लिए एक उचित मार्ग का चुनाव करना चाहिए और उस पर सतर्क होकर आगे बढ़ना चाहिए कि आपस में किसी तरह का मनमुटाव पैदा न हो और निरंतर मेलजोल बढ़ता रहे। राह में जो भी विघ्न-बाधाएँ आएँ, उन्हें दूर करने का साहस भी हमारे अंदर होना चाहिए।

उदाहरण 8. काव्यांश पर आधारित प्रश्न :

विचार लो कि मर्त्य हो न मृत्यु से डरो कभी,
मरो, परंतु यों मरो कि याद जो करें सभी।
हुई न यों सुमृत्यु तो वृथा मरे वृथा जिए,

मरा नहीं वही कि जो जिया न आपके लिए।
वही पशु प्रवृत्ति है कि आप आप ही चरे,
वही मनुष्य है कि जो मनुष्य के लिए मरे।।

(क) कवि ने किस बात का भय अपने हृदय से निकाल देने को कहा है?

(i) मरने का

(ii) जीने का

(iii) पशुओं का

(iv) धन-संपत्ति खो जाने का

(ख) कवि ने सुमृत्यु किसे कहा है ?

(i) समय से पहले होने वाली मृत्यु

(ii) समय पर होने वाली मृत्यु

(iii) स्वार्थी जीवन जीकर मिलने वाली मृत्यु

(iv) सबके लिए जीकर मिलने वाली मृत्यु

(ग) इस काव्यांश का संदेश है कि—

(i) हमें सुमृत्यु को प्राप्त नहीं करना चाहिए

(ii) हमें घमंड नहीं करना चाहिए

(iii) हमें सबको समान समझना चाहिए

(iv) अपने जीवन और मृत्यु को महान बनाना चाहिए

(घ) कौन अमर हो जाता है ?

उत्तर : **(क)** *(i) मरने का*

व्याख्यात्मक हल : मृत्यु तो निश्चित है। वह जीवन का एकमात्र सत्य है।

(ख) *(iv) सबके लिए जीकर मिलने वाली मृत्यु*

व्याख्यात्मक हल : सबके लिए जीना एक महान जीवन होता है और महान जीवन के उपरांत मिलने वाली मृत्यु ही सुमृत्यु होती है।

(ग) *(iv) अपने जीवन और मृत्यु को महान बनाना चाहिए*

(घ) जो परोपकार या परहित के उद्देश्य से युक्त जीवन जीता है वह मरकर भी अमर हो जाता है। मरण-उपरांत भी लोग उसके सुकृत्यों का स्मरण करते हैं। वह उनकी स्मृतियों में सदा जीवंत बना रहता है।

पाठ में निहित केंद्रीय भाव

कवि 'मैथिलीशरण गुप्त' ने 'मनुष्यता' कविता के माध्यम से मनुष्य जीवन का महत्व, उसका सदुपयोग करने के उपाय तथा उन मानवीय गुणों की चर्चा की है जो एक मनुष्य में होने आवश्यक हैं। कवि के अनुसार सबकी मदद करते हुए हमें एक महान जीवन जीना चाहिए। तभी हम सुमृत्यु को प्राप्त कर सकते हैं। हमें उदार हृदय रखना चाहिए जिसमें सभी के सुख-दुख के लिए स्थान हो। किसी भी प्रकार का दान देने में अर्थात् सहायता करने में संकोच नहीं करना चाहिए। मनुष्य के अंदर सहानुभूति, दया और करुणा का जो भाव है वही उसे अन्य प्राणियों से अलग और श्रेष्ठ बनाता है। परमपिता परमात्मा सब जगह और सबके लिए मौजूद हैं। उनके होते हुए कोई भी अकेला या बेसहारा नहीं हो सकता। यह विश्वास रखते हुए हमें एक-दूसरे का सहारा बनकर आगे बढ़ना चाहिए। समझदारी और सूझबूझ से एक उचित मार्ग का चुनाव करके जीवन-पथ पर मेलजोल के साथ आगे बढ़ना चाहिए। सभी के हितचिंतन में ही हमारा हित है क्योंकि मनुष्य ही वह है जो जीवनपर्यंत प्राणीमात्र केलिए अपना जीवन व्यतीत करे।

वस्तुपरक प्रश्न
[1 अंक]

काव्यांश पर आधारित प्रश्न

1. निम्नलिखित काव्यांश पर आधारित प्रश्नों के उत्तर उचित विकल्प छाँटकर दीजिए—

> चलो अभीष्ट मार्ग में सहर्ष खेलते हुए,
> विपत्ति, विघ्न जो पड़ें उन्हें ढकेलते हुए।
> घटे न हेलमेल हाँ, बढ़े न भिन्नता कभी,
> अतर्क एक पंथ के सतर्क पंथ हों सभी।
> तभी समर्थ भाव है कि तारता हुआ तरे,
> वही मनुष्य है कि जो मनुष्य के लिए मरे।

(क) कवि ने कैसे मार्ग पर आगे बढ़ने की बात कही है?
  - (i) अपनी इच्छा से चुना हुआ मार्ग
  - (ii) भाग्य से मिला हुआ मार्ग
  - (iii) सुख-सुविधाओं से भरा हुआ मार्ग
  - (iv) चुनौतियों से भरा हुआ मार्ग

(ख) जीवन मार्ग पर आगे बढ़ते हुए हमें किस बात का ध्यान रखना चाहिए?
  - (i) आपसी मेलजोल न बढ़े
  - (ii) भिन्नताएँ न घटें
  - (iii) मनमुटाव होता रहे
  - (iv) मेलजोल बढ़ता रहे

(ग) इस काव्यांश का संदेश क्या नहीं है ?
  - (i) विघ्न-बाधाओं से घबराना नहीं चाहिए
  - (ii) सचेत होकर आगे बढ़ना चाहिए
  - (iii) अपने हित को सर्वोपरि रखना चाहिए
  - (iv) द्वेष भाव बढ़ना नहीं चाहिए

(घ) ⚓इस काव्यांश के कवि और कविता का नाम क्या है?
  - (i) मनुष्यता- सुमित्रानंदन पंत
  - (ii) कर चले हम फ़िदा - सुमित्रानंदन पंत
  - (iii) मनुष्यता - मैथिलीशरण गुप्त
  - (iv) मनुष्यता - रबींद्रनाथ ठाकुर

उत्तर : (क) *(i)* अपनी इच्छा से चुना हुआ मार्ग

व्याख्यात्मक हल : कवि ने हमें सच्चा मनुष्य बनने का उपाय बताया है और अब वे चाहते हैं कि हम अपनी इच्छा से एक उचित मार्ग का चुनाव करें।

(ख) *(iv)* मेलजोल बढ़ता रहे

व्याख्यात्मक हल : हमारा जीवन सरल और सफल तभी बनेगा, जब हमारा आपसी मेलजोल बढ़ता रहेगा।

(ग) *(iii)* अपने हित को सर्वोपरि रखना चाहिए

व्याख्यात्मक हल : सच्चा मनुष्य कभी भी अपने हित को सर्वोपरि नहीं रख सकता।

2. निम्नलिखित काव्यांश पर आधारित प्रश्नों के उत्तर उचित विकल्प छाँटकर दीजिए—

> सहानुभूति चाहिए, महाविभूति है यही;
> वशीकृता सदैव है बनी हुई स्वयं मही ।
> विरुद्धवाद बुद्ध का दया-प्रवाह में बहा,
> विनीत लोकवर्ग क्या न सामने झुका रहा ?
> अहा ! वही उदार है परोपकार जो करे,
> वही मनुष्य है कि जो मनुष्य के लिए मरे।

(क) धरती से कौन-सा गुण लेने की बात कही गई है?
  - (i) गुरुत्वाकर्षण का गुण
  - (ii) सहानुभूति का गुण
  - (iii) स्वार्थपरकता का गुण
  - (iv) स्वयं को महान सिद्ध करने का गुण

(ख) दया के प्रवाह में क्या बह गया ?
  - (i) महात्मा बुद्ध के संदेश
  - (ii) दया और करुणा के भाव
  - (iii) महात्मा बुद्ध के अनुयायी
  - (iv) महात्मा बुद्ध का विरोध

(ग) इस काव्यांश में किसका महत्व बताया गया है?
  - (i) धरती का
  - (ii) महात्मा बुद्ध का
  - (iii) परोपकार के भाव का
  - (iv) मनुष्य जीवन का

(घ) विरुद्धवाद का तात्पर्य क्या है?
  - (i) विरोधी
  - (ii) सहानुभूति का गुण
  - (iii) महात्मा बुद्ध का विरोध
  - (iv) परोपकार के भाव का

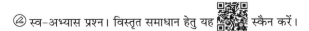 ⚓ स्व-अभ्यास प्रश्न। विस्तृत समाधान हेतु यह स्कैन करें।

उत्तर : (क) *(ii) सहानुभूति का गुण*

व्याख्यात्मक हल : धरती इतनी विशाल होते हुए भी सबकी जरूरतें पूरी करने के लिए वशीकृता बनी हुई है। उससे हमें सहानुभूति की सीख लेनी चाहिए।

(ख) *(iv) महात्मा बुद्ध का विरोध*

(ग) *(iii) परोपकार के भाव का*

व्याख्यात्मक हल : परोपकार का भाव ही है जो मनुष्य को अन्य प्राणियों से श्रेष्ठ बनाता है।

(घ) *(iii) महात्मा बुद्ध का विरोध*

व्याख्यात्मक हल : उस समय की सामाजिक मान्यताओं के खिलाफ महात्मा बुद्ध ने दया और परोपकार का संदेश दिया था जिसका खूब विरोध हुआ था। उसे ही विरुद्धवाद कहा गया है।

3. निम्नलिखित काव्यांश पर आधारित प्रश्नों के उत्तर उचित विकल्प छाँटकर दीजिए—

उसी उदार की कथा सरस्वती बखानती,
उसी उदार से धरा कृतार्थ भाव मानती।
उसी उदार की सदा सजीव कीर्ति कूजती,
तथा उसी उदार को समस्त सृष्टि पूजती।
अखंड आत्म भाव जो असीम विश्व में भरे,
वही मनुष्य है कि जो मनुष्य के लिए मरे।।

(क) कवि ने किसे उदार माना है?

(i) जो समस्त विश्व को ज्ञान देता है
(ii) जो समस्त विश्व में भ्रमण करता है
(iii) जो समस्त विश्व को एक सूत्र में बाँध देता है
(iv) जो असीम शक्तिशाली होता है

(ख) काव्यांश अनुसार धरा किसे जन्म देकर धन्य हो जाती है?

(i) सरस्वती जिसका वर्णन करती है
(ii) जो पूरे विश्व में अपनापन व्याप्त कर देता है
(iii) चारों ओर जिसकी कीर्ति गूँजती है
(iv) जिसे समस्त सृष्टि पूजती है

(ग) इस काव्यांश के माध्यम से यह संदेश दिया गया है कि—

(i) हमें संपूर्ण विश्व के लिए आत्मीयता का भाव रखना चाहिए
(ii) हमें प्रसिद्ध होने के लिए कार्य करना चाहिए
(iii) हमें स्वार्थी जीवन जीना चाहिए
(iv) हमें सृष्टि की पूजा करनी चाहिए

(घ) काव्यांश अनुसार उदार व्यक्ति की पूजा कहाँ होती है?

(i) पुस्तकों में **(ii) संपूर्ण सृष्टि में**
(iii) गीतों में **(iv) इतिहास के पन्नों में**

स्व-अभ्यास प्रश्न। विस्तृत समाधान हेतु यह स्कैन करें।

उत्तर : (क) *(iii) जो समस्त विश्व को एक सूत्र में बाँध देता है*

व्याख्यात्मक हल : समस्त मानव जाति को एक सूत्र में बाँधना ही सबसे उदार कार्य है।

(ख) *(ii) जो पूरे विश्व में अपनापन व्याप्त कर देता है।*

व्याख्यात्मक हल : धरती का वह अंश या देश ऐसे उदार लोगों की वजह से ही जाना जाता है।

(घ) *(ii) संपूर्ण सृष्टि में*

4. निम्नलिखित काव्यांश पर आधारित प्रश्नों के उत्तर उचित विकल्प छाँटकर दीजिए—

क्षुधार्त रंतिदेव ने दिया करस्थ थाल भी,
तथा दधीचि ने दिया परार्थ अस्थिजाल भी।
उशीनर क्षितीज ने स्वमांस दान भी किया,
सहर्ष वीर कर्ण ने शरीर-चर्म भी दिया।
अनित्य देह के लिए अनादि जीव क्या डरे ?
वही मनुष्य है कि जो मनुष्य के लिए मरे।।

(क) दधीचि ऋषि ने क्या दान किया था?

(i) भोजन का थाल
(ii) शरीर का मांस
(iii) अपना अस्थि जाल
(iv) अपना कवच

(ख) करण ने अपना शरीर चर्म कैसे दान किया था?

(i) घबराते हुए **(ii) हँसते हुए**
(iii) रोते हुए **(iv) काँपते हुए**

(ग) नश्वर कौन है?

(i) हमारी आत्मा **(ii) हमारा शरीर**
(iii) हमारे विचार **(iv) हमारे कर्म**

(घ) प्रस्तुत काव्यांश का संदेश है कि हमें—

(i) सबके प्रति दया भाव रखना चाहिए
(ii) अपने शरीर को सुंदर बनाना चाहिए
(iii) बिना सोचे-समझे दान नहीं करना चाहिए
(iv) दान करने में संकोच नहीं करना चाहिए

उत्तर : (क) *(iii) अपना अस्थिजाल*

(ख) *(ii) हँसते हुए*

(ग) *(ii) हमारा शरीर*

व्याख्यात्मक हल : हमारा शरीर हर दिन परिवर्तित होता है और एक न एक दिन इसका अंत निश्चित है। इसलिए यह नश्वर अर्थात् नाशवान है।

(घ) *(iv) दान करने में संकोच नहीं करना चाहिए*

व्याख्यात्मक हल : दान करने से वह आत्मा शुद्ध होती है, जो कि शाश्वत है। शरीर, जिसे नष्ट होना ही है, उसका दान करने में संकोच नहीं करना चाहिए।

5. निम्नलिखित काव्यांश पर आधारित प्रश्नों के उत्तर उचित विकल्प छाँटकर दीजिए—

अनंत अंतरिक्ष में अनंत देव हैं खड़े,
समक्ष ही स्वबाहु जो बढ़ा रहे बड़े-बड़े।
परस्परावलंब से उठो तथा बढ़ो सभी,
अभी अमर्त्य-अंक में अपंक हो चढ़ो सभी।
रहो न यों कि एक से न काम और का सरे,
वही मनुष्य है कि जो मनुष्य के लिए मरे।

(क) परस्परावलंब का अर्थ है—
   (i) एक-दूसरे का सहारा बनना
   (ii) एक-दूसरे के लिए बाधा बनना
   (iii) एक-दूसरे के काम में विलंब पैदा करना
   (iv) खुद अपना सहारा बनना

(ख) जीवन में आगे कैसे बढ़ा जा सकता है?
   (i) ईश्वर की दया से
   (ii) अपने स्वार्थ को पूरा करके
   (iii) एक-दूसरे का सहारा बनकर
   (iv) दूसरे का सहारा छीनकर

(ग) ⚖ 'अमर्त्य अंक' किसे कहा गया है?
   (i) ईश्वर की गोद
   (ii) माँ की गोद
   (iii) पिता की गोद
   (iv) मौत की गोद

(घ) कैसे जीने की प्रेरणा दी गई है?
   (i) केवल अपने लिए
   (ii) केवल दूसरों के लिए
   (iii) अपने और सबके लिए
   (iv) मृत्यु को भूलकर

उत्तर : (क) (i) एक-दूसरे का सहारा बनना

(ख) (iii) एक-दूसरे का सहारा बनकर

व्याख्यात्मक हल : एक-दूसरे के हित में ही हमारा हित छुपा हुआ है।

(घ) (iii) अपने और सबके लिए

व्याख्यात्मक हल : अपने साथ-साथ सबके हित में सोचना और कार्य करना ही मनुष्य की पहचान है।

वर्णनात्मक प्रश्न

[2 - 5 अंक]

लघु उत्तरीय प्रश्न (25 – 30 शब्द)
[2 अंक]

6. 'मनुष्यता' कविता के संदर्भ में स्पष्ट कीजिए कि पशु प्रवृत्ति किसे कहा गया है और मनुष्य किसे माना है?
   [CBSE 2013, 11]

उत्तर : पशु प्रवृत्ति का शाब्दिक अर्थ है—पशुओं जैसा स्वभाव। प्रस्तुत कविता में पशु प्रवृत्ति मनुष्य के उस व्यवहार को कहा है जब वह केवल अपने बारे में सोचता है। अपना पेट भरना, खाना- सोना ही अपने जीवन का लक्ष्य बना लेता है। पशु-पक्षियों की अपेक्षा बौद्धिक क्षमताएँ अधिक होने पर भी यदि वह सबके हिताहित कार्य नहीं करता तो मानो वह पशु प्रवृत्ति में ही जीवन व्यतीत कर रहा है।

7. कवि मैथिलीशरण गुप्त ने गर्व रहित जीवन बिताने के लिए क्या तर्क दिए हैं?   [CBSE 2015]

उत्तर : कवि 'मैथिलीशरण गुप्त' ने इस बात पर जोर दिया है कि हमें गर्व रहित जीवन जीना चाहिए। हमें धनजैसी छोटी चीज के नशे में अंधा नहीं हो जाना चाहिए। अपने आप को सनाथ पाकर भी अपने पर घमंड करना व्यर्थ है क्योंकि अनाथ संसार में कोई है ही नहीं। तीनों लोकों के स्वामी, परमपिता परमेश्वर का सहारा सभी के साथ है।

उनके होते हुए कोई भी अकेला या बेसहारा हो ही नहीं सकता। इसलिए किसी भी बात पर अभिमान करना हमारी मूर्खता है।

8. इतिहास में कैसे व्यक्तियों की चर्चा होती है और क्यों? 'मनुष्यता' कविता के आधार पर लिखिए।
   [CBSE 2013]

उत्तर : मनुष्य रूप में जन्म लेकर जो लोग सभी के भले के बारे में सोचते हैं, किसी को कष्ट पहुँचाना बुरा समझते हैं, दूसरों की मदद के लिए किसी भी हद तक जाने को तैयार हो जाते हैं; इतिहास में ऐसे ही लोगों की चर्चा होती है। ऋषि दधीचि, राजा रंतिदेव, राजा क्षितीश और दानवीर कर्ण कुछ ऐसे ही महान लोगों के उदाहरण हैं जिन्होंने अपने नश्वर शरीर को सभी के हित में प्रयोग करने में कभी संकोच नहीं किया।

9. 'मनुष्यता' कविता में जीवन को सार्थक बनाने के लिए किस बात पर जोर दिया गया है?   [Diksha]

उत्तर : कवि मैथिलीशरण गुप्त ने 'मनुष्यता' कविता के अंतर्गत हमारे समक्ष वह महत्वपूर्ण तथ्य प्रस्तुत किए हैं जो हमें अपने जीवन को सफल बनाने की प्रेरणा देते हैं। कवि ने पशु प्रवृत्ति से ऊपर उठकर महान जीवन जीने, उदारता को अपनाने, दानवीर बनने और सहानुभूति का महान गुण

⚖ स्व-अभ्यास प्रश्न। विस्तृत समाधान हेतु यह ▨ स्कैन करें।

अपने अंदर विकसित करने पर जोर दिया है। इन मानवीय गुणों के सहारे ही हम अपने मनुष्य जीवन को सफल बना सकते हैं।

10. **'मनुष्यता' कविता में वर्णित नैतिक मूल्यों का वर्णन कीजिए।**

11. **महात्मा बुद्ध का विरुद्धवाद क्या है?**

उत्तर : महात्मा बुद्ध ने जब अवतार लिया था तब हमारा भारतीय समाज अनेक संकीर्ण मान्यताओं से घिरा हुआ था। महात्मा बुद्ध ने तत्कालीन समाज विरोधी मान्यताओं का विरोध किया और दया, करुणा, परोपकार जैसे महान मूल्यों का उदाहरण प्रस्तुत करते हुए सभी को उन्हें अपनाने का संदेश दिया। बुद्ध के यही विचार समाज के लिए विरुद्धवाद थे। समाज के कुछ तत्वों द्वारा किया गया उनका विरोध ही विरुद्धवाद था पर वह उनकी दया और करुणा के आगे टिक नहीं सका।

12. **धरती और महात्मा बुद्ध के उदाहरण किस संदर्भ में दिए गए हैं?**

उत्तर : कवि ने अनेक मानवीय गुणों को मनुष्य जीवन के लिए आवश्यक बताया है। जिनमें से सहानुभूति और परोपकार का गुण प्रमुख है। धरती इतनी विशाल होते हुए भी सबकी जरूरतें पूरी करने के लिए वशीकृता बनी हुई है। उससे हमें सहानुभूति की सीख लेनी चाहिए और महात्मा बुद्ध ने जिस प्रकार अपनी दया और करुणा से तत्कालीन समाज के विरोध को मिटा दिया, उनसे हमें करुणा और परोपकार की सीख मिलती है।

13. **पशु प्रवृत्ति से आप क्या समझते हैं? कविता में इसका जिक्र क्यों किया गया है?**

उत्तर : मनुष्य तथा अन्य जीव धारियों में मुख्य अंतर यह है कि मनुष्य की सोचने-समझने और निर्णय लेने की शक्ति अधिक प्रबल होती है। इसके बल पर वह अपने निजी स्वार्थ से ऊपर उठकर संपूर्ण समाज और विश्व के हित-अहित का ख्याल कर सकता है। यदि मनुष्य रूप में जन्म लेकर भी वह सबके काम नहीं आ सकता तो यह पशु प्रवृत्ति ही है।

14. **घमंड करना मनुष्य जीवन की सफलता में कैसे बाधा बन सकता है? स्पष्ट कीजिए।**

15. **कविता में ईश्वर के प्रति कवि का विश्वास कैसे झलक रहा है?**

उत्तर : कवि ने किसी भी परिस्थिति में धैर्य न खोने की और घमंड के नशे में चूर होने से बचने की सलाह दी है क्योंकि उनका विश्वास है कि ईश्वर सब जगह और सबके साथ है। उनका सहारा सभी को मिला हुआ है। उनके होते हुए कोई भी अकेला या बेसहारा नहीं हो सकता। वह संपूर्ण प्रकृति के रूप में हमारी सहायता के लिए अपनी बड़ी-बड़ी बाँहें फैलाए खड़े हैं। यदि उनके होते हुए भी कोई अपने आपको बेसहारा महसूस करता है तो वह अत्यधिक भाग्यहीन है।

16. **कविता में कवि ने मनुष्य जीवन के महत्वपूर्ण उद्देश्य की व्याख्या करते हुए क्या कहा है?**

उत्तर : कवि ने कहा है कि आपसी सहयोग से उन्नति की ओर बढ़ना ही जीवन का लक्ष्य होना चाहिए। यदि हम केवल स्वार्थपूर्ण होकर अपने ही बारे में सोचेंगे, तो देश और समाज उन्नति नहीं कर पाएगा। इसी कारण कवि गुप्त जी ने परोपकार को जीवन का उद्देश्य और सहानुभूति को महाविभूति कहा है। उनकी दृष्टि में जो सारे संसार को अपने जैसा मानता है अर्थात् सबके प्रति आत्मभाव रखता है, वही संसार में चिरस्मरणीय कहलाता है। कवि ने देश के उन महान मानवों को याद किया है, जिन्होंने औरों के लिए बड़े-बड़े त्याग किए और मनुष्यता को नई ऊँचाइयाँ प्रदान की। उनकी दृष्टि में मनुष्य कहलाने का अधिकारी वही है, जो मानवता के मूल्यों का पालन करता हो।

निबंधात्मक प्रश्न (60-70 / 80-100 शब्द) [4 एवं 5 अंक]

17. **'मनुष्यता' कविता में कवि ने किन महान व्यक्तियों का उदाहरण दिया है और उनके माध्यम से क्या संदेश देना चाहा है?** **[CBSE 2016]**

उत्तर : कवि मैथिलीशरण गुप्त ने 'मनुष्यता' कविता के माध्यम से मनुष्य जीवन का महत्व और उसका अर्थ तो बताया ही है साथ ही हमें उसे सफल बनाने का मार्ग भी दिखाया है। नैतिक मूल्यों और मानवीय गुणों को अपनाने पर बल देने के लिए कुछ पौराणिक उदाहरण प्रस्तुत किए हैं। राजा रंतिदेव, दधीचि ऋषि, राज क्षितीश और दानवीर कर्ण का उदाहरण देकर हमें दानवीरता के गुण को अपनाने की सीख दी है क्योंकि शरीर जो कि नश्वर है उसके उचित प्रयोग से हमें पीछे नहीं हटना चाहिए और सबके काम आते हुए अपने जीवन, अपनी आत्मा को महान बनाने का प्रयत्न करना चाहिए। महात्मा बुद्ध का उदाहरण देकर उन्होंने दया, करुणा और परोपकार को सर्वोपरि माना है।

इस प्रकार इतिहास के यह उदाहरण हमारा मार्गदर्शन करने के लिए और अपने मनुष्य जीवन को सार्थक बनाने की प्रेरणा देने के लिए पर्याप्त हैं।

⚠ एहतियात

➡ *यदि यह प्रश्न दो अंक में आता है तो सभी दानवीरों के नाम और उन्होंने क्या दान किया, उसके बारे में लिखना ही पर्याप्त है। यदि चार अंक में आता है तो सभी के नामों के साथ-साथ उनके द्वारा किए गए महान कार्यों का विस्तृत वर्णन करना अनिवार्य है।*

स्व-अभ्यास प्रश्न। विस्तृत समाधान हेतु यह स्कैन करें।

18. 'मनुष्यता' कविता के माध्यम से कवि ने किन गुणों को अपनाने का संकेत दिया है? तर्क सहित उत्तर दीजिए। **[CBSE 2015]**

उत्तर : धरती पर अनगिनत प्रकार के जीव हैं। उनमें से मनुष्य को ही सर्वश्रेष्ठ माना जाता है। उसका बुद्धि, बल, उसका विवेक, निर्णय लेने की शक्ति उसे सर्वोपरि बनाती है। कवि का मानना है कि केवल मनुष्य के रूप में जन्म लेने से कोई मनुष्य नहीं कहला सकता। उसके अंदर कुछ मानवीय गुणों का होना आवश्यक है। पशु प्रवृत्ति से ऊपर उठकर उसे सभी की मदद करने, सभी के सुख-दुख में शामिल होने का प्रयास करना चाहिए। उसके अंदर सहानुभूति का गुण होना चाहिए तभी वह अपने साथ-साथ दूसरों के कष्ट दूर करने की कोशिश कर पाएगा। दया, करुणा और परोपकार जैसे गुण ही उसकी आत्मा को महान बना सकते हैं। ईश्वर में विश्वास रखते हुए एक उचित मार्ग पर चलते हुए सबके साथ मेलजोल बनाकर रखना चाहिए। जीवन मार्ग में चाहे कितनी भी विघ्न-बाधाएँ आएँ, साहस से उनका सामना करना चाहिए। इन्हीं सब गुणों से मनुष्य जीवन सार्थक हो सकता है।

19. 'मनुष्यता' कविता का प्रतिपाद्य संक्षेप में लिखिए।
[CBSE 2014, 12, 11, Delhi Gov. 2021]

उत्तर : कवि मैथिलीशरण गुप्त ने 'मनुष्यता' कविता के अंतर्गत मनुष्य जीवन का महत्व, उसका सदुपयोग करने के उपाय तथा उन मानवीय गुणों पर प्रकाश डाला है जो एक मनुष्य जीवन को सार्थक बनाते हैं। कवि के अनुसार स्वार्थ से ऊपर उठकर हमें एक महान जीवन जीना चाहिए। तभी हम सुमृत्यु को प्राप्त कर सकते हैं। हमें उदारता का गुण अपनाना चाहिए। किसी भी प्रकार का दान देने में अर्थात् सहायता करने में संकोच नहीं करना चाहिए। मनुष्य के अंदर सहानुभूति, दया और करुणा का जो भाव है वही उसे अन्य प्राणियों से श्रेष्ठ बनाता है। परमपिता परमात्मा पर विश्वास रखते हुए हमें एक-दूसरे का सहारा बनकर आगे बढ़ना चाहिए। विवेकपूर्वक एक उचित मार्ग का चुनाव करके जीवन-पथ पर मेलजोल के साथ आगे बढ़ना चाहिए। सभी के हित चिंतन में ही हमारा हित छुपा है। मनुष्य ही वह है जो प्राणीमात्र के लिए अपना जीवन व्यतीत करे।

मनुष्य एक सामाजिक प्राणी है। जिन भौतिक वस्तुओं से उसका जीवन चलता है उनके उत्पादन में भी बहुत से लोगों का योगदान होता है। कहीं न कहीं हम सभी एक-दूसरे से जुड़े हुए हैं। एक के हित में सभी का हित समाया है।

20. 'मनुष्यता' कविता में परोपकार के संबंध में दिए गए उदाहरण को स्पष्ट करते हुए लिखिए कि आपका मित्र परोपकारी है यह आपने कैसे जाना?
[CBSE 2020]

उत्तर : कवि 'मैथिलीशरण गुप्त' ने परोपकार को मनुष्य जीवन का एक महत्वपूर्ण गुण बताया है। परोपकार का अर्थ है- दूसरों का उपकार या भला करना। सभी के दुख-सुख को समझते हुए सभी के हित में कार्य करना। कवि ने परोपकार का महत्व बताने के लिए इतिहास के कुछ दानवीरों के उदाहरण प्रस्तुत किए हैं। राजा रंतिदेव ने अपने हाथ में लिया हुआ भोजन का थाल भी दूसरे की क्षुधा को तृप्त करने के लिए दान कर दिया था। दधीचि ऋषि ने देवताओं का साथ देने के लिए अपनी अस्थियाँ तक दान कर दीं थीं। राजा क्षितीज ने एक पक्षी की जान बचाने के लिए अपने शरीर का मांस दान कर दिया था और वीर कर्ण ने अपना सुरक्षा कवच खुशी-खुशी दान में दे दिया था। इन सब दानवीरों का उद्देश्य दूसरों का हित करना ही था। मेरा भी एक मित्र है जो किसी को तकलीफ में नहीं देख सकता। चाहे कोई छोटा-सा पक्षी हो या कोई इंसान, अगर वह मुश्किल में है तो मेरा मित्र किसी भी हद तक जाकर उसकी मदद अवश्य करता है। मुझे गर्व है कि मेरा मित्र बहुत ही परोपकारी है।

⚠ एहतियात

➥ *किसी भी रूप में किसी की मदद करना परोपकार ही है। वह मदद तन, मन या धन किसी भी माध्यम से हो सकती है।*

21. 'मनुष्यता' कविता में कवि किन-किन मानवीय गुणों का वर्णन करता है? आप इन गुणों को क्यों आवश्यक समझते हैं? तर्क सहित उत्तर लिखिए।

उत्तर : मनुष्य एक सामाजिक प्राणी है। वह समाज से अलग होकर जीवन व्यतीत नहीं कर सकता। समाज में रहते हुए उसे अपनी बहुत-सी जिम्मेदारियाँ निभानी होती हैं। अपने व्यवहार में ऐसे गुण विकसित करने होते हैं कि वह सबके साथ मेलजोल रख सके और अच्छे संबंध बना सके। इसके लिए कुछ मानवीय गुण हमारे व्यवहार में होने जरूरी हैं। दया, करुणा, परोपकार, सहानुभूति आदि ऐसी विशेषताएँ हैं जो हमें मनुष्य कहलाने के योग्य बनाती हैं। अपना पेट भरने, खाने, सोने का काम तो पशु-पक्षी भी करते हैं। यदि मनुष्य भी ऐसा ही जीवन जीता है, तो उसमें और अन्य जीवो में कोई अंतर नहीं है। किंतु मनुष्य का बुद्धि-बल अन्य जीवधारियों से कहीं अधिक श्रेष्ठ है। उसे अपनी क्षमताओं का सदुपयोग करते हुए सभी के हित में जीवन व्यतीत करना चाहिए। यही एक सच्चे मनुष्य की पहचान है।

22. ✍ **'मनुष्यता' कविता से हमें जीवन की सीख मिलती है। कैसे? 80 से 100 शब्दों में स्पष्ट कीजिए।**
[CBSE Sample Paper 2020]

✍ स्व-अभ्यास प्रश्न। विस्तृत समाधान हेतु यह QR स्कैन करें।

23. 'मनुष्यता' कविता में कवि ने सब को एक साथ होकर चलने की प्रेरणा क्यों दी है? इससे समाज को क्या लाभ हो सकता है? स्पष्ट कीजिए।

[CBSE 2019, 17]

उत्तर : धरती पर विभिन्न प्रकार के जीव विद्यमान हैं। सब अलग-अलग प्रकार का जीवन व्यतीत कर रहे हैं। जिन्होंने मनुष्य रूप में जन्म लिया है उनके भी जीवन में भिन्नता देखने को मिलती है। किंतु यह भेद केवल बाह्य है। सबके अंदर एक ही आत्मा विद्यमान है। हम सबको जन्म देने वाले परमपिता परमात्मा एक ही हैं और इस दृष्टि से हम सब एक-दूसरे के भाई-बंधु हैं। हमें बिना किसी मतभेद के, जीवन-मार्ग पर मिलजुल कर आगे बढ़ते जाना चाहिए। जो भी विपत्तियाँ, विघ्न-बाधाएँ राह में आएँ, उन्हें हँसते-हँसते स्वीकार करना चाहिए। किसी के मार्ग में रुकावट न बनकर सभी को सहयोग देना चाहिए क्योंकि समाज में रहते हुए यदि हम एक-दूसरे के विरोध में खड़े होंगे तो उसमें सभी का अहित होगा। जबकि एक होकर चलने से, सबको सहयोग देने से सबके साथ-साथ हमारा भी भला ही होगा। एक समाज ही नहीं संपूर्ण विश्व का हर जीव किसी न किसी रूप में एक-दूसरे से जुड़ा है। अत: एक का नुकसान सब का नुकसान है और एक का फायदा सभी का फायदा है। यही भाव रखते हुए हमें एक सार्थक जीवन का निर्वाह करना चाहिए।

24. 'मनुष्यता' कविता और 'अब कहाँ दूसरे के दुख से दुखी होने वाले' पाठ का केंद्रीय भाव एक ही है। सिद्ध कीजिए।

उत्तर : 'मैथिलीशरण गुप्त' द्वारा रचित कविता 'मनुष्यता' के अंतर्गत उन गुणों की चर्चा की गई है जो हमारे मनुष्य जीवन को सार्थक कर सकते हैं। कवि का मानना है कि केवल मनुष्य के रूप में जन्म लेने से हम मनुष्य नहीं कहला सकते। हमारे अंदर करुणा, दया, परोपकार सहानुभूति जैसे गुणों का होना आवश्यक है। यही संदेश लेखक 'निदा फ़ाज़ली' द्वारा 'अब कहाँ दूसरों के दुख से दुखी होने वाले' पाठ के अंतर्गत दिया गया है। लेखक के अनुसार जब हम इन गुणों से वंचित होते हैं तभी हमारे निजी जीवन में और आसपास के वातावरण में इसके दुष्प्रभाव दिखाई देने लगते हैं। आज प्रकृति, अन्य जीव-जंतुओं यहाँ तक कि मानव के प्रति हमारी निष्ठुरता और असंवेदनशीलता का ही परिणाम है कि हम एक-दूसरे से बहुत दूर हो गए हैं, पर्यावरण अत्यधिक प्रदूषित हो गया है। अपनी स्वार्थ सिद्धि के लिए प्रकृति या अन्य जीवों को कष्ट पहुँचाना हम बिल्कुल भी बुरा नहीं समझते हैं। यदि हम 'मनुष्यता' कविता के संदेश को ग्रहण कर सकें तो 'अब कहाँ दूसरों के दुख से दुखी होने वाले' पाठ में जिस प्राकृतिक असंतुलन और उसके कारणों तथा दुष्परिणामों का वर्णन किया गया है, वह समाप्त हो जाएगा और यह धरती फिर से स्वर्ग का रूप धारण कर लेगी।

 एहतियात

➥ जब किन्हीं दो पाठों पर आधारित प्रश्न आए तो दोनों से संबंधित महत्वपूर्ण अंशों का उल्लेख करते हुए अपनी बात को सिद्ध करना है।

वर्णनात्मक प्रश्न

लघु उत्तरीय प्रश्न [2 अंक]

1. 'मनुष्यता' कविता में उदार व्यक्ति की क्या पहचान बताई गई है और उसके लिए क्या भाव व्यक्त किये गए हैं?

उत्तर

'मनुष्यता' कविता में उदार व्यक्ति की यही पहचान बताई गई है कि उसकी सदा सुमृत्यु होती है, वह सबका हितैषी होता है, उसका बखान सरस्वती किताबों के रूप में करती है तथा धरती भी उसे कृतार्थ भाव मानती है। इन व्यक्तियों के लिए कविता में आदर, सहानुभूति, दया, सत्यतादिता, बलिदानी आदि भाव व्यक्त किए गए हैं।

[CBSE Topper 2019]

निबन्धात्मक प्रश्न [5 अंक]

2. 'मनुष्यता' कविता के माध्यम से कवि ने किन गुणों को अपनाने का संकेत दिया तर्क-सहित उत्तर दिजिए।

उत्तर

'मनुष्यता' कविता द्वारा कवि श्री मैथिलीशरण गुप्त, मनुष्य जाति को उनके वास्तविक लक्षण तथा कर्तव्यों का बोध कराने हैं। वे कहते हैं कि जो मनुष्य के लिए भलता है। मनुष्य को परोपकारी तथा उदार होना चाहिए स्वार्थ हेतु जीना पशु-प्रवृत्ति ही मनुष्य की प्रवृत्ति है। विपरीत परिस्थितियों में भी जनहित या जन कल्याण के विषय में सोचना मनुष्यता के लक्षण है। मनुष्य जाति के उद्धार हेतु अपना सर्वस्व न्योछावर करने वाला मनुष्य कहलाता है। कर्ण, शिवदेव, दधीचि आदि का उदाहरण देकर कवि मनुष्यों को यही संदेश देते हैं कि विश्व में आत्म भाव का फैलाना प्रचार करना अत्यावश्यक है। परस्परावलंब अर्थात् एक दूसरे का सहारा बनकर, सहयोग करना मनुष्य का धर्म है आखिर सभी मनुष्य एक है तथा उनकी निर्मिति करने वाले एक ही है। अन्तः कवि उपर्युक्त गुणों को अपनाने का संकेत केवल मनुष्यों को एक सुखी समाज की स्थापना करने का आग्रह करने हैं।

[CBSE Topper 2015]

3. 'मनुष्यता' कविता में कवि ने सबको एक होकर चलने की प्रेरणा क्यों दी है?

उत्तर

कवि मैथिलीशरण गुप्त ने 'मनुष्यता कविता में सबको सभी का एक-साथ एकजुट होकर चलने को कहा है क्योंकि एकता में बल होती है। कवि के अनुसार मनुष्य को उदार, करुणावान एवं परोपकारी होना चाहिए। कवि के अनुसार हम सभी एक ही त्रिलोक नाथ के संतान हैं इसलिए हम सभी बंधु हैं। हमें एक

दूसरे के सुख-दुख में साथ रहना चाहिए एवं एक-दूसरे की सहायता करते हुए जीवन पथ पर आगे बढ़ना चाहिए। एक साथ चलने पर हम एक-दूसरे के कष्ट को निवार सकते हैं एवं मार्ग आने वाले कठिनाइयों कठिनाइयों का सामना आसानी से आसानी से कर सकते हैं।

4. 'कर चले हम फिदा' अथवा 'मनुष्यता' कविता का प्रतिपाद्य लगभग 100 शब्दों में लिखिए।

उत्तर

मनुष्यता का प्रतिपाद्य।

मनुष्यता!

मनुष्यता अर्थात वह गुण जो एक मानव को सच्चा मनुष्य बनाते हैं। कवि इस कविता के द्वारा एक सच्चे मनुष्य के गुणों का उल्लेख कर रहा है। उसके अनुसार एक सच्चा मनुष्य वही है जो आत्मकेंद्रित न होकर परहित का कल्याण करे। जो लोग स्वार्थी हैं, केवल अपना हित चाहते हैं उनमें मनुष्यता जैसी पवित्र भावना का अंश नहीं है। कवि ने राजा रंतिदेव, दधीचि, राजा उशीनर एवं कर्ण जैसे महादानियों का उदाहरण देकर मनुष्यों को बेझिझक दान करने के लिए प्रेरित किया है। महात्मा बुद्ध के समान स्नेहपूर्वक सारी कुप्रथाओं का अंत करने की ओर संकेत किया है।

एक सच्चा मानव वही है जो सब कुछ पाने के बाद भी घमंड न करें और सदैव न्याय एवं सच्चाई के पथ पर अडिग रहे। हमें अकेले ही नहीं अपितु सबको साथ लेकर चलना है, केवल अपना ही कल्याण नहीं अपितु परार्थ के कल्याण एवं सुख की भी कामना करनी है। अपने मन बाग रूपी मन को प्रेम, सद्भावना, सच्चाई एवं दया जैसे गुणों से सींचना है। एक सच्चा मनुष्य कभी किसी भी विपत्ति में घबराता नहीं। वह परहित के लिए अपना सर्वस्व न्योछावर करने को तत्पर रहता है। वह अपनी ही नहीं सबकी उन्नति का बीड़ा उठाता है। जिस मनुष्य में ये सब मूल्य हैं वही एक सच्चा भला मानस है जिसमें मनुष्यता है पशु-वृत्ति नहीं।

2 पर्वत प्रदेश में पावस

–सुमित्रानंदन पंत

काव्यांश

'पर्वत प्रदेश में पावस' कविता प्रकृति प्रेमी कवि सुमित्रानंदन पंत द्वारा रचित है। उन्हें पर्वतीय प्रदेश से विशेष लगाव था। शायद ही ऐसा कोई व्यक्ति होगा जिसका मन पहाड़ों पर जाने को न मचलता हो। जिन्हें सुदूर हिमालय तक जाने का अवसर नहीं मिलता है वे अपने आसपास के पर्वत प्रदेशों में जाकर प्रकृति का आनंद अवश्य लेते हैं । ऐसे में यदि किसी कवि की कविता पढ़कर घर की चारदीवारी में बैठे–बैठे ही सुंदर प्राकृतिक दृश्यों का अनुभव प्राप्त हो जाए तो कहना ही क्या है। ऐसा ही कुछ अनुभव इस कविता को पढ़कर भी होता है।

Topic Notes

- ☐ पाठ का सार
- ☐ पाठ में निहित केंद्रीय भाव

पाठ का सार

काव्यांश — 1

पावस ऋतु थी पर्वत प्रदेश,
पल-पल परिवर्तित प्रकृति वेश,
मेखलाकार पर्वत अपार,
अपने सहस्र दृग-सुमन फाड़,
अवलोक रहा है बार-बार,
नीचे जल में निज महाकार।
जिसके चरणों में पला ताल,
दर्पण-सा फैला है विशाल।

शब्दार्थ

पावस ऋतु- वर्षा ऋतु, *वेश*- रूप, *मेखलाकार*- गोल आकार, *अपार*- दूर तक, *सहस्र*- हज़ारों, *दृग*- नयन, *सुमन*- फूल, *फाड़*- खोलकर, *अवलोक*- देखना, *निज*- अपना, *महाकार*- विशाल आकार, *ताल*- तालाब, *दर्पण*- शीशा।

व्याख्या

कवि पर्वतीय क्षेत्र में वर्षा ऋतु के दौरान प्रकृति में हो रहे निरंतर परिवर्तन को महसूस कर रहे हैं। उस पर्वतीय क्षेत्र में दूर तक गोलाकार में पर्वत नज़र आ रहे थे जिनके ऊपर हजारों फूल खिले हुए थे। नीचे एक विशाल तालाब था जिसमें पर्वतों की परछाई पड़ रही थी। इस सुंदर दृश्य को देखकर कवि ने कल्पना की है मानो वे पर्वत अपनी हज़ारों पुष्प रूपी आँखों से नीचे स्थित तालाब में अपनी छवि को लगातार निहार रहे हों। वह तालाब उन पर्वतों के चरणों में बहुत समय से स्थित है और विशालकाय पर्वतों के लिए वह दर्पण का काम कर रहा है।

शिल्प सौंदर्य

(1) विभिन्न अलंकारों के सुंदर प्रयोग से कविता अत्यधिक रोचक बन गई है।
(2) 'पर्वत प्रदेश', 'परिवर्तित प्रकृति' में अनुप्रास अलंकार है।
(3) 'पल-पल', 'बार-बार' में पुनरुक्ति प्रकाश अलंकार है।
(4) 'दृग सुमन' में रूपक अलंकार है।
(5) 'दर्पण-सा' में उपमा अलंकार है।
(6) पर्वतों का मानवीकरण किया गया है।
(7) लयात्मकता का समावेश है।
(8) कवि की कल्पनाशक्ति सराहनीय है।

भाव सौंदर्य

पर्वतों के विशाल आकार और तालाब में नज़र आ रही उनकी परछाई का चित्रात्मक वर्णन किया गया है।

उदाहरण 1. **'सहस्र दृग-सुमन' से क्या तात्पर्य है? कवि ने इस पद का प्रयोग किसके लिए किया होगा?**

[CBSE 2012, NCERT]

उत्तर : सहस्र का अर्थ है हज़ारों, दृग मतलब नेत्र, सुमन मतलब पुष्प अर्थात् हज़ारों पुष्प रूपी नेत्र। कवि ने इस पद का प्रयोग उन हज़ारों फूलों के लिए किया है जो पर्वतों के ऊपर खिले हुए हैं। कवि को तालाब में विशाल पर्वतों की परछाई नज़र आ रही है जिसे देखकर उन्होंने कल्पना की है कि यह पर्वत अपनी हजारों पुष्प रूपी आँखों से नीचे तालाब रूपी दर्पण में अपनी परछाई देख रहे हैं। कवि की यह कल्पना मानवीकरण अलंकार का सुंदर उदाहरण है।

काव्यांश — 2

गिरि का गौरव गाकर झर-झर,
मद में नस-नस उत्तेजित कर,
मोती की लड़ियों से सुंदर,
झरते हैं झाग भरे निर्झर।

शब्दार्थ

गिरि- पर्वत, *गौरव*- यशगान, *मद*- आनंद, *उत्तेजित*- उकसाकर, *झरते*- बहते, *निर्झर*- झरने।

व्याख्या

पर्वतीय क्षेत्र में बहते हुए सुंदर झरनों की आवाज़ सुनकर कवि ने कल्पना की है मानो वे झरने पर्वतों की प्रशंसा के गीत गाते हुए बह रहे हों। ऊँचाई से गिरने के कारण झरनों के पानी में झाग पैदा हो जाता है जिसके कारण वह दूर से देखने में चाँदी जैसे चमकीले, सफेद नज़र आते हैं। झरनों का यह आकर्षक रूप देखकर कवि ने कहा है कि झरने मोती की लड़ियों के समान सुंदर लग रहे हैं और इस संपूर्ण दृश्य की शोभा में चार चाँद लगा रहे हैं।

शिल्प सौंदर्य

(1) 'गौरव गाकर', 'मद में' में अनुप्रास अलंकार है।
(2) 'झर-झर', 'नस-नस' में पुनरुक्ति प्रकाश अलंकार है।
(3) 'लड़ियों से सुंदर' में उपमा अलंकार है।
(4) झरना को गीत गाते हुए दिखाया गया है जिसमें मानवीकरण अलंकार है।
(5) काव्यांश में लयात्मकता है।
(6) चित्रात्मक शैली ने प्राकृतिक सौंदर्य को जीवंत बना दिया है।

भाव सौंदर्य

झरनों के अनुपम सौंदर्य, उनकी झर-झर की मधुर ध्वनि का सुंदर वर्णन कवि ने किया है।

उदाहरण 2. झरने कविता में किसके गौरव का गान कर रहे हैं? बहते हुए झरने की तुलना किससे की गई है?

[CBSE 2011, NCERT]

उत्तर : पर्वतीय क्षेत्र में बहते हुए झरनों से जो ध्वनि उत्पन्न हो रही है उसे सुनकर लगता है मानो वे पर्वतों की प्रशंसा के गीत गाते हुए बह रहे हैं। ऊँचाई से गिरने के कारण उनमें जो झाग उत्पन्न हो रही है वह मोती की लड़ियों के समान सुंदर लग रही है, जो उस पूरे प्राकृतिक नजारे की खूबसूरती में चार चाँद लगा रही है।

काव्यांश – 3

गिरिवर के उर से उठ-उठ कर,
उच्चाकांक्षाओं से तरुवर,
हैं झाँक रहे नीरव नभ पर,
अनिमेष, अटल, कुछ चिंतापर।

शब्दार्थ

गिरि– पर्वत, *उच्चाकांक्षाएँ*– बड़ी बड़ी इच्छाएँ, *तरुवर*– वृक्ष, *नीरव*– सूना, *नभ*– आकाश, *अनिमेष*– लगातार, *अटल*– अडिग।

व्याख्या

पर्वतों पर लगे ऊँचे-ऊँचे वृक्षों को देखकर कवि को ऐसा लग रहा है मानो वह वृक्ष पर्वतों के हृदय से निकलने वाली ऊँची-ऊँची आकांक्षाएँ हैं। पर्वतों की आकांक्षाएँ आकाश को छूने की हैं। वृक्ष बिलकुल स्थिर हैं, अटल हैं। कवि को उनकी स्थिरता में उनकी उदासी झलकती दिखती है। कवि के अनुसार वे वृक्ष इसलिए उदास हैं क्योंकि वे पर्वतों की आकाश को छूने की इच्छाओं को पूरा नहीं कर पा रहे हैं।

शिल्प सौंदर्य

(1) 'उठ-उठ' में पुनरुक्ति प्रकाश अलंकार है।
(2) 'नीरव नभ' में अनुप्रास अलंकार है।
(3) 'वृक्षों का आकाश की ओर ताकना' में मानवीकरण अलंकार है।
(4) 'उच्चाकांक्षाओं से तरुवर' में उपमा अलंकार है।
(5) चित्रात्मक शैली का प्रयोग है।

भाव सौंदर्य

विशाल पर्वतों पर लगे अनगिनत ऊँचे-ऊँचे वृक्षों को पर्वतों की आकांक्षाएँ कहा गया है। उनकी स्थिरता में कवि को उनकी उदासी दिखाई दे रही है।

उदाहरण 3. 'अटल, अडिग कुछ चिंता पर' किसके लिए प्रयोग किया गया है? इससे मानव-मन की कौन सी विशेषता प्रतिबिंबित होती है?

[NCERT]

उत्तर : पर्वतों पर लगे ऊँचे-ऊँचे वृक्षों को कवि ने पर्वतों के हृदय से निकलने वाली ऊँची-ऊँची आकांक्षाओं के रूप में देखा है। उन्हें वे वृक्ष आकाश की ओर देखते हुए से ऐसे प्रतीत हो

रहे हैं मानो वे पर्वतों की आकांक्षाएँ हैं जो आकाश को छूने में असमर्थ हैं इसलिए अटल, अडिग और चिंतित नज़र आ रहे हैं। वास्तव में घने बादलों के छा जाने से पूरा वातावरण एकदम शांत और स्थिर हो गया है, पेड़ों में कोई हलचल नहीं है, उसी को उन्होंने चिंतित कहकर दर्शाया है। इससे मानव-मन के वह भाव परिलक्षित हो रहे हैं जब वह इच्छाएँ पूरी न होने पर उदास और निराश हो जाता है।

काव्यांश – 4

उड़ गया अचानक लो भूधर,
फड़का अपार पारद के पर।
रव-शेष रह गए हैं निर्झर,
है टूट पड़ा भूपर अंबर।

शब्दार्थ

भूधर– पहाड़, *पारद*– चमकीले बादल, *पर*– पंख, *रव*– शोर, *शेष*– बाकी, *भूपर*– धरती पर, *अंबर*– आकाश।

व्याख्या

अचानक घने बादल छा जाते हैं और इस संपूर्ण दृश्य को ढक लेते हैं जिसकी कल्पना कवि ने इस प्रकार की है कि विशाल पर्वत बादलों के पंख लगाकर कहीं दूर उड़ गए हैं। तभी मूसलाधार वर्षा शुरू हो जाती है और वातावरण भयभीत कर देने वाला होता है। ऐसा आभास होता है मानो आकाश धरती पर टूट पड़ा हो। केवल झरनों के बहने का शोर ही सुनाई देता है।

शिल्प सौंदर्य

(1) भूधर, निर्झर जैसे तत्सम शब्दों का प्रयोग है।
(2) झरनों का सजीव वर्णन किया गया है।
(3) चित्रात्मक शैली का प्रयोग है।
(4) सरल, सहज और प्रभावशाली भाषा का प्रयोग है।

भाव सौंदर्य

पर्वतीय क्षेत्र में मौजूद सुंदर दृश्य किस प्रकार पलभर में बदल जाता है, इसका सुंदर वर्णन कवि ने किया है।

उदाहरण 4. पावस ऋतु में प्रकृति में कौन-कौन से परिवर्तन आते हैं? कविता के आधार पर स्पष्ट कीजिए।

[CBSE 10, NCERT]

उत्तर : पावस अर्थात् वर्षा ऋतु में प्रकृति के रूप में निरंतर परिवर्तन नज़र आते हैं। विशेष रूप से पर्वतीय क्षेत्र में जहाँ सामान्यतः बड़े-बड़े पर्वत, तालाब, झरने, ऊँचे-ऊँचे वृक्ष नज़र आते हैं, वर्षा ऋतु में काले बादलों के छा जाने से वह सब अदृश्य हो जाते हैं, केवल झरनों के बहने का शोर सुनाई देता है। अचानक तेज़ वर्षा शुरू होने से ऐसा आभास होने लगता है मानो आकाश धरती पर टूट पड़ा हो। यह दृश्य अद्भुत, अलौकिक नज़र आता है।

काव्यांश — 5

धँस गए धरा में सभय शाल,
उठ रहा धुआँ जल गया ताल।
यों जलद-यान में विचर-विचर,
था इंद्र खेलता इंद्रजाल।

शब्दार्थ

धरा- धरती, *सभय*- भय के कारण, *जलद*- बादल, *विचर*- घूम, *इंद्रजाल*- जादू का खेल।

व्याख्या

घने बादलों ने संपूर्ण प्राकृतिक दृश्य को ढक लिया और तेज वर्षा होने लगी। बड़े-बड़े पेड़ जो अभी तक वहाँ दृष्टिगत हो रहे थे, नज़र आने बंद हो गए मानो डर के कारण धरती में धँस गए हों। तालाब का जल अभी तक स्थिर था, तेज वर्षा का जल उसमें गिरने पर फुहार उठने लगी। दूर से देखने पर ऐसा लगा मानो तालाब जल रहा है और उसमें से धुआँ निकल रहा है। बादल वहाँ उड़ते हुए नज़र आ रहे थे और ऐसा लग रहा था कि बादलों के वाहन में स्वयं इंद्र देवता विराजमान हैं और यहाँ घूम-घूमकर कोई जादू का खेल खेल रहे हैं। यह संपूर्ण दृश्य अद्भुत, अलौकिक प्रतीत हो रहा है। इसी को कवि ने इंद्रजाल कहा है।

शिल्प सौंदर्य

(1) पद में तुकांत शब्दों का प्रयोग है।
(2) 'विचर-विचर' में पुनरुक्ति प्रकाश अलंकार है।
(3) सरल, सहज, प्रभावशाली भाषा का प्रयोग है।
(4) चित्रात्मक शैली के माध्यम से अलौकिक दृश्य को जीवंत बना दिया गया है।

भाव सौंदर्य

पर्वतीय क्षेत्र में निरंतर परिवर्तित हो रहे प्राकृतिक दृश्यों का सजीव वर्णन किया गया है।

उदाहरण 5. **इंद्रजाल किसे कहा गया है? स्पष्ट कीजिए। [NCERT]**

उत्तर : कवि 'सुमित्रानंदन पंत' ने पर्वतीय प्रदेश के सुंदर दृश्य का वर्णन किया है जिसमें बड़े-बड़े पहाड़, तालाब, झरने और वृक्षों पर लगे हज़ारों फूल और ऊँचे-ऊँचे पेड़ नज़र आ रहे हैं। किंतु यह संपूर्ण दृश्य नज़र आना बंद हो जाता है जब घने बादल उसको ढक लेते हैं और अचानक तेज वर्षा होने पर तो संपूर्ण दृश्य ही बदल जाता है। अब जो नजारा आँखों के सामने होता है वह अलौकिक-सा लगता है। जिसे देखकर महसूस होता है मानो स्वयं इंद्र देवता वहाँ मौजूद हों और कोई जादू का खेल खेल रहे हों । इसी अलौकिक दृश्य को कवि ने इंद्रजाल कहा है।

उदाहरण 6. **शाल के वृक्ष भयभीत होकर धरती में क्यों धँस गए ? [NCERT]**

उत्तर : पर्वतीय क्षेत्र में कवि को बड़े-बड़े पहाड़, तालाब, झरने, पहाड़ों पर लगे पेड़ नज़र आ रहे थे। किंतु बादल छा जाने और मूसलाधार वर्षा शुरू होने पर सब कुछ अदृश्य हो गया। पेड़ भी नज़र आने बंद हो गए। उनके लिए लेखक ने कल्पना की है मानो वे इतनी तेज़ वर्षा और घने बादलों के छा जाने से भयभीत हो गए हैं और डर के कारण धरती में जाकर छुप गए हैं।

उदाहरण 7. **काव्यांश पर आधारित :**

पावस ऋतु थी पर्वत प्रदेश,
पल-पल परिवर्तित प्रकृति वेश,
मेखलाकार पर्वत अपार,
अपने सहस्र दृग-सुमन फाड़,
अवलोक रहा है बार-बार,
नीचे जल में निज महाकार।
जिसके चरणों में पला ताल,
दर्पण-सा फैला है विशाल।

(क) कवि ने किस समय और स्थान का वर्णन किया है?
(i) ग्रीष्म ऋतु-पर्वतों का क्षेत्र
(ii) वर्षा ऋतु-महानगर
(iii) वर्षा ऋतु-पर्वतीय क्षेत्र
(iv) शीत ऋतु-पर्वतीय क्षेत्र

(ख) पर्वतों के लिए मेखलाकार शब्द का प्रयोग किया गया है क्योंकि वह—
(i) बहुत विशाल हैं
(ii) दूर तक फैले हुए हैं
(iii) गहरे नीले रंग के हैं
(iv) गोल आकार में फैले हुए हैं

(ग) पर्वतों के लिए दर्पण की भूमिका कौन निभा रहा है?
(i) विशाल तालाब (ii) सहस्त्र सुमन
(iii) ऊँचे-ऊँचे वृक्ष (iv) पावस ऋतु

(घ) तालाब किसके चरणों में पल रहा था?

उत्तर : **(क)** *(iii) वर्षा ऋतु - पर्वतीय क्षेत्र*

(ख) *(iv) गोल आकार में फैले हुए हैं*

(ग) *(i) विशाल तालाब*

व्याख्यात्मक हल : पर्वतों की परछाई तालाब में नज़र आ रही है मानो वे उस तालाब रूपी दर्पण में अपनी छवि निहार रहे हों।

(घ) तालाब के पर्वतों के नीचे स्थित होने के कारण ऐसा कहा गया है कि वह उन पर्वतों के चरणों में ही पल रहा है।

पाठ में निहित केन्द्रीय भाव

कवि ने एक ऐसे दृश्य का वर्णन किया है जब दूर तक पर्वत शृंखला गोलाकार में फैली हुई है। उसके बीचोंबीच स्थित तालाब में पर्वतों की परछाई पड़ रही है जिसे देखकर ऐसा लगता है मानो पर्वत अपनी हज़ारों पुष्प रूपी आँखों से तालाब रूपी दर्पण में लगातार अपनी छवि को निहार रहे हैं। उच्च पर्वतीय क्षेत्र में झरने बहते हुए जो ध्वनि उत्पन्न कर रहे हैं उसे सुनकर ऐसा लगता है मानो वे पर्वतों की प्रशंसा के गीत गा रहे हों और ऊँचाई से गिरने के कारण झरनों में जो झाग पैदा हो रही है मानो मोती की सुंदर लड़ियाँ हों। पर्वतों पर लगे ऊँचे-ऊँचे वृक्ष देखकर कवि ने यह कल्पना की है मानो वे उन पर्वतों के हृदय से निकलने वाली ऊँची-ऊँची आकांक्षाएँ हों। इस प्रकार यह संपूर्ण दृश्य अद्‌भुत और अलौकिक प्रतीत हो रहा है जिसे कवि ने इंद्रजाल यानि इंद्र देवता द्‌वारा रचा जा रहा कोई जादू का खेल बताया है।

यह कविता मानवीकरण अलंकार का एक उत्तम उदाहरण है जिसमें निर्जीव वस्तुओं या प्रकृति को मानव की तरह व्यवहार करते हुए दिखाया गया है।

वस्तुपरक प्रश्न

[1 अंक]

काव्यांश पर आधारित प्रश्न

1. निम्नलिखित काव्यांश पर आधारित प्रश्नों के उत्तर उचित विकल्प छाँटकर दीजिए—

उड़ गया अचानक लो भूधर,
फड़का अपार पारद के पर।
रव-शेष रह गए हैं निर्झर,
है टूट पड़ा भू पर अंबर।

(क) कवि ने क्या बाकी रह जाने की बात इन पंक्तियों में कही है?
(i) वर्षा का जल (ii) घने बादल
(iii) झरनों का सौंदर्य (iv) झरनों की आवाज़

(ख) भू पर अंबर टूट पड़ने का अर्थ है—
(i) बादल फटना
(ii) पहाड़ गिर जाना
(iii) बहुत तेज़ वर्षा होना
(iv) बिजली गिरना

(ग) भूधर का उड़ जाना अर्थात्—
(i) पहाड़ टूट जाना
(ii) पर्वत अदृश्य हो जाना
(iii) पेड़ टूट जाना
(iv) पेड़ अदृश्य हो जाना

(घ) ✍प्रस्तुत काव्यांश में किस स्थिति का वर्णन है?
(i) बादल छा जाना (ii) धूप निकलना
(iii) सूर्य उदय होना (iv) तूफ़ान आना

उत्तर : (क) *(iv) झरनों की आवाज़*

व्याख्यात्मक हल : बारिश होने पर सब कुछ अदृश्य हो गया था । केवल झरने बहने की आवाज़ ही सुनाई दे रही थी।

(ख) *(iii) बहुत तेज़ वर्षा होना*

(ग) *(ii) पर्वत अदृश्य हो जाना*

व्याख्यात्मक हल : बादलों ने पर्वतों को पूरी तरह ढक लिया था मानो कि पर्वत वहाँ से गायब हो गए हों।

2. निम्नलिखित काव्यांश पर आधारित प्रश्नों के उत्तर उचित विकल्प छाँटकर दीजिए—

धँस गए धरा में सभय शाल,
उठ रहा धुआँ जल गया ताल।
यों जलद-यान में विचर-विचर,
था इंद्र खेलता इंद्रजाल।

(क) धँस गए धरा में सभय शाल - पंक्ति में कौन सा अलंकार है?
(i) उपमा (ii) रूपक
(iii) मानवीकरण (iv) अनुप्रास

(ख) कहाँ से धुआँ निकलता नज़र आ रहा है ?
(i) वृक्षों से (ii) तालाब से
(iii) पर्वतों से (iv) झरनों से

(ग) ✍इस काव्यांश में इंद्रजाल किसे कहा गया है?
(i) झरनों के शोर को
(ii) पर्वतीय क्षेत्र में बारिश के दृश्य को
(iii) दर्पण रूपी तालाब को
(iv) आकाश को छूते वृक्षों को

(घ) प्रस्तुत काव्यांश उस स्थिति को दर्शा रहा है जब—
(i) तेज़ धूप निकल आई थी
(ii) बादल छा गए थे
(iii) तेज़ वर्षा होने लगी थी
(iv) अंधकार छा गया था

✍ स्व-अभ्यास प्रश्न। विस्तृत समाधान हेतु यह स्कैन करें।

उत्तर : (क) *(iii) मानवीकरण*

व्याख्यात्मक हल : डरना और डरकर छुप जाना मानव का व्यवहार है और यही व्यवहार वृक्षों को करते हुए दिखाया गया है।

(ख) *(ii) तालाब से*

व्याख्यात्मक हल : बारिश का पानी तालाब में गिर रहा है, तालाब का पानी फुहार बनकर ऊपर उठ रहा है। मानो तालाब जल रहा हो और उसमें से धुआँ निकल रहा हो।

(घ) *(iii) तेज़ वर्षा होने लगी थी*

वर्णनात्मक प्रश्न

[2 - 5 अंक]

लघु उत्तरीय प्रश्न (25 – 30 शब्द)

[2 अंक]

3. पावस में गिरि का गौरव कौन गा रहा है और उत्तेजना का संचार वह कैसे कर पाता है? [CBSE 2016]

उत्तर : कवि ने वर्षा ऋतु के दौरान पर्वतीय क्षेत्र के अलौकिक सौंदर्य का वर्णन किया है। वहाँ ऊँचाई से बहते हुए झरने झर-झर की ध्वनि उत्पन्न कर रहे हैं, जिसमें एक मधुर संगीत-सा महसूस हो रहा है। इसी आवाज को कवि ने झरनों द्वारा पर्वतों के गौरव में गाए जाने वाला गीत कहा है और इस मधुर संगीत को सुनकर नस-नस में आनंद और उत्तेजना का संचार हो रहा है।

4. कवि पंत ने पर्वत की विशालता को किस प्रकार चित्रित किया है? [CBSE 2013]

उत्तर : कवि सुमित्रानंदन पंत ने पर्वतीय क्षेत्र का जो सजीव वर्णन कविता में किया है उसे पढ़कर ऐसा महसूस होता है मानो हम स्वयं वहाँ उपस्थित हैं। दूर तक फैले पर्वतों की विशालता को दर्शाने के लिए कवि ने 'मेखलाकार पर्वत अपार' शब्दों का प्रयोग किया है, जिससे स्पष्ट है कि वे पर्वत अपार अर्थात् दूर तक और मेखलाकार यानि गोलाकार में फैले हुए थे।

5. ✎ बादलों के उठने तथा वर्षा होने का चित्रण पर्वत प्रदेश में पावस के आधार पर अपने शब्दों में कीजिए। [CBSE 2016]

6. वृक्ष आसमान की ओर चिंतित होकर क्यों देख रहे हैं? 'पर्वत प्रदेश में पावस' कविता के आधार पर लिखिए। [CBSE 2016]

उत्तर : पर्वतों के ऊपर लगे ऊँचे-ऊँचे वृक्ष बिलकुल स्थिर थे, उनमें कोई हलचल नहीं हो रही थी। उन्हें देखकर कवि को महसूस हुआ मानो वे पर्वतों के हृदय से निकलने वाली ऊँची-ऊँची आकांक्षाएँ हों। ऊँचे वृक्षों के माध्यम से पर्वत आकाश को छूना चाहते थे, किंतु छूने में असमर्थ थे इसलिए उदास और चिंतित नज़र आ रहे थे। यह कहकर कवि ने प्रकृति में मानवीय भावों का बिंब प्रस्तुत किया है।

⚠ एहतियात

➥ *वृक्ष उदास नहीं हैं बल्कि उनकी स्थिरता में कवि को उनकी उदासी नज़र आ रही है।*

7. ✎ तालाब में पर्वतों का प्रतिबिम्ब देखकर कवि ने क्या कल्पना की है?

8. 'है टूट पड़ा भू पर अंबर', पर्वत प्रदेश में पावस कविता में कवि ने ऐसा क्यों कहा है ? [CBSE 2020]

उत्तर : वर्षा ऋतु में आकाश बादलों से आच्छादित हो जाता है। जब वे घने बादल तेजी से बरसने लगते हैं तो ऐसा लगता है मानो आकाश ही धरती पर टूट पड़ा हो। ऐसा ही दृश्य कविता 'पर्वत प्रदेश में पावस' के माध्यम से कवि ने प्रस्तुत किया है। पर्वतीय क्षेत्र में नज़र आने वाले विशाल पर्वतों और आकर्षक झरनों को मूसलाधार वर्षा द्वारा ढक लिए जाने का प्रभावी शब्द-चित्र अंकित किया है।

9. वृक्षों को कवि ने उच्चाकांक्षाएँ क्यों कहा है?

उत्तर : मानव के हृदय में अक्सर आगे बढ़ने की, ऊँचा उठने की आकांक्षाएँ जन्म लेती रहती हैं। उन्हें केवल महसूस किया जा सकता है, देखा नहीं जा सकता। पर्वतीय क्षेत्र में बड़े-बड़े पहाड़ों पर लगे ऊँचे-ऊँचे वृक्ष देखकर कवि ने ऐसी कल्पना की है मानो वह पर्वतों के हृदय से निकलने वाली ऊँची-ऊँची आकांक्षाएँ हों। वृक्ष इतने ऊँचे हैं कि आकाश को छूते हुए से प्रतीत हो रहे हैं किंतु वे गंभीर और उदास नज़र आ रहे हैं क्योंकि वे पर्वतों की आकाश को छूने की इच्छा को पूरा करने में असमर्थ हैं।

10. ✎ कवि ने ऐसा क्यों कहा है कि पर्वत बादलों के पंख लगाकर उड़ गए हैं?

11. झरनों की तुलना किससे की गई है और क्यों? [CBSE Sample Paper 2020]

उत्तर : पर्वतीय क्षेत्रों का नजारा बेहद आकर्षक होता है और ऊँचाई से बहते हुए झरने उस दृश्य में चार चाँद लगा देते हैं। कवि ने बहते हुए झरने की आवाज को उनके द्वारा पर्वतों की प्रशंसा में गाए जाने वाला गीत कहा है और झरनों में उत्पन्न होने वाली सफेद झाग के कारण उन्हें सफेद चमकीले मोतियों की लड़ियाँ कहा है। इस प्रकार कवि ने

✎ स्व-अभ्यास प्रश्न। विस्तृत समाधान हेतु यह स्कैन करें।

झरनों की आवाज़ की तुलना मधुर गीत से और उनके श्वेत झागमय सौंदर्य की तुलना मोती की लड़ियों से की है।

12. **'पर्वत प्रदेश में पावस' कविता के आधार पर पर्वत के रूप-स्वरूप का चित्रण कीजिए। [CBSE 2018]**

निबंधात्मक प्रश्न (60–70 / 80–100 शब्द) [4 एवं 5 अंक]

13. **कविता 'पर्वत प्रदेश में पावस' का प्रतिपाद्य स्पष्ट कीजिए। [CBSE 2014, 12, 10]**

उत्तर : कविता 'पर्वत प्रदेश में पावस' के माध्यम से पर्वतीय क्षेत्र में वर्षा ऋतु के दौरान उत्पन्न होने वाले परिवर्तनों को दर्शाना प्रकृति प्रेमी कवि 'सुमित्रानंदन पंत' का उद्देश्य है, जिसे वे बहुत खूबसूरती के साथ पूरा करने में सफल हुए हैं। कवि ने विशाल, गोल आकार में फैले पर्वतों की तुलना मेखला से की है और उन पर लगे हज़ारों पुष्पों को पर्वतों की आँखें कहा है, जिनसे वे नीचे तालाब रूपी दर्पण में अपनी छवि को लगातार निहार रहे हैं। एक ओर झरने बह रहे हैं जिनकी आवाज कवि को मधुर संगीत का एहसास करा रही है और उनकी सफेद झाग मोती की लड़ियों-सी सुंदर लग रही है। पर्वतों पर लगे वृक्ष देखकर ऐसा लगता है कि उनके माध्यम से पर्वत आकाश को छूने की कोशिश कर रहे हैं। तभी अचानक घने बादल और मूसलाधार वर्षा इस संपूर्ण दृश्य को ढक लेते हैं।

पावस ऋतु के दौरान पर्वतीय क्षेत्र के पल - पल परिवर्तित होते हुए प्राकृतिक दृश्यों का ऐसा सजीव वर्णन कवि ने किया है कि हम ऐसा महसूस करने लगते हैं मानो हमारे चारों ओर की दीवारें कहीं विलीन हो गई हैं और हम स्वयं उन नज़ारों का आनंद ले रहे हैं।

⚠ एहतियात

➥ *प्रतिपाद्य लिखने के लिए छात्र कविता का सार लिखे तथा संदेश लिखते हुए अंत करें।*

14. **'पर्वत प्रदेश में पावस' कविता में झरने पर्वत का गौरव गान कैसे करते हैं? [CBSE 2012]**

15. **पर्वत प्रदेश में वर्षा ऋतु में प्राकृतिक सौंदर्य कई गुना बढ़ जाता है परंतु पहाड़ों पर रहने वाले लोगों के दैनिक जीवन में क्या कठिनाइयाँ उत्पन्न होती होंगी, उनके विषय में लिखिए। [CBSE 2015]**

उत्तर : इसमें कोई संदेह नहीं कि वर्षा ऋतु के दौरान प्राकृतिक सौंदर्य कई गुना बढ़ जाता है। विशेष रूप से पर्वतीय क्षेत्रों में यह प्राकृतिक दृश्य अलौकिक प्रतीत होने लगता है। बड़े-बड़े पहाड़, पेड़, झरने, तालाब जो पर्वतीय क्षेत्र में आकर्षण का केंद्र बने होते हैं, वे बादल और मूसलाधार वर्षा से अदृश्य हो जाते हैं। पल-पल होने वाला यह परिवर्तन सबको अपनी ओर आकर्षित कर लेता है। पर्यटकों को यह दृश्य अत्यधिक लुभाते हैं। किंतु वहाँ रहने वाले लोग वर्षा ऋतु में किन परेशानियों का सामना करते हैं, इसकी शायद हम कल्पना भी नहीं कर सकते।

दिन-प्रतिदिन की जरूरतें पूरी होना मुश्किल हो जाता है। खाद्य एवं पेय पदार्थ उन तक पहुँच नहीं पाते हैं। बच्चों का विद्यालय जाना, अन्य लोगों का अपने रोजगार चलाना बहुत कठिन हो जाता है। यहाँ तक कि अधिक वर्षा से बाढ़ का खतरा बना रहता है, पहाड़ों के धँसकने का भी डर बना रहता है। इस तरह वर्षा ऋतु के दौरान आने वाली अनेक प्राकृतिक आपदाओं का भय वहाँ के निवासियों में हरपल बना रहता है। पर्वतीय इलाकों में रहने वाले लोगों के लिए यह स्थिति सिर पर लटकी तलवार के समान होती है।

16. **'पर्वत प्रदेश में पावस' कविता के आधार पर पावस ऋतु में पर्वतीय क्षेत्र के प्राकृतिक परिवर्तनों और सौंदर्य का वर्णन कीजिए। [Delhi Gov. 2021]**

17. **पर्वतीय प्रदेश में वर्षा के सौंदर्य का वर्णन 'पर्वत प्रदेश में पावस' कविता के आधार पर अपने शब्दों में कीजिए। [CBSE 2019]**

उत्तर : वर्षा ऋतु का इंतजार सभी को सालभर रहता है। बारिश आने से पेड़-पौधे धुल जाते हैं, नदियों में जल स्तर बढ़ जाता है। सभी ओर हरियाली दिखाई देने लगती है। वातावरण में ताज़गी आ जाती है। ऐसा लगता है मानो वर्षा ऋतु धरती में नई जान डाल देती है।

पर्वतीय क्षेत्र में तो वर्षा ऋतु का आगमन बेहद खूबसूरत परिवर्तन लेकर आता है। पल-पल में प्राकृतिक नजारे ऐसे बदलते हैं मानो आँखों के सामने कोई फिल्म के दृश्य बदल रहे हों। बड़े-बड़े पहाड़, पर्वत, तालाब, झरने यूँ ही मन को लुभाते हैं, जब बादल इन्हें ढक लेते हैं तो ऐसा लगता है मानो वे बादलों के पंख लगाकर कहीं उड़ गए हैं। वर्षा शुरू होने पर तो संपूर्ण दृश्य ऐसा गंभीर हो जाता है जैसे भयानक वर्षा ने सब को भयभीत कर दिया हो। यह अलौकिक दृश्य स्वयं इंद्र देवता द्वारा खेला जा रहा कोई जादू का खेल-सा नज़र आता है।

स्व-अभ्यास प्रश्न। विस्तृत समाधान हेतु यह स्कैन करें।

वर्णनात्मक प्रश्न

लघु उत्तरीय प्रश्न [2 अंक]

1. 'पर्वत प्रदेश में पावस' कविता के आधार पर पर्वत के रूप स्वरूप का चित्रण कीजिए।

उत्तर मेखलाकार पर्वत अर्थात पर्वत करधनी के आकार का है जिसके चरणों मे एक पारदर्शी दर्पण रूपी ताल है। पर्वत अपना महाकार प्रतिबिम्ब ताल में देखते हुए अपने सहस्र दृग रूपी सुमनों से निहारकर अचम्भित हो रहे हैं। मोती की मालाओ के समान सुंदर झरने कल-कल की ध्वनि कर पर्वत के गुणगान गाते हुए प्रतीत होते हैं। वर्षा होने पर पर्वत बादलों से घिर जाता है तो ऐसा प्रतीत होता है जैसे पंख लगाकर उड़ गया हो, शाल के वृक्ष जमीन में धसे से प्रतीत होते हैं। पर्वत प्रदेश में पावस ऋतु का दृश्य अत्यंत रमणीय होता है।

[CBSE Topper 2018]

3

काव्यांश

कर चले हम फ़िदा
-कैफ़ी आज़मी

अपना जीवन प्रत्येक जीव को प्यारा होता है। असाध्य रोगी भी जीने की कामना करता है और अपने आप को ज़िंदा रखने की भरपूर कोशिश करता है। जीवन भर हम खतरों का सामना करते हैं, अपने जीवन को सुख और आनंद से भरने का प्रयत्न करते रहते हैं, इसलिए कि हम एक अच्छा जीवन, सुरक्षित जीवन व्यतीत कर सकें। किंतु एक सैनिक का जीवन इससे बिल्कुल भिन्न होता है। इस कविता में सैनिक की भावनाओं का अत्यधिक मार्मिक वर्णन किया गया है।

Topic Notes

◻ पाठ का सार
◻ पाठ में निहित केंद्रीय भाव

पाठ का सार

काव्यांश — 1

कर चले हम फ़िदा जानो-तन साथियो
अब तुम्हारे हवाले वतन साथियो।
साँस थमती गई, नब्ज़ जमती गई,
फिर भी बढ़ते कदम को न रुकने दिया,
कट गए सर हमारे तो कुछ ग़म नहीं,
सर हिमालय का हमने न झुकने दिया,
मरते-मरते रहा बाँकपन साथियो,
अब तुम्हारे हवाले वतन साथियो।

शब्दार्थ

फ़िदा- कुर्बान, *हवाले करना*- सौंपना, *थमती*- रुकती, *वतन*- देश, *बाँकपन*- जवानी का जोश

व्याख्या

सैनिक अपने देश पर कुर्बान होने जा रहे हैं और देश की जिम्मेदारी अन्य देशवासियों को सौंप रहे हैं। सैनिक हमें अर्थात् देशवासियों को साथियो कहकर संबोधित कर रहे हैं क्योंकि वह हमें यह एहसास दिलाना चाहते हैं कि हम सबने मिलकर ही देश की रक्षा करनी है। कविता के माध्यम से सैनिक की आवाज़ हम तक पहुँच रही है। वह कहता है कि भले ही मेरी नब्ज़ जमती गई और साँसे रुकती गई फिर भी अपने बढ़ते हुए कदमों को मैंने रुकने नहीं दिया। देश की सुरक्षा की खातिर भले ही सिर कट गए पर हिमालय का सिर अर्थात् देश का गौरव हमने झुकने नहीं दिया, कम नहीं होने दिया। इस प्रकार अंतिम साँस तक सैनिक देश की हिफाज़त करता है।

शिल्प सौंदर्य

(1) भावानुकूल, प्रभावशाली भाषा का प्रयोग है। 'मरते-मरते' में पुनरुक्ति प्रकाश अलंकार है।

(2) वीर रस की उत्पत्ति हुई है।

(3) काव्य में लयात्मकता है।

(4) फ़िदा, वतन, ग़म आदि उर्दू शब्दों का प्रयोग किया गया है।

भाव सौंदर्य

(1) उन सैनिकों की भावनाओं को शब्द दिए गए हैं जो देश पर कुर्बान होने जा रहे हैं।

(2) सैनिकों को अपनी जान की परवाह नहीं होती, वे केवल देश की सुरक्षा के प्रति चिंतित रहते हैं।

उदाहरण 1. **कवि ने 'साथियो' संबोधन का प्रयोग किसके लिए किया है ? [CBSE 2012, NCERT]**

उत्तर : कविता 'कर चले हम फ़िदा' के माध्यम से कवि ने सैनिकों की आवाज़ हम तक पहुँचाई है। उन्होंने साथियो शब्द का प्रयोग देशवासियों के लिए किया है, उनके अंदर यह भावना भरने के लिए कि वह और सैनिक अलग-अलग नहीं है, उन सबको मिलकर ही देश की सुरक्षा करनी है।

उदाहरण 2. **'सर हिमालय का हमने न झुकने दिया' इस पंक्ति में हिमालय किसका प्रतीक है? [CBSE 2011, NCERT]**

उत्तर : हिमालय भारत देश के गौरव का प्रतीक है। वह न केवल भारत के सौंदर्य में चार चाँद लगाता है अपितु उसी के कारण हमारे देश की जलवायु नियंत्रित रहती है और अन्य देशों से वह हमारी रक्षा भी करता है क्योंकि वह हमारी सीमाओं पर एक पहरेदार की तरह स्थित है। जो हिमालय हमारी रक्षा करता है उसकी रक्षा करना, उसका सिर ऊँचा बनाए रखना हमारा कर्तव्य है। अत: सैनिक अपना सिर कटा देते हैं, किंतु हिमालय का सिर झुकने नहीं देते अर्थात् अपने देश के गौरव को बरकरार रखने के लिए वे अंतिम साँस तक प्रयत्नशील रहते हैं।

काव्यांश — 2

ज़िंदा रहने के मौसम बहुत है मगर,
जान देने की रुत रोज आती नहीं।
हुस्न और इश्क दोनों को रुसवा करें,
वो जवानी जो खूँ में नहाती नहीं।
आज धरती बनी है दुल्हन साथियो,
अब तुम्हारे हवाले वतन साथियो।

शब्दार्थ

रुत- मौसम / मौका, *हुस्न*- सुंदरता, *इश्क*- प्रेम, *रुसवा*- बदनाम, *खूँ*- खून / रक्त।

व्याख्या

सैनिक का मानना है कि ज़िंदा रहते हुए, जीवन में उत्सव मनाने के मौके तो बहुत आते हैं, पर देश पर कुर्बान होने का अवसर हर किसी को और बार-बार नहीं मिलता। जवानी वह उम्र होती है जब हमारे अंदर जोश और जज़्बा सबसे अधिक होता है। वह जवानी जो देश पर कुर्बान नहीं होती अपने हुस्न और इश्क को रुसवा अर्थात् बदनाम कर देती है। एक सैनिक को तो अपने खून से रंगी हुई धरती भी दुल्हन-सी प्रतीत होती है। जब वह अपनी मातृभूमि की रक्षा करते-करते अपने रक्त की अंतिम बूँद भी बहा देता है तब अपने ही खून से रंगी हुई धरती को देखकर उसे ऐसा लगता है मानो वह एक नई-नवेली दुल्हन को छोड़कर जा रहा हो। इसलिए उसकी रक्षा करने की जिम्मेदारी वह हमें यानी अन्य देशवासियों को सौंपकर जाना चाहता है।

शिल्प सौंदर्य

(1) इश्क, हुस्न, रुसवा आदि उर्दू शब्दों का प्रयोग किया गया है।

(2) प्रभावोत्पादक भाषा है जो देशभक्ति की भावना जगाने में सक्षम है।

(3) 'धरती बनी है दुल्हन' में उपमा अलंकार है।

(4) पद में लयात्मकता है।

(5) ओजपूर्ण शब्दावली का प्रयोग है।

भाव सौंदर्य

(1) युवाओं को देश के प्रति समर्पित रहने के लिए प्रोत्साहित किया गया है।

(2) उसी युवावस्था को महत्वपूर्ण माना है जिसका जोश और उत्साह देश के काम आए।

उदाहरण 3. **धरती को दुल्हन क्यों कहा गया है? [NCERT]**

उत्तर : सैनिक जब अपनी जान की परवाह न करते हुए युद्धभूमि में आगे बढ़ते जाते हैं तब देश की रक्षा के लिए अपना लहू भी बहा देते हैं और खून से रंगी धरती उन्हें दुल्हन-सी प्रतीत होती है। जिस प्रकार एक युवक अपनी दुल्हन की रक्षा की कसम खाते हुए हर मुश्किल का सामना करता है उसी प्रकार सैनिक धरती की रक्षा की खातिर हर घाव सहते हैं और वह धरती उन्हें खून से रंगी होने के कारण लाल जोड़े में सजी दुल्हन-सी नजर आती है।

काव्यांश — 3

राह कुर्बानियों की न वीरान हो,
तुम सजाते ही रहना नए काफ़िले,
फ़तह का जश्न इस जश्न के बाद है,
जिंदगी मौत से मिल रही है गले,
बाँध लो अपने सर से कुन साथियो,
अब तुम्हारे हवाले वृतन साथियो।

शब्दार्थ

वीरान- सुनसान / खाली, *काफ़िला*- समूह, *फ़तह*- जीत, *जश्न*- उत्सव, सर से कफ़न *बाँधना*- मरने के लिए / बलिदान के लिए तैयार रहना।

व्याख्या

जिस पल सैनिक देश की रक्षा करते हुए अंतिम साँसे लेता है, तब भी उसे अपनी जान जाने की परवाह नहीं होती किंतु यही चिंता सताती है कि उसके बाद देश की रक्षा कौन करेगा। अत: वह हमसे यानि अन्य देशवासियों से यह प्रार्थना करता है कि कुर्बानियों की इस राह को कभी सूना या खाली नहीं होने देना। वह चाहता है कि हम सब एक साथ मिलकर, काफ़िले बनाकर देश की रक्षा की राह पर आगे बढ़ते रहें। जीत का जश्न तो हर कोई मनाना चाहता है किंतु उससे पहले हमें जिंदगी और मौत के गले मिलने अर्थात् युद्ध भूमि के दर्शन करने पड़ते हैं। इसलिए सैनिक के रूप में कवि हमसे यह कहना चाहते हैं कि हम सिर पर कफ़न बाँध लें अर्थात् देश की रक्षा हेतु मर-मिटने के लिए तैयार रहें। देशभक्ति की भावना हमारे दिल में इस कदर होनी चाहिए कि हमारे होते हुए कोई हमारे देश का बाल भी बाँका न कर सके।

शिल्प सौंदर्य

(1) सरल, सहज और प्रभावशाली भाषा का प्रयोग है। फ़तह, जश्न, कफ़न आदि उर्दू शब्दों का प्रयोग किया गया है।

(2) 'सर से कफ़न बाँधना' मुहावरा है।

(3) वीर रस की उत्पत्ति हुई है।

भाव सौंदर्य

अंतिम साँस तक सैनिक किस तरह अपने कर्तव्य निभाते हैं, यह सत्य बहुत ही मार्मिक ढंग से प्रस्तुत किया गया है।

उदाहरण 4. **कवि ने किस काफ़िले को आगे बढ़ाते रहने की बात कही है ? [NCERT]**

उत्तर : जब सैनिक अपने देश की सुरक्षा के लिए युद्धभूमि में उतरता है तब उसे अपनी जान की परवाह नहीं होती। केवल एक बात उसे सताती है कि जब वह नहीं रहेगा तो उसके देश और देशवासियों की रक्षा कौन करेगा इसलिए वह देशवासियों से आग्रह कर रहा है कि इस कुर्बानियों की राह को खाली मत होने देना। लगातार काफ़िले अर्थात् समूह में आगे बढ़ते जाना और अपने सिर पर कफ़न बाँधकर देश की रक्षा के लिए तैयार रहना।

काव्यांश — 4

खींच दो अपने खूँ से ज़मीन पर लकीर,
इस तरफ आने पाए न रावण कोई,
तोड़ दो हाथ अगर हाथ उठने लगे,
छू न पाए सीता का दामन कोई,
राम भी तुम, तुम्हीं लक्ष्मण साथियो,
अब तुम्हारे हवाले वृतन साथियो।

शब्दार्थ

लकीर- रेखा, *दामन*- आँचल, *रावण*- शत्रु, *सीताराम भारत*- भूमि, *राम- लक्ष्मण*- देशवासी।

व्याख्या

कवि सैनिक की आवाज़ में हमें देश की रक्षा हेतु प्रेरित करते हुए कह रहे हैं कि हमें अपने खून से ज़मीन पर लकीर खींच देनी चाहिए अर्थात् दुश्मन को चुनौती दे देनी चाहिए। यदि रावण रूपी शत्रु-देश ने सीता रूपी मातृभूमि के आँचल को छूने का दुस्साहस किया तो हम राम और लक्ष्मण बनकर उसके हाथों को तोड़ देने की ताकत रखते हैं। हमें राम और लक्ष्मण की भाँति सीता रूपी मातृभूमि की रक्षा के लिए तत्पर रहना है।

शिल्प सौंदर्य

(1) पूरे पद में दृष्टांत अलंकार का सुंदर प्रयोग किया गया है।

(2) भाषा ओजपूर्ण है।

(3) ज़मीन, लकीर, दामन जैसे उर्दू शब्दों का प्रयोग किया गया है।

(4) भाषा सरल, सहज और प्रभावपूर्ण है।

भाव सौंदर्य

पौराणिक कथा को आधार बनाकर हमें देशहित में कार्य करने के लिए प्रेरित किया गया है।

उदाहरण 5. **काव्यांश पर आधारित :**

ज़िंदा रहने के मौसम बहुत है मगर,
जान देने की रुत रोज आती नहीं।
हुस्न और इश्क दोनों को रुसवा करें,
वो जवानी जो खूँ में नहाती नहीं।
आज धरती बनी है दुल्हन साथियो,
अब तुम्हारे हवाले वतन साथियो।

(क) हुस्न और इश्क को रुसवा कौन करता है?
(i) वह जवानी जो खून में नहीं नहाती
(ii) वह जवानी जो खून में नहा जाती है
(iii) वह जवानी जो इश्क नहीं करती
(iv) वह जवानी जिसमें हुस्न नहीं होता

(ख) 'जान देने की रुत' का अर्थ है—
(i) जीवन को व्यर्थ गँवा देना
(ii) किसी की जान लेना
(iii) ऋतुओं का बदलना
(iv) देश के लिए कुर्बान होना

(ग) इस काव्यांश का संदेश यह है कि हमें—
(i) धरती को दुल्हन की तरह सजाना चाहिए
(ii) हुस्न और इश्क को रुसवा करना चाहिए
(iii) देश पर कुर्बान होने के लिए तैयार रहना चाहिए
(iv) देश को दूसरों के हवाले कर देना चाहिए

(घ) धरती को दुल्हन क्यों कहा गया है?

उत्तर :**(क)** *(i) वह जवानी जो खून में नहीं नहाती*

व्याख्यात्मक हल : जवानी में ही जोश सबसे अधिक होता है और वह तभी सार्थक है जब देश के हित में उसका प्रयोग किया जाए।

(ख) *(iv) देश के लिए कुर्बान होना*

(ग) *(iii) देश पर कुर्बान होने के लिए तैयार रहना चाहिए।*

(घ) *धरती सैनिकों के खून से लाल रंग में रंग गई है अत: लाल जोड़े में सजी दुल्हन-सी प्रतीत हो रही है।*

पाठ में निहित केंद्रीय भाव

एक सैनिक जो युद्धभूमि की ओर कदम बढ़ा रहा है, उसे अपनी जान की परवाह नहीं है किंतु वह इस बात से चिंतित है कि जब वह नहीं रहेगा तो उसके देश की रक्षा कौन करेगा। इसलिए वह अन्य देशवासियों को साथी कहकर संबोधित कर रहा है और यह बता रहा है कि वह तो अपनी जान अपने देश के लिए कुर्बान करने जा रहा है किंतु उसके बाद देश की सुरक्षा की जिम्मेदारी अन्य देशवासियों को लेनी होगी। सैनिक कहता है कि जब उसकी साँसें रुकने लगती हैं, नब्ज़ जमने लगती है तब भी वह अपने कदमों को रुकने नहीं देता। वह अपना सिर कटा देता है किंतु हिमालय का सिर अर्थात् देश का गौरव झुकने नहीं देता। कवि का मानना है कि ज़िंदा रहने के अवसर तो बहुत मिलते हैं पर देश की रक्षा करते हुए जान देने का अवसर हर किसी को और बार-बार नहीं मिलता। सैनिक अपना खून बहाकर देश की हिफाज़त करता है और यही कामना वह हमसे अर्थात् देशवासियों से करता है। वह चाहता है कि वह राह जिस पर चलकर वह कुर्बान होने जा रहा है देशवासी उसे सूना न होने दें। कवि ने हमें राम और लक्ष्मण बनकर सीता रूपी मातृभूमि की रक्षा रावण रूपी शत्रु-देश से करने के लिए प्रोत्साहित किया है। संक्षेपत: यह कविता एक मर्मस्पर्शी देशभक्ति गीत है।

वस्तुपरक प्रश्न

[1 अंक]

काव्यांश पर आधारित प्रश्न

1. **निम्नलिखित काव्यांश पर आधारित प्रश्नों के उत्तर उचित विकल्प छाँटकर दीजिए—**

खींच दो अपने खूँ से ज़मीन पर लकीर,
इस तरफ आने पाए न रावण कोई,
तोड़ दो हाथ अगर हाथ उठने लगे,
छू न पाए सीता का दामन कोई,
राम भी तुम, तुम्हीं लक्ष्मण साथियो,
अब तुम्हारे हवाले वतन साथियो।

(क) खून से लकीर खींचने का अर्थ है—
(i) घायल हो जाना
(ii) कुर्बानी देना
(iii) दुश्मन को चुनौती देना
(iv) खून से रेखा बनाना

(ख) रावण शब्द का प्रयोग किसके लिए किया गया है ?
(i) सैनिकों के लिए
(ii) शत्रु-देश के लिए

(iii) मातृभूमि के लिए

(iv) संकट के लिए

(ग) इस काव्यांश का संदेश है—

(i) हमें लड़ने के लिए तैयार रहना चाहिए

(ii) हमें राम-लक्ष्मण से सीख लेनी चाहिए

(iii) हमें मातृभूमि को सीता समझना चाहिए

(iv) हमें देश की रक्षा के लिए तैयार रहना चाहिए

(घ) इस काव्यांश के कवि और कविता का नाम है—

(i) अब तुम्हारे हवाले वतन साथियो—सुमित्रानंदन पंत

(ii) कर चले हम फ़िदा—सुमित्रानंदन पंत

(iii) अब तुम्हारे हवाले वतन साथियो—मैथिलीशरण गुप्त

(iv) कर चले हम फ़िदा—कैफ़ी आज़मी

उत्तर : (क) *(iii) दुश्मन को चुनौती देना*

(ख) *(ii) शत्रु-देश के लिए*

व्याख्यात्मक हल : हम मातृभूमि को सीता की तरह पूजते हैं। उसकी रक्षा राम और लक्ष्मण बनकर करते हैं, तो शत्रु-देश हमारे लिए रावण के समान है।

(ग) *(iv) हमें देश की रक्षा के लिए तैयार रहना चाहिए*

व्याख्यात्मक हल : हमें आपस में लड़ने के लिए नहीं बल्कि देश की रक्षा के लिए प्रेरित किया गया है।

(घ) *(iv) कर चले हम फ़िदा—कैफ़ी आज़मी*

2. निम्नलिखित काव्यांश पर आधारित प्रश्नों के उत्तर उचित विकल्प छाँटकर दीजिए—

नब्ज़ ज़मती गई, सांस थमती गई,
फिर भी बढ़ते कदम को न रुकने दिया,
कट गए सर हमारे तो कुछ ग़म नहीं,
सर हिमालय का हमने न झुकने दिया,
मरते-मरते रहा बाँकपन साथियो,
अब तुम्हारे हवाले वतन साथियो।

(क) सैनिक के कदम कब तक आगे बढ़ते जाते हैं?

(i) अंतिम साँस तक (ii) ज़िन्दा रहने तक

(iii) नब्ज जमने तक (iv) उपर्युक्त सभी

(ख) 'सर हिमालय का हमने न झुकने दिया'- का अर्थ है—

(i) हिमालय को सजाना

(ii) हिमालय की हिफाज़त करना

(iii) भारत के गौरव को बनाए रखना

(iv) भारत का गुणगान करना

(ग) मरते दम तक क्या कम नहीं होता?

(i) लड़ने का जोश

(ii) देश-प्रेम

(iii) देश की रक्षा का उत्साह

(iv) जवानी का जोश

(घ) ✎वतन को हमारे हवाले कौन करना चाहता है?

(i) हमारी सरकार

(ii) कवि कैफ़ी आज़मी

(iii) शत्रु-देश

(iv) हमारे देश के सैनिक

(क) *(iv) उपर्युक्त सभी*

(ख) *(iii) भारत के गौरव को बनाए रखना*

व्याख्यात्मक हल : हिमालय भारत के गौरव का प्रतीक है। हिमालय का सिर झुकने का अर्थ है भारत के मान-सम्मान को ठेस पहुँचना।

(ग) *(iii) देश की रक्षा का उत्साह*

वर्णनात्मक प्रश्न

[2 - 5 अंक]

लघु उत्तरीय प्रश्न (25 – 30 शब्द)

[2 अंक]

3. 'कर चले हम फ़िदा' कविता में किन दो जश्नों की बात की गई है ? **[Diksha]**

उत्तर : कवि कैफ़ी आज़मी ने कहा है कि 'जीत का जश्न इस जश्न के बाद है' अर्थात् उन्होंने दो जश्न मनाने की बात की है। एक वह जो हम जीत के बाद मनाते हैं और एक जीत से पहले अर्थात् संघर्ष करने का जश्न। जब सैनिक युद्ध भूमि में उतरता है, उसे जिंदगी और मौत को गले मिलते देखना पड़ता है। इसे भी वह पूरे जोश और उत्साह के साथ जश्न की तरह मनाए तभी जीत का जश्न मनाने का अवसर मिलता है।

4. 'कर चले हम फ़िदा' गीत में कवि ने वीरों के प्राण छोड़ते समय का मार्मिक वर्णन किस प्रकार किया है? अपने शब्दों में लिखिए। **[CBSE 2016]**

उत्तर : कवि 'कैफ़ी आज़मी' ने उस स्थिति का मार्मिक चित्रण किया है जब सैनिक देश की हिफाज़त के लिए सीमा पर

✎ स्व-अभ्यास प्रश्न। विस्तृत समाधान हेतु यह QR स्कैन करें।

तैनात रहता है और शत्रु देश का आक्रमण होने पर घायल भी हो जाता है। उसकी साँसें थमने लगती हैं, नब्ज जमने लगती है, किंतु बढ़ते हुए कदमों को वह रुकने नहीं देता। अंतिम साँस तक आगे बढ़कर शत्रु-देश को हराने और अपने देश के मान-सम्मान की रक्षा करने का प्रयत्न करता है।

5. इस गीत में 'सर पर कफ़न बाँधना' किस ओर संकेत करता है? यह कहकर कवि देश के सेवकों से क्या आशा करता है?

6. सैनिक का जीवन कैसा होता है? 'कर चले हम फ़िदा' गीत के आधार पर बताइए। [CBSE 2013]

उत्तर : एक सैनिक का समाज, देश व विश्व में सम्मान भरा स्थान होता है। उसका जीवन अनुशासित एवं जनहित हेतु समर्पित होता है। उसे विषम से विषम परिस्थितियों में शत्रु का डटकर सामना करने हेतु अत्यंत कठिन प्रशिक्षण दिया जाता है। उसे अपने परिवार के साथ रहने का मोह व निजी स्वार्थ त्यागना होता है। पूरे देश को अपना परिवार मानकर उसकी सुरक्षा हेतु सीमाओं चौबीसों घंटे तैनात रहना होता है।

प्रत्येक व्यक्ति को अपनी जान बहुत प्यारी होती है। एक असाध्य रोगी भी अपने निरोगी होने की कामना करता है। यदि जान खतरे में नजर आती है तो हर कोई उसकी हिफाज़त करना चाहता है। किंतु सैनिक ही है जो जानबूझकर अपनी जान को खतरे में डालता है ताकि देश और देशवासियों की रक्षा कर सके। जब उसकी जान पर बन आती है तब उसे एक ही चिंता सताती है कि जब वह नहीं रहेगा तो देश को कौन सँभालेगा।

7. गीत अपनी किन विशेषताओं के कारण जीवन भर याद रह जाते हैं? [CBSE 2011]

उत्तर : गीत लयात्मक होते हैं, कोमल भावों से भरे होते हैं, सुनने में अच्छे लगते हैं और हमारे दिल को छू जाते हैं। यही कारण है कि गीत लंबे समय तक याद रह जाते हैं। यदि हमें कोई संदेश या कोई प्रेरणा साधारण शब्दों में दी जाए तो शायद याद न रहे किंतु वही बात गीत के रूप में कही जाए तो जल्दी याद हो जाती है और हमेशा याद रहती है।

8. 'कर चले हम फ़िदा' कविता से आपको क्या प्रेरणा मिलती है? [CBSE 2011]

9. 'कर चले हम फ़िदा' कविता में धरती को दुल्हन क्यों कहा गया है? [CBSE 2015]

उत्तर : दुल्हन शब्द सुनते ही हमारी आँखों के सामने लाल जोड़े में सजी सुंदर युवती आ जाती है। कवि 'कैफ़ी आज़मी' ने धरती को दुल्हन कहा है क्योंकि वह सैनिक जो देश की रक्षा करते करते अपना खून बहा देता है और धरती उसके खून से लाल रंग जाती है, उसे लगता है मानो वह एक नई-नवेली दुल्हन को छोड़ कर जा रहा है। जाते-जाते वह उस दुल्हन की जिम्मेदारी हमें अथवा अन्य देशवासियों को सौंप देना चाहता है।

⚠ एहतियात

➡ *धरती को दुल्हन अवश्य कहा गया है किंतु सैनिक उस दुल्हन के मोह में उलझा नहीं है बल्कि उसकी सुरक्षा की जिम्मेदारी हम सब को सौंपना चाहता है।*

10. 'कर चले हम फ़िदा' कविता की ऐतिहासिक पृष्ठभूमि का उल्लेख करते हुए उसका प्रतिपाद्य अपने शब्दों में लिखिए। [CBSE 2017]

उत्तर : 'कर चले हम फ़िदा' कवि कैफ़ी आज़मी द्वारा रचित एक देशभक्ति गीत है। इसकी रचना 1962 के भारत-चीन युद्ध पर निर्मित फिल्म हकीकत के लिए की गई थी। इस गीत के बोल और चित्रांकन अत्यधिक मार्मिक हैं । इतने वर्षों के बाद भी इस गीत को सुनकर हमारा रोम-रोम सिहर उठता है और आँखों में आँसू उतर आते हैं। यह गीत अपने आप में हर भारतवासी के हृदय में देशभक्ति की भावना जगाने के लिए पर्याप्त है।

11. अपने देश के लिए सीता और देशवासियों के लिए राम और लक्ष्मण शब्दों का प्रयोग करने के पीछे कवि की क्या मंशा है?

12. 'कर चले हम फ़िदा' कविता में कवि कैफ़ी आज़मी की देश भक्ति कैसे झलक रही है?

उत्तर : सैनिकों के जो भाव कविता में झलक रहे हैं वह वास्तव में कवि कैफ़ी आज़मी के ही भाव हैं। उनका मानना यह है कि देश के ऊपर कुछ नहीं है। देश-भक्ति, देश की सुरक्षा, देश का मान-सम्मान प्रत्येक देशवासी के लिए सर्वोपरि होना चाहिए। देश-हित में यदि हमें अपनी जान भी देनी पड़े तो हँसते-हँसते दे देनी चाहिए। देश के प्रति हमें अपने कर्तव्य निभाने चाहिए। ऐसा कोई काम नहीं करना चाहिए जिससे देश के गौरव को ठेस पहुँचे। देश के हित में ही हमारा हित है।

निबंधात्मक प्रश्न (60–70 / 80–100 शब्द) [4 एवं 5 अंक]

13. 'कर चले हम फ़िदा' कविता में किस प्रकार की मृत्यु को अच्छा कहा गया है और क्यों? इसमें कवि क्या संदेश देना चाहता है? [CBSE 2016]

उत्तर : 'कर चले हम फ़िदा' एक देश भक्ति गीत है जिसे कवि कैफ़ी आज़मी ने फिल्म 'हकीकत' के लिए लिखा था। यह गीत वर्षों से भारतवासियों के दिल में देशभक्ति की

स्व-अभ्यास प्रश्न। विस्तृत समाधान हेतु यह स्कैन करें।

भावना जगाता आ रहा है। इस गीत के माध्यम से कवि ने उन सैनिकों के दिल की आवाज़ हम तक पहुँचाई है जो हँसते-हँसते अपने देश पर कुर्बान हुए थे। कवि के अनुसार सैनिक इसे अपना सौभाग्य समझता है कि उसे अपने देश की रक्षा के लिए प्राण न्यौछावर करने का अवसर मिल रहा है। उसे केवल एक ही चिंता सताती है कि जब वह नहीं रहेगा तब इस देश की हिफाज़त कौन करेगा। इसलिए वह सभी देशवासियों से यह अपील कर रहा है कि वह उसी की तरह देश की रक्षा करने के लिए आगे आते रहें। कुर्बानियों की राह को कभी वीरान न होने दें ताकि शत्रु देश कभी हमारी मातृभूमि की ओर आँख उठाकर न देख सके।

कवि ने उसी जीवन और उसी मृत्यु को अच्छा बताया है जो देश के प्रति समर्पित हो और यही संदेश दिया है कि देश का हित प्रत्येक देशवासी के लिए सर्वोपरि होना चाहिए।

14. सीमा पर भारतीय सैनिकों के द्वारा सहर्ष स्वीकार की जा रही कठिन परिस्थितियों का उल्लेख कीजिए और प्रतिपादित कीजिए कि 'कर चले हम फ़िदा' गीत सैनिकों के हृदय की आवाज है। [CBSE 2020]

उत्तर : हम करोड़ों भारतीय अपने अपने घरों में सुरक्षित हैं क्योंकि हमारे देश की सीमाओं पर हमारे भारतीय सैनिक हर पल तैनात हैं। हमें विश्वास है कि उनके होते हुए कोई हमारे देश का बाल भी बाँका नहीं कर सकता। वह सैनिक मरते दम तक, हँसते-हँसते देश की हिफाज़त करते हैं। शत्रु देश का सामना करते हुए भले ही उनकी नब्ज़ थम जाए और खून जमने लगे पर उनके कदम रुकते नहीं हैं। उनका जोश और उत्साह अंतिम साँस तक बना रहता है। जीते जी ही नहीं, वह मरने के बाद भी देश की सुरक्षा की ही कामना करते हैं। कवि उन सैनिकों की भावनाओं को समझते हैं और उन्हीं के दिल की आवाज़ को उन्होंने इस कविता के माध्यम से हम तक पहुँचाया है कि वे हम सब से क्या अपेक्षा करते हैं।

हमारे अंदर देशभक्ति का जज़्बा जगाने के लिए उन्होंने हमें साथियो कहकर संबोधित किया है क्योंकि हम सब ने मिलकर ही देश की रक्षा करनी है।

15. ✎'कर चले हम फ़िदा' नामक गीत के आधार पर सैनिक जीवन की चुनौतियों का वर्णन कीजिए। सैनिकों का हौसला बढ़ाने के लिए आप क्या करेंगे? [CBSE 2020]

16. 'कर चले हम फ़िदा' कविता में वर्णित देशभक्ति का वर्णन कीजिए? [Diksha]

उत्तर : कविता 'कर चले हम फ़िदा' एक ऐसा देशभक्ति गीत है जो किसी भी देशवासी के दिल को छुए बिना नहीं रह सकता। बरसों बाद, आज भी इस गीत को सुनकर रोम-रोम में देशभक्ति का स्पंदन हो जाता है। देश के लिए कुछ कर गुजरने का जज़्बा पैदा हो जाता है। इस गीत का एक-एक शब्द सैनिक के दिल की भावनाओं को प्रभावशाली ढंग से प्रस्तुत करने में सक्षम है। सैनिक के देश-प्रेम से भरे भावों ने इस कविता को अत्यधिक मार्मिक बना दिया है।

अपने घर-परिवार, सुख-चैन को भूलकर देश की हिफाज़त करना, अंतिम साँस तक शत्रु को पीछे धकेलने के लिए डटे रहना, अपने ही खून से रंगी धरती को देखकर भी कुछ ग़म न करना और स्वयं कुर्बान हो जाने पर अन्य देशवासियों को देश की रक्षा हेतु प्रेरित करना देशभक्ति की अद्‌भुत मिसाल है। कवि 'कैफ़ी आज़मी' ने इस गीत की रचना करके एक सच्चा देशभक्त होने का परिचय दिया है।

17. 'फ़तह का जश्न इस जश्न के बाद है।' कवि ने ऐसा क्यों कहा है? [CBSE 2016]

उत्तर : फ़तह अर्थात् जीत का जश्न अपने जीवन में हर कोई मनाना चाहता है। पर इसके लिए पहले संघर्ष करना पड़ता है, मेहनत करनी पड़ती है। एक सैनिक के लिए सबसे बड़ी जीत यही है कि वह शत्रु को हराकर अपने देश की हिफाज़त कर पाए। जब वह ऐसा कर पाता है तो वह अवसर उसके लिए जश्न मनाने का होता है। किंतु वह जश्न मनाने से पहले उसे युद्धभूमि में ज़िंदगी और मौत के गले मिलने के उस दृश्य को देखना पड़ता है जो अपने आप में एक जश्न के समान है। यदि वह युद्धभूमि में जाने से घबराएगा तो वह दुश्मन का सामना नहीं कर पाएगा। इसलिए वह खुशी-खुशी युद्धभूमि में उतरता है, पूरे जोश और जज़्बे के साथ, अपनी पूरी ताकत लगाकर शत्रु का सामना करता है। उसी की बदौलत उसके साथ पूरा देश जीत का जश्न मना पाता है।

ऐसा कहकर कवि ने हम सबको संघर्ष करने जीवन में चुनौतियों का सामना करने के लिए तैयार किया है।

⚠ एहतियात

➡ *युद्धभूमि का दृश्य भयानक होता है किंतु यहाँ उसे भी एक जश्न कहकर कवि ने उस डर को दूर करने का प्रयास किया है।*

18. ✎'कर चले हम फ़िदा' कविता पाठक के मन को छू जाती है आपके मत में इसके क्या कारण हो सकते हैं? [CBSE 2015]

✎ स्व-अभ्यास प्रश्न। विस्तृत समाधान हेतु यह स्कैन करें।

वर्णनात्मक प्रश्न

लघु उत्तरीय प्रश्न [2 अंक]

1. 'कर चले हम फिदा' कविता में कवि ने 'साथियों' संबोधन का प्रयोग किसके लिए किया है और क्यों?

उत्तर

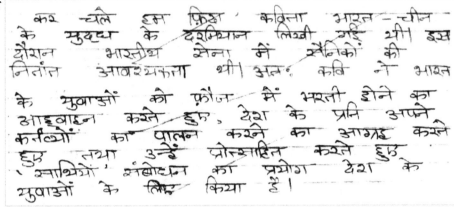

'कर चले हम फ़िदा' कविता भारत-चीन के युद्ध के दरम्यान लिखी गई थी। इस दौरान भारतीय सेना में सैनिकों की नितांत आवश्यकता थी। अतः कवि ने भारत के युवाओं को फ़ौज में भरती होने का आह्वान करते हुए, देश के प्रति अपने कर्तव्यों का पालन करने का आग्रह करते हुए तथा उन्हें प्रोत्साहित करते हुए 'साथियों' संबोधन का प्रयोग देश के युवाओं के लिए किया है।

[CBSE Topper 2015]

निबन्धात्मक प्रश्न [5 अंक]

2. 'कर चले हम फिदा' कविता की ऐतिहासिक पृष्ठभूमि का उल्लेख करते हुए उसका प्रतिपाद्य अपने शब्दों में लिखिए।

उत्तर

'कर चले हम फ़िदा' कविता 1962 में हुए भारत-चीन युद्ध की पृष्ठभूमि पर बनी फिल्म हकीकत के लिए शायर कैफ़ी आज़मी द्वारा बनाया गया था। इस कविता में एक घायल मरणासन्न सैनिक अन्य सैनिकों एवं युवाओं से अनुरोध करता है कि जिस प्रकार उसने एवं उसके अन्य साथियों ने बिना अपने प्राणों की परवाह किए अपने देश की रक्षा की इसी प्रकार आने वाली युवा पीढ़ी को भी अपने देश की सुरक्षा हेतु सिर पर कफ़न बाँधकर तैयार रहना होगा। कवि के अनुसार देश की सुरक्षा का दायित्व केवल सैनिकों का ही नहीं होता अपितु सभी देशवासी का भी होता है। इस घायल सैनिक ने सभी युवाओं से अनुरोध किया है कि जिस प्रकार उसने अपने नब्ज़ बंद होने तक देश की रक्षा की इसी प्रकार भावी युवा पीढ़ी को भी बिना प्राणों की चिंता किए दुश्मनों का सामना करने के लिए तैयार रहना होगा। सैनिक के अनुसार राम भी हम और लक्ष्मण भी हम ही हैं अतएव हमें ही अपनी भारत माँ की रक्षा हेतु तत्पर रहना होगा। अतः कवि के अनुसार पूरे देशवासियों को समय आने पर अपने देश की रक्षा के लिए तैयार रहना होगा।

[CBSE Topper 2017]

4 पतझड़ में टूटी पत्तियाँ

–रवींद्र केलेकर

गद्यांश

प्रस्तुत पाठ में लेखक 'रवींद्र केलेकर' द्वारा रचित दो प्रसंग लिए गए हैं और इन दोनों पर 'गागर में सागर' भरने की बात सार्थक सिद्ध होती है। यह दोनों प्रसंग पढ़ते हुए यह बात याद रखने की जरूरत नहीं है कि 'सार सार को गहि रहे, थोथा देई उड़ाय' अर्थात् सामान्यतः ऐसा माना जाता है कि गद्य रचनाओं के सार को ग्रहण कर लेना चाहिए तथा व्यर्थ को छोड़ देना चाहिए। किन्तु इन दो प्रसंगों में जो कुछ लिखा है उसका एक–एक शब्द समझने और याद रखने योग्य है।

Topic Notes

- ☐ 'गिन्नी का सोना'–प्रसंग का सारांश
- ☐ 'गिन्नी का सोना'–प्रसंग का संदेश
- ☐ 'झेन की देन'–प्रसंग का सारांश
- ☐ 'झेन की देन'–प्रसंग का संदेश
- ☐ कठिन शब्द तथा उनके अर्थ

I. गिन्नी का सोना

यह पहला प्रसंग हमें उन लोगों से परिचित कराता है जिनके कारण यह समाज जीने और रहने योग्य बना हुआ है। लेखक ने तीन प्रकार के लोगों का जिक्र इस पाठ में किया है आदर्शवादी, व्यावहारिक तथा व्यावहारिक आदर्शवादी व्यक्ति और इन्हें स्पष्ट करने के लिए लेखक ने शुद्ध सोने और गिन्नी के सोने का उदाहरण दिया है।

प्रसंग का सारांश

शुद्ध सोने और गिन्नी के सोने में अंतर

लेखक का मानना है कि शुद्ध सोना गिन्नी के सोने से भिन्न होता है। शुद्ध सोने को मजबूत और चमकदार बनाने के लिए उसमें थोड़ी मात्रा में ताँबा मिलाया जाता है। इससे वह सोना काम में लाने योग्य बन जाता है किंतु उसकी शुद्धता में थोड़ी कमी आ जाती है।

उदाहरण 1. **शुद्ध सोना और गिन्नी का सोना अलग क्यों होता है?** **[NCERT]**

उत्तर : शुद्ध सोना वह है जिसमें कोई मिलावट नहीं होती। जबकि गिन्नी के सोने में ताँबे की मिलावट करके उसे मजबूत और चमकदार बनाया जाता है। यही सोना व्यवहार में लाने योग्य होता है अर्थात् इसी सोने के ज़ेवर या अन्य चीजें बन पाती हैं। शुद्ध सोना इसकी अपेक्षा में कमजोर और कम आकर्षक होता है।

आदर्शवादिता और व्यावहारिकता

लेखक ने शुद्ध सोने को शुद्ध आदर्शवादी लोगों का प्रतीक बनाया है और गिन्नी के सोने को व्यावहारिक आदर्शवादी लोगों का। जिस प्रकार आदर्शवादी लोग अपने आदर्शों को व्यवहार में लाने के लिए उसमें व्यावहारिकता मिला लेते हैं ताकि उनके आदर्श समाज व देश के हित में प्रयोग में लाए जा सकें, उसी प्रकार शुद्ध सोने में ताँबा मिलाकर उसको प्रयोग में लाया जाता है।

उदाहरण 2. **शुद्ध आदर्श की तुलना सोने से और ताँबे की तुलना व्यावहारिकता से क्यों की गई है?**

[CBSE 2019, 16, 12, 11, NCERT]

उत्तर : शुद्ध आदर्श, शुद्ध सोने के जैसे होते हैं। शुद्ध सोने में किसी तरह की कोई मिलावट नहीं होती। वह बहुत कीमती होता है किंतु व्यवहार में नहीं लाया जा सकता। उसी तरह शुद्ध आदर्श पढ़ने और सुनने में बहुत अच्छे लगते हैं, लेकिन उन्हें व्यवहार में लाने के लिए उनमें कुछ मात्रा में व्यावहारिकता को मिलाना पड़ता है, ताकि वह अधिक मजबूत और चमकदार बन सकें। ठीक उसी तरह जिस तरह सोने को व्यवहार में लाने, मज़बूत बनाने के लिए उसमे ताँबा मिलाया जाता है।

प्रैक्टिकल आइडियलिस्ट के रूप में गांधीजी का परिचय

लेखक ने गांधीजी का उदाहरण देते हुए बताया है कि वे एक व्यावहारिक आदर्शवादी व्यक्ति थे। अपने विलक्षण आदर्शों को चलाने के लिए व्यावहारिकता का महत्व भी समझते थे किंतु उन्होंने इस बात का हमेशा ध्यान रखा कि आदर्शों का स्तर नीचे न गिरे बल्कि व्यावहारिकता आदर्शों के स्तर पर पहुँच जाए। यही कारण है कि उनके व्यक्तित्व में हमेशा सोना ही आगे आ रहा। ताँबे की चमक उस पर हावी नहीं हो सकी।

उदाहरण 3. **प्रैक्टिकल आइडियलिस्ट किसे कहते हैं?**

[CBSE 2012, 11, NCERT]

उत्तर : लेखक के अनुसार हमारे समाज में तीन तरह के लोग हैं- पहले आदर्शवादी, जो शुद्ध आदर्श पर चलना चाहते हैं, दूसरे व्यावहारिक जो एक-एक कदम अपने लाभ-हानि को देखते हुए उठाते हैं, तीसरे 'व्यावहारिक आदर्शवादी' यानी प्रैक्टिकल आइडियलिस्ट जो ऊँचे आदर्श रखते हैं किंतु अपने आदर्शों को व्यवहार में लाना भी जानते हैं। ऐसे लोगों के व्यवहार में कभी-कभी व्यावहारिकता आदर्श के ऊपर हावी होने लगती है। अत: इस बात का ध्यान रखा जाना चाहिए कि व्यवहार को उतनी ही मात्रा में मिलाया जाए ताकि आदर्शों का स्तर नीचे न गिरे।

समाज में आदर्शवादी लोगों की भूमिका

लेखक का मानना है कि हमारा समाज केवल आदर्शवादी लोगों के कारण ही जीने योग्य बना हुआ है। आदर्शवादी लोगों के कारण ही शाश्वत मूल्य जीवित हैं। व्यवहारवादी लोगों ने तो सदा उसे नीचे गिराने का ही काम किया है। यह सच है कि व्यवहारवादी लोग हमें सफल होते हुए, आगे बढ़ते हुए नजर आते हैं किंतु खुद आगे बढ़ें और दूसरों को भी साथ लेकर चलें, यही वास्तविक सफलता है।

उदाहरण 4. **पाठ के संदर्भ में शुद्ध आदर्श क्या हैं?**

उत्तर : पाठ के अंतर्गत लेखक रवींद्र केलेकर ने जिन आदर्शों की बात की है उनमें सच्चाई, ईमानदारी, अहिंसा, देशप्रेम, मानवता आदि आते हैं। लेखक ने इनकी तुलना शुद्ध सोने से की है। जब तक यह आदर्श केवल किताबों या बातों में हों, शुद्ध सोने की तरह हैं, जो कीमती तो होता है किंतु कमजोर होने के कारण प्रयोग में नहीं लाया जा सकता। उसे प्रयोग में लाने के लिए ताँबा या अन्य पदार्थ उसमें मिलाने पड़ते हैं। उसी प्रकार इन आदर्शों में व्यावहारिकता रूपी ताँबा मिलाया जाता है तभी यह प्रयोग में लाने योग्य होते हैं।

उदाहरण 5. गद्यांश पर आधारित :

शुद्ध सोना अलग है और गिन्नी का सोना अलग। गिन्नी के सोने में थोड़ा सा ताँबा मिलाया हुआ होता है, इसलिए वह ज्यादा चमकता है और शुद्ध सोने से मजबूत भी होता है। औरतें अक्सर इसी सोने के गहने बनवा लेती हैं। फिर भी होता तो वह है गिन्नी का ही सोना। शुद्ध आदर्श भी शुद्ध सोने के जैसे ही होते हैं। चंद लोग उनमें व्यावहारिकता का थोड़ा सा ताँबा मिला लेते हैं और चलाकर दिखाते हैं। तब हम उन्हें प्रैक्टिकल आइडियलिस्ट कहकर उनका बखान करते हैं।

(क) गिन्नी का सोना वह होता है जो—
  (i) बिलकुल शुद्ध होता है
  (ii) ताँबा मिला हुआ होता है
  (iii) किसी काम का नहीं होता
  (iv) मजबूत नहीं होता

(ख) शुद्ध सोने की यह विशेषता है कि—
  (i) वह बहुत मजबूत होता है
  (ii) वह बहुत सस्ता होता है
  (iii) वह बहुत चमकीला होता है
  (iv) उसमें किसी प्रकार की मिलावट नहीं होती

(ग) शुद्ध आदर्शों को शुद्ध सोने के समान क्यों बताया गया है ?

  (i) उन्हें व्यवहार में नहीं लाया जा सकता
  (ii) उन्हें व्यवहार में लाया जाता है
  (iii) वे आकर्षक होते हैं
  (iv) वे कमजोर होते हैं

(घ) प्रैक्टिकल आइडियलिस्ट किसे कहा गया है?

(ङ) व्यावहारिकता की तुलना किससे की गई है?

उत्तर :(क) (ii) ताँबा मिला हुआ होता है

  (ख) (iv) उसमें किसी प्रकार की मिलावट नहीं होती

  (ग) (iii) उन्हें व्यवहार में नहीं लाया जा सकता

व्याख्यात्मक हल : जीवन में शुद्ध आदर्शों पर चलना संभव नहीं होता। उसी प्रकार शुद्ध सोने के जेवर नहीं बन सकते।

  (घ) जो लोग अपने अपने शुद्ध सोने रूपी आदर्शों में व्यावहारिकता रूपी ताँबा मिलाकर और आदर्शों को प्रयोग में लाने योग्य बनाकर दिखाते हैं, प्रैक्टिकल आइडियलिस्ट कहलाते हैं

  (ङ) व्यावहारिकता की तुलना ताँबे से की गई है। जैसे ताँबा सोने को मजबूत बनाता है ऐसे ही व्यावहारिकता आदर्शों को मजबूती देकर प्रयोग में लाने योग्य बनाती है।

 # पहले प्रसंग का संदेश

(1) समाज में तीन तरह के लोग होते हैं—आदर्शवादी, व्यावहारिक और 'व्यावहारिक आदर्शवादी' यानी प्रैक्टिकल आइडियलिस्ट।

(2) व्यावहारिक लोगों की तुलना ताँबे से और आदर्शवादी लोगों की तुलना शुद्ध सोने से तथा प्रैक्टिकल आइडियलिस्ट की तुलना गिन्नी के सोने से की गई है।

(3) गांधीजी प्रैक्टिकल आइडियलिस्ट थे, उच्च आदर्श रखते थे किंतु व्यावहारिकता की कीमत भी समझते थे। उन्होंने कभी व्यावहारिकता को आदर्श के ऊपर हावी नहीं होने दिया।

(4) हमारा समाज आदर्शवादी लोगों के कारण ही जीने योग्य बना हुआ है। व्यवहारवादी लोगों ने तो सदा इसके स्तर को गिराने का ही काम किया है।

(5) वास्तविक सफलता वह है कि हम आगे बढ़ें और सभी को साथ लेकर चलें।

II. झेन की देन

यह दूसरा प्रसंग बौद्ध दर्शन में प्रचलित ध्यान की एक पद्धति को केंद्र में रखकर लिखा गया है। कहने को यह एक टी-सेरेमनी है, किंतु इसका वास्तविक उद्देश्य तनावग्रस्त व्यक्ति को तनावमुक्त करना है। लेखक ने ध्यान की इस प्रक्रिया को ही 'झेन की देन' नाम दिया है। झेन बौद्ध दर्शन की एक ऐसी परंपरा है जिसके माध्यम से जापान के लोग तनाव से भरे जीवन में कुछ चैन भरे पल पा जाते हैं, इसीलिए इसे देन कहा गया है।

प्रसंग का सारांश

जापान में मानसिक रोगों की अधिकता

जापान के अधिकांश लोग मानसिक रूप से रोगी हैं। इसका कारण है उनका भाग-दौड़ भरा जीवन। जापान जनसंख्या और भौगोलिक दृष्टि से छोटा देश है जबकि वह बड़े-बड़े देशों से आगे निकलने की कामना करता है। इसकी सारी जिम्मेदारी उस देश के नागरिकों के कंधों पर होती है। ऐसे में उन्हें शारीरिक और मानसिक रूप से जरूरत से ज्यादा काम करना पड़ता है। बढ़ती प्रतिस्पर्धा व आर्थिक-सामाजिक दबावों के कारण उनके मस्तिष्क में तनाव पैदा होता है। यही तनाव मानसिक रोगों का रूप ले लेता है।

उदाहरण 1. **लेखक के मित्र ने मानसिक रोगों के क्या कारण बताए? आप इन कारणों से कहाँ तक सहमत हैं?**

[CBSE 2012, 11, NCERT]

उत्तर : लेखक को अपने मित्र से पता चला कि जापान में अस्सी फ़ीसदी लोग मानसिक रोगों से ग्रस्त हैं। लेखक के द्वारा कारण पूछने पर उन्होंने बताया कि जापान जैसा छोटा-सा देश अमरीका के साथ प्रतिस्पर्धा में लगा रहता है। इस होड़ में जापानियों ने अपने जीवन की रफ़्तार बढ़ा ली है। वे एक महीने का काम एक दिन में करने की कोशिश करते हैं। इससे उनके दिमाग़ की रफ़्तार बहुत बढ़ जाती है और एक समय के बाद दिमाग़ का इंजन टूट जाता है अर्थात् मानसिक तनाव मानसिक रोग के रूप में सामने आता है। हम इससे पूरी तरह सहमत हैं कि जब दिमाग पर ज़रूरत से ज़यादा बोझ डाला जाता है, तो एक सीमा के बाद वह काम करना बंद कर ही देता है और व्यक्ति को मनोरुग्ण बना देता है।

स्पीड का इंजन

जापान के लोग अपने देश को अन्य देशों से आगे निकालने की होड़ में अपने दिमाग से कहीं अधिक काम लेने की कोशिश करते हैं। हमारा दिमाग वैसे भी बहुत तेज़ गति से चलता है। जब उसे जानबूझकर बहुत तेज़ चलाया जाए, उससे जरूरत से ज्यादा काम लिया जाए तो वह ऐसी स्थिति होती है मानो किसी मशीन पर उसकी क्षमता से ज्यादा बोझ डाला जाए तो वह खराब हो जाती है। ऐसे ही दिमाग को अत्यधिक तीव्र गति से चलाएँ तो वह तनावग्रस्त हो जाता है और यही तनाव मानसिक रोगों का रूप ले लेता है।

उदाहरण 2. **लेखक ने जापानियों के दिमाग में स्पीड का इंजन लगने की बात क्यों कही है?**

[CBSE 2016, 12, 11, NCERT]

उत्तर : जापान में लोगों के जीवन की रफ्तार बहुत बढ़ी हुई है। वहाँ कोई चलता नहीं दौड़ता है, बोलता नहीं बकता है। अपने देश को अन्य बड़े-बड़े देशों से आगे निकालने के लिए उन्हें शारीरिक और मानसिक रूप से बहुत तेज़ी से काम करना पड़ता है। एक महीने का काम एक दिन में पूरा कर लेने के प्रयास में दिमाग को बहुत तेज़ गति से चलाना पड़ता है। इसी को दिमाग में स्पीड का इंजन लगाना कहा गया है।

जापान की विशेष टी-सेरेमनी

लेखक के मित्र उन्हें एक टी-सेरेमनी में ले गए जो वास्तव में ध्यान की एक विधि थी। इसका आयोजन एक इमारत की ऊपरी मंजिल पर किया गया था। पूर्ण प्राकृतिक वातावरण देने की कोशिश की गई थी। वहाँ पर आधुनिक तकनीकों का इस्तेमाल न करते हुए चाय अँगीठी पर बनाई जा रही थी। चाय बनाकर पिलाने वाला व्यक्ति चाजीन अपने सभी छोटे-बड़े कार्य बड़े सुव्यवस्थित ढंग से कर रहा था । वहाँ एक समय में केवल तीन लोगों को ही प्रवेश दिया जाता था ताकि वातावरण में शांति बनी रह सके।

उदाहरण 3. **जापान में जहाँ चाय पिलाई जाती है उस स्थान की क्या विशेषता है? [NCERT]**

उत्तर : जापान में चाय पिलाने की एक विशेष परम्परा है। इसके अंतर्गत एक समय में केवल तीन लोगों को ही प्रवेश दिया जाता है। यहाँ शांति मुख्य बात होती है क्योंकि यह ध्यान की एक प्रक्रिया है। इसका आयोजन पूर्ण शांतिपूर्ण वातावरण में किया जाता है। लेखक ने जहाँ इस आयोजन में भाग लिया वह एक इमारत की छठी मंज़िल पर किया गया था, दफ़्ती की दीवारें थीं, पर्णकुटी के भीतर चटाई बिछी थी, वातावरण बिलकुल शांत था जिसमें चायदानी के पानी का खदबदाना भी सुनाई दे रहा था।

लेखक का वर्तमान में जीने का अनुभव

उस पूर्ण शांति के दौरान उनके सामने प्यालो में दो-दो घूँट चाय परोसी गई । जिसे वे लंबे समय तक एक-एक घूँट पीते रहे। लेखक को महसूस हुआ कि उनके दिमाग की रफ्तार धीमी होते-होते बिल्कुल बंद हो गई, पहली बार उन्हें लगा कि वे अतीत की यादों में नहीं उलझे हुए हैं और भविष्य के रंगीन सपने नहीं देख रहे हैं बल्कि वर्तमान में जी रहे हैं। इस ध्यान की पद्धति ने लेखक को यह सिखाया कि हमें वर्तमान में जीना चाहिए, वही एकमात्र सत्य है, भूत और भविष्य दोनों ही मिथ्या हैं।

उदाहरण 4. **चाय पीने के बाद लेखक ने स्वयं में क्या परिवर्तन महसूस किए? [CBSE 2012, 11, NCERT]**

उत्तर : जापान में ध्यान की एक प्रक्रिया प्रचलित है जिसे चा-नो-यू कहते हैं। यह एक प्रकार की चाय पिलाने की विधि है। लेखक को जब इसमें शामिल होने का अवसर मिला, तो शुरू में तो वे दुविधा में पड़ गए किंतु धीरे-धीरे महसूस किया कि उनके दिमाग़ की रफ़्तार कम होते-होते बिलकुल बंद हो गई है। उन्होंने पहली बार महसूस किया कि वर्तमान में जीना क्या होता है। उन्हें लगा कि यही तो एकमात्र सत्य है, भूत और भविष्य तो मिथ्या हैं। हमें वर्तमान में ही जीना चाहिए। इस ध्यान की पद्धति को उन्होंने जापानियों को मिली हुई बहुत बड़ी देन बताया जिसके कारण वे भाग-दौड़ भरी ज़िंदगी में कुछ चैन भरे पल पा जाते हैं।

उदाहरण 5. **गद्यांश पर आधारित प्रश्न :**

जापान में मैंने अपने एक मित्र से पूछा, "यहां के लोगों को कौन सी बीमारियाँ अधिक होती हैं?" "मानसिक"। उन्होंने जवाब दिया। यहाँ के अस्सी फ़ीसदी लोग मनोरुग्ण हैं। इसकी क्या वजह है? कहने लगे, "हमारे जीवन की रफ्तार बढ़ गई है। यहाँ कोई चलता नहीं, बल्कि दौड़ता है। कोई बोलता नहीं, बकता है। जब अकेले पड़ते हैं, तब अपने आप से लगातार बड़बड़ाते रहते हैं। अमेरिका से हम प्रतिस्पर्धा करने लगे। एक महीने में पूरा होने वाला काम एक दिन में ही पूरा करने की कोशिश करने लगे। वैसे भी दिमाग की रफ्तार हमेशा तेज़ ही रहती है। उसे स्पीड का इंजन लगाने पर वह हजार गुना अधिक रफ्तार से दौड़ने लगता है। फिर एक क्षण ऐसा आता है जब दिमाग का तनाव बढ़ जाता है और पूरा इंजन टूट जाता है। यही कारण है जिससे मानसिक रोग यहाँ बढ़ गए हैं।"

(क) जापान में किस तरह की बीमारियां अधिक होती हैं ?

(i) शारीरिक (ii) मानसिक

(iii) हृदय रोग (iv) तामसिक

(ख) जीवन की रफ्तार बढ़ने का अर्थ है—

(i) बहुत तेज़-तेज़ चलना

(ii) अधिक समय में कम काम करना

(iii) कम समय में अधिक काम करना

(iv) तेज़ गति से बोलना

(ग) अमेरिका से कौन प्रतिस्पर्धा कर रहा है ?

(i) जापान के नागरिक

(ii) जापान की मशीनें

(iii) जापान के राजनेता

(iv) जापान देश

(घ) स्पीड का इंजन लगाने की बात किसके लिए कही गई है?

(ङ) जापान में मानसिक रोग बढ़ने के क्या कारण बताए गए हैं ?

उत्तर :**(क)** *(ii) मानसिक*

(ख) *(iii) कम समय में अधिक काम करना*

(ग) *(iv) जापान देश*

(घ) जापान के लोगों के दिमाग में स्पीड का इंजन लगने की बात कही गई है। दिमाग की रफ्तार वैसे भी तेज़ होती है। जापान के लोग उससे जरूरत से ज्यादा काम लेते है। उस स्थिति को दिमाग में स्पीड का इंजन लगाना कहा गया है।

(ङ) जापान के लोग कम समय में अधिक काम करने के लिए अपने दिमाग पर बहुत जोर डालते हैं। इसके कारण तनावग्रस्त होकर मनोरुग्ण हो जाते हैं।

दूसरे प्रसंग का संदेश

(1) जीवन की तेज़ रफ़्तार के कारण मानसिक रोग पैदा होते हैं।

(2) ध्यान प्रक्रियाएँ लोगों को तनाव मुक्त करके वर्तमान में जीना सिखाती हैं।

(3) वर्तमान ही एकमात्र सत्य है, भूत और भविष्य दोनों मिथ्या हैं।

(4) हमें वर्तमान में जीना चाहिए जो अनंतकाल जितना विस्तृत है, हर पल हमारे साथ है।

कठिन शब्द तथा उनके अर्थ

पृष्ठ संख्या	शब्द	अर्थ
119	*गिन्नी का सोना*	ताँबा या चाँदी मिला हुआ सोना जो गहने बनाने के काम आता है
	आदर्श	सिद्धांत
	प्रैक्टिकल आइडियलिस्ट	व्यावहारिक आदर्शवादी
	बखान	वर्णन
	विलक्षण	अनोखी/अद्भुत
	हवा में उड़ना	खोखली बातें करना
	शाश्वत	हमेशा रहने वाला
120	*मनोरुग्ण*	मानसिक रूप से रोगी
	प्रतिस्पर्धा	मुकाबला

पृष्ठ संख्या	शब्द	अर्थ
120	*दफ्ती*	लकड़ी या बांस की बनी हुई
	पर्णकुटी	पत्तों से बनी हुई कुटिया
	बेढब	बिना किसी ढंग या निश्चित आकार का
	भंगिमा	मुद्रा
	जय जयवंती	एक विशेष राग
	खदबदाना	उबलना
121	*अनंत काल*	कभी न समाप्त होने वाला समय
	सन्नाटा	शांति
	मिथ्या	झूठ/भ्रम
	विस्तृत	फैला हुआ

वस्तुपरक प्रश्न

[1 अंक]

गद्यांश पर आधारित प्रश्न

1. निम्नलिखित गद्यांश पर आधारित प्रश्नों के उत्तर उचित विकल्प छाँटकर दीजिए—

पर बात न भूलें की बखान आदर्शों का नहीं होता, बल्कि व्यावहारिकता का होता है और जब व्यावहारिकता का बखान होने लगता है तब 'प्रैक्टिकल आइडियलिस्टों' के जीवन से आदर्श धीरे-धीरे पीछे हटने लगते हैं और उनकी व्यावहारिक सूझबूझ ही आगे आने लगती है।

सोना पीछे रहकर ताँबा ही आगे आता है।

(क) व्यावहारिकता का बखान होने का अर्थ है—
- **(i) व्यक्ति के व्यवहार की प्रशंसा होना**
- **(ii) व्यक्ति की पहचान उसके व्यवहार से होना**
- **(iii) व्यक्ति के व्यवहार का मजाक बनना**
- **(iv) व्यावहारिकता का अर्थ बताना**

(ख) प्रैक्टिकल आइडियलिस्ट के जीवन से क्या खत्म होने लगता है?
- **(i) आदर्शवादिता** **(ii) गंभीरता**
- **(iii) मनोरंजन** **(iv) व्यावहारिकता**

(ग) प्रैक्टिकल आइडियलिस्ट की पहचान है कि—
- **(i) वह शुद्ध आदर्शवादी होता है**
- **(ii) वह शुद्ध व्यावहारिक होता है**
- **(iii) वह आदर्शों को व्यवहार में लाना जानता है**
- **(iv) वह व्यवहार करना जानता है।**

(घ) सोना पीछे रहकर ताँबा आगे आने का अर्थ है—
- **(i) आदर्श पीछे रहकर व्यावहारिकता सामने आना**
- **(ii) व्यावहारिकता पीछे रहकर आदर्शों का सामने आना**
- **(iii) व्यावहारिकता और आदर्शों का छुप जाना**
- **(iv) व्यावहारिकता और आदर्शों का सामने आ जाना**

(ङ) गद्यांश किस बात के प्रति सचेत कर रहा है?
- **(i) हमें प्रैक्टिकल आइडियलिस्ट नहीं होना चाहिए**
- **(ii) हमें आदर्शों को व्यवहार में नहीं लाना चाहिए**
- **(iii) हमें व्यावहारिकता को छोड़ देना चाहिए**
- **(iv) हमें आदर्शों का स्तर बनाकर रखना चाहिए**

उत्तर : (क) *(ii) व्यक्ति की पहचान उसके व्यवहार से होना*

व्याख्यात्मक हल : जब हमारे स्वभाव में व्यावहारिकता बढ़ जाती है तो वही हमारी पहचान बन जाती है।

(ख) *(i) आदर्शवादिता*

व्याख्यात्मक हल : जब व्यक्ति को लगता है कि व्यावहारिकता से वह सफल हो रहा है, तब उसके आदर्श धीरे-धीरे कम होने लगते हैं।

(ग) *(iii) वह आदर्शों को व्यवहार में लाना जानता है*

(घ) *(i) आदर्श पीछे रहकर व्यावहारिकता सामने आना*

व्याख्यात्मक हल : एक आदर्शवादी व्यक्ति जब अपने आदर्शों को व्यवहार में लाना शुरू करता है, तब (सचेत न रहने पर) धीरे-धीरे व्यावहारिकता हावी हो जाती है, आदर्श झुकने लगते हैं।

(ङ) *(iv) हमें आदर्शों का स्तर बनाकर रखना चाहिए*

व्याख्यात्मक हल : आदर्शों को व्यवहार में लाते समय इस बात का ध्यान रखना जरूरी है कि आदर्शों का स्तर नीचे न गिरने लगे।

2. निम्नलिखित गद्यांश पर आधारित प्रश्नों के उत्तर उचित विकल्प छाँटकर दीजिए—

चंद लोग कहते हैं गांधीजी 'प्रैक्टिकल आइडियलिस्ट' थे। व्यावहारिकता को पहचानते थे। उसकी कीमत जानते थे। इसलिए वे अपने विलक्षण आदर्श चला सके। वरना हवा में ही उड़ते रहते। देश उनके पीछे न जाता। हाँ, पर गांधीजी कभी आदर्शों को व्यावहारिकता के स्तर पर उतरने नहीं देते थे, बल्कि व्यावहारिकता को आदशों के स्तर पर चढ़ाते थे। वे सोने में ताँबा नहीं, बल्कि ताँबे में सोना मिलाकर उसकी कीमत बढ़ाते थे। इसलिए सोना ही हमेशा आगे आता रहता था।

(क) गांधीजी के व्यक्तित्व को कैसा माना जाता है ?
- **(i) आदर्शवादी**
- **(ii) व्यवहारवादी**
- **(iii) प्रैक्टिकल आइडियलिस्ट**
- **(iv) आशावादी**

(ख) ✍ क्या कारण था कि गांधीजी अपने विलक्षण आदर्शों को व्यवहार में ला सके ?
- **(i) वे आदर्शों की कीमत समझते थे**
- **(ii) वे व्यावहारिकता की कीमत समझते थे**
- **(iii) वे व्यवहार करना जानते थे**
- **(iv) वे आदर्श को आवश्यक मानते थे।**

✍ स्व-अभ्यास प्रश्न। विस्तृत समाधान हेतु यह स्कैन करें।

(ग) हवा में उड़ते रहने का क्या तात्पर्य है ?
(i) खोखली बातें करना
(ii) हल्के हो जाना
(iii) घमंड होना
(iv) झूठ बोलना

(घ) गांधीजी आदर्शों और व्यावहारिकता का मिलान किस प्रकार करते थे ?
(i) व्यावहारिकता का स्तर ऊँचा उठाकर
(ii) आदर्शों के स्तर को नीचे गिराकर
(iii) आदर्शों को व्यवहार में लाकर
(iv) व्यवहार को आदर्श बना कर

(ङ) गांधीजी ताँबे की कीमत कैसे बढ़ाते थे ?
(i) सोने में ताँबा मिलाकर
(ii) ताँबे में सोना मिलाकर
(iii) ताँबे को व्यवहार में लाकर
(iv) सोने को व्यवहार में लाकर

उत्तर : (क) *(iii) प्रैक्टिकल आइडियलिस्ट*

व्याख्यात्मक हल : उनके उच्च आदर्श थे और उन्हें व्यवहार में लाना भी जानते थे।

(ग) *(i) खोखली बातें करना*

(घ) *(i) व्यावहारिकता का स्तर ऊँचा उठाकर*

व्याख्यात्मक हल : आदर्शों को व्यवहार में लाने के लिए उनका स्तर नीचे नहीं गिराते थे, बल्कि व्यावहारिकता को आदर्श के स्तर पर ऊँचा उठा देते थे।

(ङ) *(ii) ताँबे में सोना मिलाकर*

व्याख्यात्मक हल : गांधीजी ताँबे में सोना मिलाकर उसकी कीमत बढ़ाते थे अर्थात् व्यावहारिकता में आदर्शों को मिलाकर व्यावहारिकता की कीमत को भी बढ़ा दिया करते थे।

3. निम्नलिखित गद्यांश पर आधारित प्रश्नों के उत्तर उचित विकल्प छाँटकर दीजिए—

चाय तैयार हुई। उसने वह प्यालो में भरी। फिर वे प्याले हमारे सामने रख दिए। वहाँ हम तीन मित्र ही थे। इस विधि में शांति मुख्य बात होती है इसलिए वहाँ तीन से अधिक आदमियों को प्रवेश नहीं दिया जाता। प्याले में दो घूट से अधिक चाय नहीं थी। हम ओठों से प्याला लगाकर एक-एक बूँद चाय पीते रहे। करीब डेढ़ घंटे तक चुस्कियों का यह सिलसिला चलता रहा। पहले दस-पंद्रह मिनट मैं उलझन में पड़ा। फिर देखा दिमाग की रफ्तार धीरे-धीरे धीमी पड़ती जा रही है। थोड़ी देर में बिल्कुल बंद भी हो गई। मुझे लगा मानो अनंतकाल में मैं जी रहा हूँ। यहाँ तक कि सन्नाटा भी मुझे सुनाई देने लगा।

(क) तीन से अधिक आदमियों को कहाँ प्रवेश नहीं दिया जाता था ?
(i) जापान के एक धार्मिक उत्सव में
(ii) जापान की कॉफी पार्टी में
(iii) जापान में ध्यान की एक विशेष परंपरा में
(iv) जापान में लेखक के घर में

(ख) दस-पंद्रह मिनट बाद लेखक ने क्या महसूस किया ?
(i) डेढ़ घंटे से चाय की चुस्कियों का सिलसिला चल रहा है
(ii) दिमाग की रफ्तार धीरे-धीरे कम हो रही है
(iii) वहां केवल तीन ही आदमियों को प्रवेश दिया गया है
(iv) प्यालों में दो घूँट से अधिक चाय नहीं है

(ग) प्रस्तुत गद्यांश में अनंतकाल किसे कहा गया है?
(i) वर्तमान काल को
(ii) भूतकाल को
(iii) भविष्य काल को
(iv) अतीत को

(घ) ✍किस कारण से लेखक उलझन में पड़ गए थे?
(i) सन्नाटे की आवाज सुनकर
(ii) दिमाग की रफ्तार कम देखकर
(iii) अनंत काल को महसूस करके
(iv) डेढ़ घंटे से चलते जा रहे चुस्कियों के सिलसिले को देखकर

(ङ) पाठ और लेखक का नाम है—
(i) झेन की देन— निदा फ़ाज़ली
(ii) बड़े भाई साहब— सीताराम सेकसरिया
(iii) झेन की देन— रवींद्र केलेकर
(iv) सपनों के से दिन— रवींद्र केलेकर

उत्तर : (क) *(iii) जापान में ध्यान की एक विशेष परंपरा में*

व्याख्यात्मक हल : यदि ज्यादा लोग होंगे तो शांति बनाए रखना कठिन है और ध्यान की इस प्रक्रिया में शांति मुख्य बात होती है।

(ख) *(ii) दिमाग की रफ्तार धीरे-धीरे कम हो रही है।*

(ग) *(i) वर्तमान काल को*

व्याख्यात्मक हल : जब तक हमारा जीवन है वर्तमान काल हमारे साथ है। इसीलिए उसे अनंत काल कहा गया है।

(ङ) झेन की देन— रवींद्र केलेकर

✍ स्व-अभ्यास प्रश्न। विस्तृत समाधान हेतु यह स्कैन करें।

4. निम्नलिखित गद्यांश पर आधारित प्रश्नों के उत्तर उचित विकल्प छाँटकर दीजिए—

अक्सर हम या तो गुजरे हुए दिनों की खट्टी-मीठी यादों में उलझे रहते हैं या भविष्य के रंगीन सपने देखते रहते हैं। हम या तो भूतकाल में रहते हैं या भविष्य काल में। असल में दोनों काल मिथ्या हैं, एक चला गया है और दूसरा आया नहीं है। हमारे सामने जो वर्तमान क्षण है वही सत्य है, उसी में जीना चाहिए। चाय पीते-पीते उस दिन मेरे दिमाग से भूत और भविष्य दोनों काल उड़ गए थे। केवल वर्तमान क्षण सामने था और वह अनंत के जितना विस्तृत है। जीना किसे कहते हैं उस दिन मालूम हुआ।

(क) लेखक ने भूतकाल और भविष्य काल को क्या कहा है ?
- **(i) एकमात्र सत्य**
- **(ii) अनंत-सा विस्तृत**
- **(iii) रंगीन सपना**
- **(iv) मिथ्या**

(ख) लेखक ने कैसे जीने की बात कही है ?
- **(i) रंगीन सपने देखते हुए जीने की**
- **(ii) भूत और भविष्य की कल्पना में जीने की**
- **(iii) वर्तमान में रहकर जीने की**
- **(iv) चाय पीते-पीते जीने की**

(ग) वर्तमान को सत्य कहा गया है, क्योंकि—
- **(i) वह अनंत है**
- **(ii) वह बीत चुका है**
- **(iii) वह अभी आया ही नहीं**
- **(iv) वही हमारे हाथ में है**

(घ) ✍'चाय पीते-पीते मेरे दिमाग से भूत और भविष्य दोनों काल उड़ गए थे'—इस कथन का आशय है कि—
- **(i) लेखक बहुत परेशान थे**
- **(ii) लेखक ने वर्तमान में जीना सीख लिया था**
- **(iii) लेखक चाय की चुस्कियों का आनंद ले रहे थे**
- **(iv) लेखक भूत और भविष्य की कल्पना में मग्न हो गए थे**

(ङ) लेखक को पहली बार किस बात का पता चला ?
- **(i) वर्तमान काल किसे कहते हैं**
- **(ii) भूतकाल किसे कहते हैं**
- **(iii) जीना किसे कहते हैं**
- **(iv) मरना किसे कहते हैं**

उत्तर : (क) *(iv) मिथ्या*

व्याख्यात्मक हल : भूतकाल बीत चुका है। भविष्य काल अभी आया नहीं। लेखक के विचार से यह दोनों ही काल मिथ्या अर्थात् झूठ हैं। इन पर हमारा कोई अधिकार नहीं है।

(ख) *(iii) वर्तमान में रहकर जीने की*

(ग) *(iv) वही हमारे हाथ में है।*

व्याख्यात्मक हल : जब तक हमारा जीवन है वर्तमान काल हमारे साथ है। इसीलिए उसे अनंत काल कहा गया है।

(ङ) *(iii) जीना किसे कहते हैं*

व्याख्यात्मक हल : अभी तक वे भूत और भविष्य में ज्यादा जीते थे। पहली बार उन्हें वर्तमान में जीने का अनुभव हुआ और असली जीना यही है, ऐसा लगा।

वर्णनात्मक प्रश्न

[2-5 अंक]

लघु उत्तरीय प्रश्न (25-30 शब्द)

[2 अंक]

5. शुद्ध सोना मजबूत होता है या गिन्नी का सोना? तर्क सहित उत्तर दीजिए। [CBSE 2013]

उत्तर : शुद्ध सोने की अपेक्षा गिन्नी का सोना मजबूत होता है। शुद्ध सोने में ताँबे या किसी अन्य पदार्थ की मिलावट करके उसे मजबूत और चमकदार बनाया जाता है। यही कारण है कि शुद्ध सोने के जेवर या अन्य वस्तुएँ नहीं बनाई जा सकतीं क्योंकि उसमें मजबूती नहीं होती। ताँबा, चाँदी या अन्य कोई पदार्थ मिलाकर सोने को व्यवहार में लाया जाता है।

6. गांधीजी व्यावहारिकता का आदर्शों के साथ कैसे मिलान करते थे? [CBSE 2012, 11]

उत्तर : गांधीजी को हम एक आदर्शवादी महापुरुष के रूप में याद करते हैं। किंतु लेखक के अनुसार वे एक व्यावहारिक आदर्शवादी व्यक्ति (प्रैक्टिकल आइडियलिस्ट) थे। उनके ऊँचे-ऊँचे आदर्श थे, किंतु वे खोखले नहीं थे। उन आदर्शों को उन्होंने व्यवहार में लाकर दिखाया। आदर्शों और व्यावहारिकता का मिलान कैसे करना है, वह यह बखूबी

✍ स्व-अभ्यास प्रश्न। विस्तृत समाधान हेतु यह स्कैन करें।

जानते थे। उन्होंने कभी भी आदर्शों को व्यवहार के स्तर पर गिरने नहीं दिया बल्कि व्यावहारिकता को आदर्श के स्तर तक ऊँचा उठाकर हमेशा व्यावहारिकता की कीमत को बढ़ाया।

7. आदर्शों और व्यावहारिकता के मेल में किन सीमाओं और संभावनाओं का ध्यान रखना आवश्यक है? पाठ के आधार पर बताइए।

उत्तर : आदर्श हमें भीतर से मजबूत बनाते हैं और व्यावहारिकता हमें चलना सिखाती है। यदि दोनों में से एक भी न हो तो सफलता हासिल नहीं हो सकती। अपने व्यवहार में आदर्शों को उतारते समय यह ध्यान रखना चाहिए कि व्यावहारिकता के सामने आदर्श फीके ना पड़ जाएँ। आदर्शों की चमक हमेशा बनी रहे। व्यावहारिकता केवल आधार का काम करे। आदर्शों की जो सुंदर इमारत बनकर खड़ी हो वह मजबूती से हर ऊँच-नीच का सामना कर सके।

8. ✍ पाठ गिन्नी का सोना हमें क्या संदेश दे रहा है?

9. आदर्शवादी लोगों ने समाज के लिए क्या किया है? पाठ के आधार पर लिखिए। [CBSE 2011]

उत्तर : आदर्शवादी लोगों ने समाज के स्तर को हमेशा ऊँचा उठाकर रखा है। यदि हमारा समाज जीने योग्य बना हुआ है, तो उसका श्रेय केवल आदर्शवादी लोगों को ही जाता है। व्यवहारवादी लोगों ने तो समाज के स्तर को केवल नीचे गिराने का ही प्रयास काम किया है। यदि अधिकांश लोग व्यवहारवादी हो जाएँ, तो समाज जीने योग्य ही नहीं रहेगा। समाज में शाश्वत मूल्यों जैसा अगर कुछ है, तो वह आदर्शवादी लोगों की ही देन है।

10. 'गिन्नी का सोना' पाठ के संदर्भ में स्पष्ट कीजिए कि अवसरवादिता और व्यावहारिकता में से जीवन में किसका महत्व है? [CBSE 2012, 11, Diksha]

उत्तर : जब हम आदर्शवादिता की बात करते हैं, तो सत्य, अहिंसा, ईमानदारी, प्रेम, भाईचारा आदि भाव मन में आते हैं। व्यावहारिकता की बात करने पर केवल स्वार्थ की भावना ही ध्यान में आती है। यदि समाज के सभी लोग केवल अपने ही लाभ-हानि का हिसाब लगाकर कार्य करेंगे तो समाज व देश के हित के बारे में कौन सोचेगा और यदि सब ऊँचे-ऊँचे आदर्शों की बातें ही करते रहेंगे तो उनका भी लाभ किसी को नहीं मिल पाएगा। अत: समाज के लिए आदर्शों और व्यावहारिकता का मेल महत्वपूर्ण है।

11. ✍ ताँबा कब महत्वपूर्ण हो जाता है? [Diksha]

12. लेखक 'रवींद्र केलेकर' ने असली सफलता किसे माना है? पाठ के आधार पर बताइए।

उत्तर : लेखक 'रवींद्र केलेकर' के अनुसार कुछ लोग व्यावहारिक होते हैं, केवल अपने लाभ और हानि का हिसाब लगाकर ही कदम बढ़ाते हैं। वे आगे बढ़ते हुए, सफल होते हुए नजर आते हैं। किंतु ऐसी सफलता असली सफलता नहीं है। खुद ऊपर चढ़ें और अपने साथ दूसरों को भी लेकर चलें, यही महत्व की बात है। अन्य लोगों को पीछे धकेलकर आगे बढ़ना सफलता नहीं कहलाती। ऐसी सफलता न तो स्थायी होती है और न ही स्वस्थ वातावरण प्रदान करती है।

13. "सभी क्रियाएँ इतनी गरिमा पूर्ण ढंग से कीं कि उनकी हर भंगिमा से लगता था मानो जय जयवंती के स्वर गूँज रहे हों।" आशय स्पष्ट कीजिए। [CBSE 2013]

उत्तर : लेखक जापान में अपने मित्र के साथ एक टी-सेरेमनी में गए थे। वहाँ जो व्यक्ति चाय बनाकर परोसता है, उसे चाजीन कहा जाता है। उस टी-सेरेमनी का आयोजन एक पूर्ण प्राकृतिक वातावरण में किया गया था। चाज़ीन ने अँगीठी सुलगाने, बर्तन लाने, चाय बनाने से लेकर परोसने तक की सभी क्रियाएँ बड़े सलीके से, गरिमापूर्ण ढंग से कीं। उसकी हर भंगिमा से लगता था मानो जय जयंती के स्वर गूंज रहे हों अर्थात् उस शांत वातावरण में एक मधुर संगीत-सा सुनाई दे रहा था।

14. 'हमें सत्य में जीना चाहिए। सत्य केवल वर्तमान है।'—'पतझड़ में टूटी पत्तियाँ' के इस कथन को स्पष्ट करते हुए लिखिए कि लेखक ने ऐसा क्यों कहा है?

उत्तर : जापान की ध्यान की एक विशेष पद्धति के अंतर्गत लेखक जब विचार शून्य हो गए तब इन्हें ऐसा लगा की वे वर्तमान में जी रहे हैं और वह अनंत जितना विस्तृत है क्योंकि एक वही है जो हमेशा हमारे साथ है। हम सामान्यत: भूत और भविष्य में ही जीते हैं जबकि ये दोनों ही काल मिथ्या हैं, एक बीत चुका है और दूसरा अभी आया ही नहीं तो इन पर हमारा कोई अधिकार नहीं है। हमारा अधिकार केवल वर्तमान पर है जो हमारे सामने है। यदि हम उसे बेहतरीन बना लें तो हमारा भूत और भविष्य अपने आप ही सुधर जाएँगे।

⚠ **एहतियात**

➥ *वर्तमान में जीने के संदेश को इस अर्थ में नहीं लेना चाहिए कि हम भविष्य की योजना ही न बनाएँ। योजना अवश्य बनाएँ किंतु उसे कार्यान्वित वर्तमान में रहकर ही किया जा सकता है।*

15. जापानी लोगों में कौन-कौन सी बीमारियाँ बढ़ रही हैं? इनके पीछे क्या कारण हैं? [CBSE 2012, 11]

उत्तर : जापान के लोगों के जीवन की बढ़ी हुई रफ्तार, उनका अकेलापन, कम समय में अधिक से अधिक कार्य करने का प्रयास उन्हें तनावग्रस्त कर देता है। यही तनाव जब जरूरत से ज्यादा बढ़ जाता है, तब मानसिक रोगों का रूप

✍ स्व-अभ्यास प्रश्न। विस्तृत समाधान हेतु यह स्कैन करें।

ले लेता है। जापान भूगोल और जनसंख्या की दृष्टि से एक छोटा-सा देश है, किंतु बड़े-बड़े देशों से भी आगे निकल चुका है। यह असंभव कार्य संभव करने के लिए जापानियों को अपने जीवन की रफ्तार हजार गुना बढ़ानी पड़ी। यही कारण है कि वहाँ मानसिक बीमारियाँ इतनी बढ़ गईं कि वहाँ के अस्सी फ़ीसदी लोग मनोरुग्ण हैं।

16. लेखक ने अनंत काल जितना विस्तृत किसे और क्यों कहा है? [Diksha]

उत्तर : जापान में ध्यान की एक प्रक्रिया का हिस्सा बनते हुए लेखक ने पहली बार महसूस किया कि वह वर्तमान में जी रहे हैं और वही एकमात्र सत्य है। लेखक को लगा कि हम अपना अधिकांश समय जिस अतीत और भविष्य में बिताते हैं, वे दोनों ही काल मिथ्या हैं। वर्तमान ही एकमात्र ऐसा काल है जो सत्य है, हमेशा हमारे साथ है। जहाँ-जहाँ, जब-जब हम हैं, तब-तब हम वर्तमान में ही हैं। इसी आधार पर लेखक ने वर्तमान काल को अनंत काल कहा है। जब तक हमारा अंत नहीं होता, तब तक हमारे वर्तमान का भी अंत नहीं होता।

⚠ एहतियात

➥ *छात्रों को विरोधाभास नजर आने लगता है कि वर्तमान तो पल भर में बीत जाता है, तो वह अनंत काल कैसे हो सकता है।*

इसका अर्थ यह है कि जहाँ-जहाँ, जब-जब हम हैं, वर्तमान ही हमारे साथ है। इसीलिए वह अनंत है।

17. 'कोई बोलता नहीं बकता है'। इन पंक्तियों में 'कोई' किसके लिए आया है? वह बकता क्यों है? 'झेन की देन' के आधार पर स्पष्ट कीजिए। [CBSE 2013]

उत्तर : जापान के निवासियों के जीवन की तीव्र रफ्तार को बताने के लिए लेखक ने कहा है कि वह बोलते नहीं बकते हैं। इसका अर्थ यह है कि जब कोई समय की गति के साथ चलता है, प्रत्येक कार्य सहज और सामान्य गति से करता है, तो उसके चलने-बोलने, उठने-बैठने में ठहराव होता है। किंतु जब हमारी रफ्तार समय से कहीं अधिक हो जाती है तो हमारी हर क्रिया असामान्य या असभ्य लगने लगती है। जब ठहराव के साथ, सलीके से बात की जाए, तो वह बोलना कहलाता है। जापान के लोग बहुत तेज़ या जल्दी बोलते हैं, यहाँ तक कि अकेले में भी बड़बड़ाते रहते हैं। इसलिए लेखक ने कहा कि वह बोलते नहीं बकते हैं ।

18. Ⓢ कौन सी क्रियाएँ चाजीन के द्‌वारा गरिमापूर्ण ढंग से की गईं? [CBSE 2011]

19. टी-सेरेमनी में केवल तीन आदमियों को प्रवेश दिए जाने का क्या कारण था? [CBSE 2012, 11]

उत्तर : जापान में बौद्ध दर्शन की मान्यता है। उसी के अनुसार वहाँ ध्यान की एक प्रक्रिया प्रचलित है। यह देखने में चाय पिलाने की एक विधि मालूम होती है। इसके अंतर्गत शांति मुख्य बात होती है। पूर्ण प्राकृतिक और शांत वातावरण में इस ध्यान की प्रक्रिया का आयोजन किया जाता है। यहाँ एक समय में केवल तीन आदमियों को ही प्रवेश दिया जाता है ताकि शांति को कायम रखा जा सके और ध्यान की प्रक्रिया सफल हो सके।

20. टी-सेरेमनी से क्या-क्या लाभ हैं? [CBSE 2014]

उत्तर : जापान में प्रचलित टी-सेरेमनी वास्तव में ध्यान की एक प्रक्रिया है। उसका प्रमुख उद्‌देश्य लोगों को भाग-दौड़ भरे जीवन से कुछ देर शांत और एकांत वातावरण में ले जाना है। असीम शांति के अंतर्गत धीरे-धीरे व्यक्ति वर्तमान को महसूस करने लगता है। कुछ समय के लिए वह भूत और भविष्य को भूल जाता है। दिमाग की उथल-पुथल, विचारों का आवागमन रुक जाता है और दिमाग को शांति और सुकून मिलता है। इस प्रकार यह आयोजन तनावग्रस्त जीवन में से कुछ चैन भरे पल जीने का उपहार देता है।

21. क्या आप 'झेन की देन' पाठ के इस विचार से सहमत हैं कि विज्ञान और तकनीकी में हुए आविष्कारों के कारण विकासशील देशों में जीवन की रफ्तार बढ़ गई है? तर्क सहित उत्तर दीजिए। [CBSE 2013]

उत्तर : आज का युग विज्ञान और तकनीक का युग है। विभिन्न अविष्कारों का एकमात्र उद्‌देश्य मानव जीवन को सुविधाएं प्रदान करके सरल बनाना था। किंतु जैसे-जैसे हम तकनीकी के क्षेत्र में आगे बढ़ते जा रहे हैं, वैसे-वैसे हमारा जीवन जटिल होता चला जा रहा है। मशीनों की तरह से भाव शून्य होता जा रहा है। संबंध बिखरते जा रहे हैं। हम एक-दूसरे से दूर होकर केवल वैज्ञानिक उपकरणों के साथ समय व्यतीत करते हैं। वैज्ञानिक उपकरणों में उलझकर हमें तेज़ दौड़ते रहने की इतनी आदत हो गई है कि अब धीरे चलना भूल गए हैं। आविष्कारों का उद्‌देश्य समय की बचत करना था पर अब उन आविष्कारों का लाभ लेने के लिए भी समय नहीं है।

निबन्धात्मक प्रश्न (60-70 / 80-100 शब्द) [4 एवं 5 अंक]

22. 'शुद्‌ध सोने में ताँबे की मिलावट या ताँबे में सोना', गांधीजी के आदर्श और व्यवहार के संदर्भ में यह बात किस तरह झलकती है? [CBSE 2012, 11, NCERT]

उत्तर : हम गांधीजी को एक महान आदर्शवादी व्यक्ति के रूप में याद करते हैं किंतु वास्तव में वे व्यावहारिक आदर्शवादी यानी प्रैक्टिकल आइडियलिस्ट थे। उच्च आदर्श रखते थे किंतु व्यावहारिकता की कीमत को भी समझते थे। गांधीजी ने अपने आदर्शों को व्यवहार में लाने के लिए

Ⓢ स्व-अभ्यास प्रश्न। विस्तृत समाधान हेतु यह स्कैन करें।

कभी भी आदर्शों के स्तर को नीचे नहीं गिरने दिया अपितु व्यावहारिकता को आदर्शों के स्तर तक पहुँचा दिया अर्थात् उन्होंने सोने में ताँबा नहीं बल्कि ताँबे में सोना मिलाकर ताँबे की कीमत को बढ़ाया। यही कारण है कि उनके व्यवहार में हमेशा सोने की चमक बनी रही ताँबा उस पर हावी नहीं हो सका।

23. लेखक ने व्यवहारवादी लोगों के बारे में क्या कहा है? वह असली जीवन में आदर्शवादी लोगों से कैसे भिन्न होते हैं? पाठ के आधार पर स्पष्ट कीजिए।

[CBSE 2012, 11]

उत्तर : लेखक 'रवींद्र केलेकर' के अनुसार समाज में तीन तरह के लोग हैं। एक आदर्शवादी जिनके उच्च आदर्श होते हैं। दूसरे व्यावहारिक, जो केवल अपने बारे में सोचते हैं, अपने लाभ और हानि का हिसाब लगाकर भी कदम उठाते हैं। तीसरे होते हैं प्रैक्टिकल आइडियलिस्ट (व्यावहारिक आदर्शवादी) व्यक्ति जो आदर्शों की कीमत समझते हैं और उन्हें व्यवहार में लाना भी जानते हैं। जो अपना जीवन दूसरों के लिए जीते हैं। वे केवल अपनी सुख-सुविधा के लिए साधन जुटाने की अंधी दौड़ में शामिल नहीं होते और न ही खोखले आदर्शों का डंका बजाते हैं। आदर्श तथा व्यवहार के मेल से जीवन महत्वपूर्ण बनाते हैं। लेकिन व्यवहारवादी लोग इनसे भिन्न, अवसरवादी होते हैं। लेखक ने व्यवहारवादी लोगों की सराहना नहीं की है। उनका कहना है कि व्यवहारवादी लोगों के कारण समाज का स्तर हमेशा नीचे ही गिरा है। ऐसे लोग कभी समाज और देश के बारे में नहीं सोचते। वे वही काम करते हैं, वही कदम उठाते हैं, जो उनके खुद के हित में होता है। वे हमेशा सजग रहते हैं इस बात के प्रति कि उनका हित किसमें है। अन्यों से आगे निकलने के लिए, हमेशा ऊपर बढ़ते रहने के लिए किसी को भी नीचे गिराने के लिए तैयार रहते हैं। ऐसे लोगों ने समाज के स्तर को हमेशा गिराया ही है।

24. आपके विचार में कौन से ऐसे मूल्य हैं जो शाश्वत हैं? वर्तमान में इन मूल्यों की प्रासंगिकता स्पष्ट कीजिए।

[CBSE 2016, 12, 11, NCERT]

उत्तर : शाश्वत का अर्थ है जो हमेशा रहे। कुछ ऐसे जीवन मूल्य होते हैं जिनका महत्व हर काल और हर परिस्थिति में एक समान रहता है। सच्चाई, ईमानदारी, मानवता, देश-प्रेम, भाईचारा, अहिंसा आदि को शाश्वत मूल्य कहा जा सकता है। भले ही वर्तमान समय में हमें इन मूल्यों को अपनाने में व्यवहार में लाने में कठिनाई महसूस हो रही हो और ऐसा लग रहा हो कि इन पर चलकर सफल नहीं हुआ जा सकता बल्कि जो लोग इनके विपरीत आचरण करते हैं वे तेज़ी से आगे बढ़ते हुए नजर आते हैं। किंतु वह आगे बढ़ना या सफल होना स्थायी नहीं होता। वास्तविक सफलता इन्हीं मूल्यों पर चलने से मिलती है, उसी में असली आनंद और स्थायित्व होता है।

25. लेखक 'रवींद्र केलेकर' ने शुद्ध आदर्शों को शुद्ध सोने के समान बताया है। आप उनके विचारों से कहाँ तक सहमत हैं? स्पष्ट कीजिए।

उत्तर : लेखक 'रवींद्र केलेकर' का मानना है कि शुद्ध आदर्श शुद्ध सोने के जैसे होते हैं। जिस प्रकार शुद्ध सोना कीमती होता है किंतु व्यवहार में लाने योग्य नहीं होता व्यवहार में लाने के लिए उसमें कुछ मात्रा में ताँबा मिलाकर उसे मजबूत और चमकदार बनाया जाता है, उसी प्रकार शुद्ध आदर्श कहने, सुनने और पढ़ने में बहुत अच्छे लगते हैं किंतु यदि वे व्यवहार में ही ना लाए जा सकें तो खोखले साबित हो सकते हैं। इसलिए उनमें व्यावहारिकता का पुट देकर उन पर चला जाता है और तब उनकी कीमत सिद्ध हो पाती है। इसलिए लेखक ने शुद्ध आदर्श को शुद्ध सोना तथा व्यावहारिकता को ताँबा कहकर उसका विश्लेषण किया है। मेरे विचार से यह तुलना उचित है। शुद्ध आदर्शों को समझाने के लिए शुद्ध सोने का जो उदाहरण दिया गया है, उससे प्रत्येक व्यक्ति आदर्शों की सीमाएँ और संभावनाए समझकर यथा योग्य उन्हें जीवन में उतार सकता है।

26. प्रैक्टिकल आइडियलिस्ट से क्या अभिप्राय है? गांधीजी प्रैक्टिकल आइडियलिस्ट थे। कैसे?

[CBSE 2019]

उत्तर : समाज में हमें अनेक प्रकार की विचारधारा रखने वाले लोग नजर आते हैं। एक वर्ग उन आदर्शवादी लोगों का होता है जो बहुत ऊँचे-ऊँचे आदर्शों में विश्वास रखते हैं। सच्चाई, ईमानदारी, एकता, देश-प्रेम, मानवता के सपने देखते हैं। दूसरा वर्ग उन लोगों का है जो व्यावहारिक होते हैं। अपने लाभ-हानि के प्रति सचेत रहते हैं। उस ओर कदम बढ़ा देते हैं जिस ओर उन्हें फायदा नजर आता है। एक तीसरा वर्ग ऐसे लोगों का है जो आदर्शों में केवल विश्वास ही नहीं रखते बल्कि उन्हें व्यवहार में लाकर दिखाते हैं। इस दृष्टि से गांधीजी को लेखक ने प्रैक्टिकल आइडियलिस्ट (व्यावहारिक आदर्शवादी) कहा है। उन्होंने जीवन में सफ़लता अर्जित करने के लिए कभी भी अपने आदर्शों व सिद्धांतों से मुँह नहीं मोड़ा। उन्होंने अपने व भारतवासियों के लिए एक लक्ष्य निर्धारित किया और वह लक्ष्य था—अंग्रेजों की गुलामी से देश को आजाद कराना। उनका यह लक्ष्य या प्रयास तत्कालीन समय की माँग के अनुसार उचित था और उस व्यावहारिक सोच का सूचक भी था, जिसके अनुसार पराधीनता की बेड़ियों से मुक्त हुए बिना भारत प्रगति नहीं कर सकता था। इसी लक्ष्य की

प्राप्ति के लिए उन्होंने अहिंसा के आदर्श मार्ग पर चलने का निर्णय लिया। इस प्रकार उन्होंने अपनी व्यावहारिक सोच को आदर्शों के स्तर पर चढ़ाया। अंतत: उन्हें अपनी सशक्त नेतृत्व क्षमता के बल पर भारतवर्ष को बिना किसी रक्तपूर्ण क्रांति के आजाद कराने में सफ़लता भी प्राप्त की।

⚠ एहतियात

➥ *छात्र ऐसा समझ लेते हैं कि प्रैक्टिकल आइडियलिस्ट होने का मतलब है थोड़ी बेईमानी, थोड़ा झूठ, थोड़ी हिंसा को अपना लेना। किंतु ऐसा नहीं है। प्रैक्टिकल आइडियलिस्ट होने का मतलब है अपने आदर्शों को व्यवहार में लाने का गुण।*

27. गांधीजी में नेतृत्व की अद्भुत क्षमता थी उदाहरण सहित इस बात की पुष्टि कीजिए

[CBSE 2014, NCERT]

उत्तर : सत्य, अहिंसा, प्रेम, ईमानदारी गांधीजी के विलक्षण आदर्श थे। यदि वे अपने आदर्शों की केवल बातें करते रहते तो देश उनके साथ नहीं चल सकता था। इन आदर्शों को व्यवहार में लाना आवश्यक था और गांधीजी व्यावहारिकता की कीमत समझते थे। उन्होंने अपने आदर्शों की खोखली बातें नहीं कीं बल्कि उन्हें व्यवहार में लाकर दिखाया। भारत देश ने कई वर्षों तक अंग्रेजों की गुलामी को सहा और उनसे मुक्त होना लगभग असंभव-सा लगता था। गांधीजी ने शांति और अहिंसा के बल पर कई आंदोलन चलाए। परिणामस्वरूप देश को आजाद कराने जैसे अपने महान लक्ष्य की प्राप्ति में सफल हो सके। प्रेम, भाईचारे और अहिंसा के बल पर इतना बड़ा कार्य करना और पूरे देश को साथ लेकर चलना यही सिद्ध करता है कि गांधीजी में नेतृत्व की अद्भुत क्षमता थी।

28. 'हमें वर्तमान में जीना चाहिए, सत्य केवल वर्तमान में है'। पतझड़ में टूटी पत्तियाँ के इस कथन को स्पष्ट करते हुए लिखिए कि लेखक ने ऐसा क्यों कहा है?

[CBSE 2015]

उत्तर : हमारा अधिकांश समय भविष्य के रंगीन सपने देखने में या अतीत की यादों में ही व्यतीत होता है। न तो हम अतीत में जाकर उसे बदल सकते हैं और न ही भविष्य को निर्धारित कर सकते हैं। हमारे हाथ में अगर कुछ है, तो वह केवल वर्तमान क्षण है। अफसोस इस बात का है कि हम उस वर्तमान क्षण को अतीत और भविष्य में उलझकर व्यर्थ गंवाते रहते हैं। वही वर्तमान जब अतीत बन जाता है, तो फिर उस पर पछताते हैं। लेखक रवींद्र केलेकर ने जब कुछ पल वर्तमान में बिताए, तब उन्हें इस बात का एहसास हुआ कि वास्तव में यही तो एकमात्र सत्य है। हमारे हाथ में जो पल है यदि हम उसका सर्वोत्तम प्रयोग करेंगे, तो हमारा भविष्य अपने आप ही संवर जाएगा। अत: वर्तमान पल की कीमत समझते हुए उसी में जीना सीखना जरूरी है। यदि हम ऐसा कर पाए, तो बहुत ही हल्का, शांति और सुकून से भरा जीवन जी पाएँगे।

⚠ एहतियात

➥ *छात्र इस बात को समझ नहीं पाते कि हम कब वर्तमान में नहीं होते। शारीरिक रूप से हम वर्तमान में ही होते हैं किंतु मानसिक रूप से भविष्य या अतीत में विचरण करते रहते हैं।*

29. 'झेन की देन' पाठ में जापानी लोगों को मानसिक रोग होने के क्या-क्या कारण बताए गए हैं? आप इनसे कहाँ तक सहमत हैं? [CBSE 2016]

उत्तर : लेखक ने जापान में बातचीत के दौरान अपने मित्र से पूछा कि यहाँ किस तरह के रोग अधिक होते हैं। पता चला कि वहाँ के अस्सी फ़ीसदी लोग मनोरुग्ण हैं। जापान में जीवन की रफ्तार बहुत बड़ी हुई है। वहाँ लोग चलते हुए नहीं दौड़ते हुए नजर आते हैं। वे बोलते नहीं, बकते हैं। स्थिति ऐसी है कि जब वह अकेले होते हैं तो अपने आप से ही बातें करते रहते हैं। वे एक महीने का काम एक दिन में करने की कोशिश करते हैं। इसके लिए उन्हें अपने शरीर और दिमाग को सामान्य से कहीं अधिक तेज़ रफ्तार से चलाना पड़ता है। दिमाग की रफ्तार वैसे भी तेज़ होती है। जब उसे स्पीड का इंजन लगा दिया जाए तो वह हजार गुना अधिक रफ्तार दौड़ता है और एक स्थिति ऐसी आती है जब वह तनावग्रस्त होकर बीमार हो जाता है। इसमें कोई संदेह नहीं कि तनाव की स्थिति में अधिक समय रहने से व्यक्ति मानसिक रूप से रोगी हो जाता है। इसका एकमात्र उपाय यही है कि हम अपने जीवन को सरल और सहज बनाने की कोशिश करें।

30. ✍ हमारे जीवन की रफ्तार बढ़ गई है। यहाँ कोई चलता नहीं बल्कि दौड़ता है। झेन की देन पाठ के आधार पर आशय स्पष्ट कीजिए।

[CBSE 2012, 11]

31. टी-सेरेमनी की तैयारी और उसके प्रभाव पर चर्चा कीजिए। [CBSE 2016]

उत्तर : आज के मशीनी युग में, लगभग हर देश में लोगों के जीवन की रफ्तार बढ़ी हुई है। बहुत से लोग तनावग्रस्त जीवन जी रहे हैं। इस तनाव से मुक्ति पाने के लिए लोग ध्यान की प्रक्रियाओं का सहारा लेते हैं। ध्यान की कोई एक विधि नहीं अपितु अनेक विधियाँ प्रचलित हैं। उन्हीं में से एक विधि जो जापान में प्रचलित है उसका वर्णन पाठ 'झेन की

✍ स्व-अभ्यास प्रश्न। विस्तृत समाधान हेतु यह स्कैन करें।

देन' में किया गया है। यह एक प्रकार की टी-सेरेमनी होती है, जिसका आयोजन किसी शांत और प्राकृतिक वातावरण में किया जाता है। एक समय में केवल तीन ही लोगों को प्रवेश मिलता है। चाज़ीन गरिमा पूर्ण ढंग से अपनी सभी क्रियाएँ करते हुए प्यालों में दो-दो घूँट चाय परोसता है। उपस्थित लोग लंबे समय तक एक-एक घूँट भरकर चाय की चुस्कियाँ लेते हुए, शांति में समय व्यतीत करते हैं। लेखक को इसी विधि के दौरान वर्तमान में जीने का अनुभव हुआ था। लेखक को ध्यान की यह प्रक्रिया बेहद खूबसूरत लगी जिसने उन्हें भूत और भविष्य से मुक्त होकर वर्तमान में जीना सिखा दिया।

32. टी-सेरेमनी किसे कहा जाता है? इसमें होने वाले अनुभवों पर टिप्पणी कीजिए। [CBSE 2016]

उत्तर : जापान में बौद्ध धर्म प्रचलित है। बौद्ध दर्शन के अंतर्गत एक विशेष प्रक्रिया के दौरान ध्यान लगवाया जाता है, जिसका उद्देश्य लोगों को तनावमुक्त करना होता है। ध्यान की इस अनोखी प्रक्रिया को टी-सेरेमनी का रूप और नाम दिया गया है। इसमें एक समय में तीन से अधिक लोग शामिल नहीं हो सकते। पूर्ण शांत और प्राकृतिक वातावरण में, बिना कोई उपदेश या प्रवचन सुने ही लोग धीरे-धीरे महसूस करने लगते हैं कि उनके विचारों के आवागमन में ठहराव आ गया है। लेखक जब इस प्रकिया में शामिल हुए, तब कुछ देर तो उलझन में पड़े। फिर उन्हें महसूस हुआ कि दिमाग की रफ्तार धीमी पड़ते-पड़ते बिल्कुल बंद हो गई है। विचारों का आवागमन रुक गया है। पहली बार उन्होंने महसूस किया कि वे वर्तमान में जी रहे हैं। अतीत बीत गया है, भविष्य अभी आया ही नहीं। एक वर्तमान ही है जो सर्वदा, सर्वत्र हमारे साथ होता है। टी-सेरेमनी के अपने अनोखे अनुभव के आधार पर ही लेखक ने भूत और भविष्य को मिथ्या और वर्तमान को ही एकमात्र सत्य बताते हुए उसी में जीने का संदेश दिया है।

वस्तुपरक प्रश्न

गद्यांश पर आधारित प्रश्न [5 अंक]

1. निम्नलिखित गद्यांश को पढ़कर पूछे गए प्रश्नों के उत्तर लिखिए—

व्यवहारवादी लोग हमेशा सजग रहते हैं। लाभ-हानि का हिसाब लगाकर ही कदम उठाते हैं। वे जीवन में सफल होते हैं, अन्यों से आगे भी जाते हैं पर क्या वे ऊपर चढ़ते हैं। खुद ऊपर चढ़ें और अपने साथ दूसरों को भी ऊपर ले चलें यही महत्व की बात है। यह काम तो हमेशा आदर्शवादी लोगों ने ही किया है।

(क) व्यवहारवादी किन्हें कहा जाता है? वे हमेशा सजग क्यों रहते हैं?

(ख) महत्व की बात क्या मानी गई है? टिप्पणी कीजिए।

(ग) आदर्शवादी लोगों ने समाज के लिए क्या किया है?

उत्तर

(क) व्यवहारवादी इन्हें कहा जाता है जो आदर्श को व्यावहारिक बनाकर जीवन में अपनाते हैं। वे हमेशा सजग रहते हैं क्योंकि वे दूसरों से आगे बढ़ना चाहते हैं और सफलता प्राप्त करना चाहते हैं। वे लाभ-हानि का हिसाब लगाकर ही कदम उठाते हैं।

(ख) स्वयं ऊपर चढ़ना और अपने साथ दूसरों को भी ऊपर ले चलना ही महत्त्व की बात मानी गई है, क्योंकि इसी से समाज की उन्नति होती है और परोपकार की भावना स्पष्ट झलकती है।

(ग) आदर्शवादी लोगों ने स्वयं ऊपर चढ़कर अपने साथ दूसरों को भी ऊपर ले चला है। इस प्रकार वे समाज में शाश्वत मूल्यों की स्थापना भी करते हैं।

[CBSE Topper 2016]

2. निम्नलिखित गद्यांश को पढ़कर पूछे गए प्रश्नों के उत्तर लिखिए—

असल में दोनों काल मिथ्या हैं। एक चला गया है, दूसरा आया नहीं है। हमारे सामने जो वर्तमान क्षण है, वही सत्य है। उसी में जीना चाहिए। चाय पीते-पीते उस दिन मेरे दिमाग से भूत और भविष्य दोनों काल उड़ गए थे। केवल वर्तमान क्षण सामने था। और वह अनंत काल जितना विस्तृत था।

(क) गद्यांश में किन दो कालों के बारे में बात की गई है और उनकी क्या विशेषता है?

(ख) लेखक ने किस काल को सत्य माना है और क्यों?

(ग) गद्यांश से लेखक क्या समझना चाहता है?

उत्तर

(क) उपर्युक्त गद्यांश में भूतकाल एवं भविष्यकाल के बारे में बात की गई है। भूतकाल जा चुका है एवं भविष्यकाल अभी तक आया नहीं। दोनों ही मिथ्या हैं। मनुष्य सदैव भूतकाल और भविष्य के बारे में सोच कर उलझन में फस जाता है। मनुष्य हमेशा भूतकाल की खट्टी-मीठी यादों के बारे सोचता है वरना भविष्य के रंगीन सपने सजाते रहता है। दोनों ही काल उसे व्यर्थ की चिंता करने पर विवश कर देते हैं।

(ख) लेखक के अनुसार वर्तमान काल ही सत्य है और हमें इसी में जीना चाहिए। मनुष्य को भूत भविष्य के बारे में ना सोचकर केवल वर्तमान में जीना चाहिए क्योंकि वर्तमान ही सत्य है। भूतकाल वह है जो बीत गया और भविष्य वह है जो आया भी नहीं इसलिए हमें अपने वर्तमान पर ध्यान देना चाहिए जिससे कि हमारा भविष्य रंगीन हो सके। हमें केवल भूतकाल से शिक्षा प्राप्त करनी चाहिए और वर्तमान काल में

अपने कर्म करते जाना चाहिए तभी हमारा भविष्य खील हो सकेगा।

(ग) इस गद्यांश के माध्यम से कवि यह समझाना चाहते हैं कि हमें भूतकाल एवं भविष्य काल के बारे ना सोचकर केवल वर्तमान में जीना चाहिए क्योंकि एक काल बीत चुका है और दूसरा आया तक नहीं इसलिए केवल वर्तमान सत्य है और हमें इसी में जीना चाहिए।

[CBSE Topper 2017]

वर्णनात्मक प्रश्न

लघु उत्तरीय प्रश्न [2 अंक]

3. जापान में मानसिक रोग के क्या कारण हैं? आप इन कारणों से कहीं तक सहमत हैं? 'झेन की देन' पाठ के आधार पर तर्कपूर्ण उत्तर दीजिए।

उत्तर जापान के अस्सी फीसदी लोग मनोरुग्ण हैं। यह हाल केवल जापान का ही नहीं, बल्कि अन्य विकसित और विकासशील देशों का भी है, जिसका कारण है लोगों के बीच बढ़ती प्रतिस्पर्धा। यहाँ सभी अपने आप को एक-दूसरे से श्रेष्ठ दिखाना चाहते हैं। एक महीने का काम एक दिन में निपटाना चाहते हैं। इसके कारण उनके दिमाग का रफ़्तार बढ़ गया है और ऐसा लगता है मानो उनके दिमाग में स्पीड का इंजन लग गया है। जीवन की बढ़ती रफ़्तार के कारण लोग अपना मानसिक संतुलन भुलाते जा रहे हैं। इसके परिणाम-स्वरूप अधिकाधिक लोग मानसिक रोगों से ग्रस्त होते जा रहे हैं। जो आधुनिक युग की देन है।

4. 'झेन की देन' पाठ में लेखक ने जापनियों के दिमाग में 'स्पीड' का इंजन लगने की बात क्यों कही है?

उत्तर (घ) जापानियों के दिमाग की रफ़्तार अन्य लोगों से हज़ार गुना तेज़ होने के कारण ऐसा लेखक ने कहा है।

5. जापान में मानसिक रोग के क्या बताए गए हैं? उससे होने वाले प्रभाव का उल्लेख करते हुए लिखिए कि इसमें 'टी सेरेमनी' की क्या उपयोगिता है।

उत्तर जापानी लोग सदैव अमेरिका से होड़ करते रहते हैं। वे एक महीने का काम एक दिन में करते है, इसी कारण उनके दिमाग पर अत्यधिक ज़ोर पड़ता है और वह रोगी हो जाता है। जापान के लोग कभी भी शांत नहीं बैठते वे सदैव कुछ न कुछ करते रहे हैं। जब वे खाली होते हैं तो वे स्वयं से बड़बड़ाने लगाते हैं एवं व्यर्थ ही अपने दिमाग पर ज़ोर डालते हैं। अमेरिका से प्रतिस्पर्धा के कारण वे लोग हमेशा व्यस्त रहते हैं एवं स्वयं के स्वास्थ्य पर ध्यान नहीं देते जिसके कारण वे मानसिक रोगों से ग्रस्त हो जाते हैं। जापान के 80% लोग मानसिक रोगों से पीड़ित होते हैं। इस समस्या से बाहर निकलने के लिए झेन परंपरा में लोग टी-सेरेमनी का प्रयोग करते हैं इस परंपरा के अनुसार व्यक्ति अपने दिमाग को शांत के लिए कुछ वक्त देना चाहिए। 'टी-सेरेमनी' चाय पीने की एक विधि है जिसे जापान में चा-नो-यू कहते हैं। इसमें लोग एक सुंदर एवं शांत पर्णकुटि में जाकर चाय का आनंद उठाते हैं परंतु इस जगह

[CBSE Topper 2017]

शांत पर्णकुटि में जाकर चाय का आनंद उठाते हैं परंतु इस जगह तीन से अधिक लोगों का प्रवेश निषेध है। इस प्रक्रिया में शांति बेहद महत्त्वपूर्ण है। कुटिया में चाय पिलाने वाला चाजीन होता है जो अतिथियों का स्वागत करता है एवं इन्हें बैठने के लिए जगह देता है फिर वह बनाकर चाय पीने के लिए परोसता है परंतु चाय केवल दो कुछ घूंट ही होती है जिसे चूस-चूसकर पिया जाता है। इस प्रक्रिया में मानो दिमाग धीरे-धीरे बंद होने लगता है एक समय ऐसा आता है कि अनंतकाल में जीने लगता है। इसलिए टी-सेरेमनी एक बेहद ही लाभदायक परंपरा है जो हमें मनोरोगी होने बचाता है।

6. शुद्ध आदर्श की तुलना सोने से और व्यावहारिकता की तुलना ताँबे से क्यों की गई है? 'पतझर में टूटी पत्तियाँ' पाठ के आधार पर लिखिए।

उत्तर शुद्ध आदर्श शुद्ध सोने की भाँति ही बिल्कुल पवित्र होता है इसमें कोई मिलावट नहीं होती। परंतु जिस प्रकार शुद्ध सोने से आभूषण नहीं बनाए जा सकते उसी प्रकार शुद्ध आदर्शों का जीवन में पालन करना कठिन हो जाता है इसलिए शुद्ध आदर्श में व्यवहारिकता का थोड़ा सा ताँबा मिलाकर इसे समाज में चलने लायक बनाया जाता है। जिस प्रकार शुद्ध सोने में ताँबा मिलाकर इसे मजबूत एवं चमकदार बनाया जाता है उसी प्रकार आदर्शों में व्यवहारिकता मिलाकर इसे जीवन में प्रयोग हेतु लाभदायक बनाया जाता है।

[CBSE Topper 2016]

निबन्धात्मक प्रश्न [5 अंक]

7. व्यवहारवादी और आदर्शवादी लोगों में क्या अन्तर है? समाज को शाश्वत मूल्य किसने दिए हैं?

उत्तर हमारी पाठ्यपुस्तक 'स्पर्श' के पाठ 'पतझर में टूटी पत्तियाँ' के लेखक रवींद्र केलेकर के अनुसार शुद्ध सोना, शुद्ध आदर्श की तरह होता है जिसमें किसी भी प्रकार की मिलावट नहीं की जाती है। वहीं दूसरी तरफ गिन्नी का सोना, शुद्ध सोने मे मिलाया हुआ तांबा होता है जिस प्रकार शुद्ध आदर्शों में थोड़ी-सी व्यवहारिकता मिलाकर 'प्रैक्टिकल आइडियालिस्ट' बनते हैं। इस प्रसंग में महात्मा गांधी की चर्चा द्वारा लेखक पाठक को यह बताने चाहते हैं कि वे व्यवहारिकता को शुद्ध आदर्शों के स्तर पर लाते थे जैसे कि सोने मे तांबा नहीं अपितु तांबे में सोना मिलाकर उसकी कीमत बढ़ाते थे। इसी कारण वे देश को आज़ाद करवा पाए अन्यथा हवा में ही उड़ते रहते। उनके सत्याग्रह आंदोलन इसी बात का सबूत हैं कि वे पूर्ण देश का उत्थान करना चाहते थे बिना स्वयं के लाभ के बारे में सोचे जो वह सिर्फ व्यवहारिकता की सहायता से कर पाए। इस संसार में व्यवहारवादी लोग सफलता प्राप्त करते हैं तथा ऊपर सिर्फ स्वयं उठते हैं परंतु आदर्शवादी सबको साथ लेकर ऊपर उठते हैं तथा लोक-कल्याण व समाज कल्याण को समर्पित होते हैं।

5

कारतूस

–हबीब तनवीर

गद्यांश

हम सभी जानते हैं कि अंग्रेज़ हमारे देश में व्यापार करने के उद्देश्य से आए थे किंतु धीरे–धीरे उनके इरादे कुटिल चालों में बदलने लगे। उन्होंने भारतीय बाज़ारों पर कब्ज़ा करना शुरू कर दिया। उनकी नियत उजागर होते ही उन्हें हिंदुस्तान से खदेड़ने के प्रयास भी शुरू हो गए। हज़ारों लोगों ने अपने–अपने स्तर पर अंग्रेज़ों की ताकत से अपने देश को आज़ाद करवाने के प्रयास किए। उन्हीं में से एक था वीर जाँबाज़ सिपाही 'वज़ीर अली'। प्रस्तुत एकांकी 'कारतूस' में उसी के बहादुरी भरे कुछ कारनामों का वर्णन लेखक ने किया है।

Topic Notes

- पाठ का सारांश
- पाठ संदेश
- कठिन शब्द तथा उनके अर्थ

पाठ का सारांश

सआदत अली का परिचय

प्रस्तुत पाठ में आपका परिचय रॉबिनहुडनुमा व्यक्ति वज़ीर अली से होगा। वज़ीर अली के पिता आसिफ़उद्दौला अवध के नवाब थे। उनके बाद अवध का राज्य वज़ीर को मिलना चाहिए था। किंतु उसके चाचा सआदत अली एक ऐश पसंद आदमी थे। अंग्रेज़ों ने उसे अवध के तख्त पर बैठा दिया और वज़ीर अली को बनारस भेज दिया और तीन लाख रुपए सालाना वजीफ़ा देना तय कर दिया। कुछ महीने बाद जब उसे गवर्नर जनरल ने दुबारा कलकत्ता में बुलवाया, तो वह इसकी शिकायत करने कंपनी के वकील के पास गया। इस पर वकील ने उसे ही डाँट दिया। नाराज वज़ीर अली ने, जो पहले से अंग्रेज़ों के प्रति अपने हृदय में नफ़रत लिए हुए था, वकील की हत्या कर दी। सरकारी वकील की हत्या करने के बाद से उसने जंगलों को अपना निवास स्थान बना लिया और वह देश को अंग्रेजों की पराधीनता से मुक्त कराने के प्रयासों में जुट गया। अंग्रेज सरकार भी उसे पकड़ने के लिए प्रयासरत हो गई, पर उसने अपने चातुर्य के बल पर सरकार की दृष्टि से बचकर निकल जाने में बार-बार सफ़लता प्राप्त की।

उदाहरण 1. **सआदत अली को अवध के तख्त पर बिठाने के पीछे कर्नल का क्या मकसद था?** **[CBSE 2016, 12, 11, NCERT]**

उत्तर : सआदत अली वज़ीर अली के पिता आसिफ़उददौला का भाई था। जब तक वज़ीर अली का जन्म नहीं हुआ था, तब तक सआदत अली को लगता था कि आसिफ़उद्दौला के बाद अवध के तख्त पर वही बैठेगा। किंतु वज़ीर अली के जन्म के बाद उसे लगा कि उसके सारे अधिकार उससे छिन गए हैं। इसलिए वह उससे नफरत करता था। वह एक ऐश पसंद आदमी था, ऐशो आराम की जिंदगी व्यतीत करना चाहता था। अंग्रेज़ों को तो ऐसे लोग ही चाहिए थे, उन्होंने वज़ीर अली को अवध के तख्त से हटाकर बनारस भेज दिया और सआदत अली को अवध का बादशाह बना दिया।

उदाहरण 2. **वज़ीर अली से सिपाही क्यों तंग आ चुके थे?** **[NCERT]**

उत्तर : कर्नल अपनी पूरी सेना के साथ एक ऐसे भारतीय देशभक्त की तलाश कर रहा था, जिसके मन में अंग्रेज़ों के लिए नफरत भरी हुई थी। वह एक अंग्रेज़ी वकील का कत्ल करके लंबे अरसे से आजमगढ़ के जंगलों में छिपता फिर रहा था। उसकी गिरफ्तारी अंग्रेज़ों के लिए बहुत आवश्यक थी, किंतु वह उनके हाथ नहीं आ रहा था। बार-बार उन्हें चकमा देकर गायब हो जाता था। कर्नल और उसके सिपाही तंग आ चुके थे। उनका कहना था कि वह आदमी है या भूत नज़र ही नहीं आता। उसके कारनामे देखकर उन्हें रॉबिनहुड की याद आ जाती थी।

वकील का कत्ल

वज़ीर अली को अवध के तख्त से हटाने के बाद बनारस भेज दिया गया और जब उसे कलकत्ता के गवर्नर जनरल ने तलब किया तो वह शिकायत लेकर वकील के पास गया किंतु वकील ने उसकी कोई मदद न करते हुए उसके साथ दुर्व्यवहार किया। वज़ीर अली के दिल में वैसे भी अंग्रेज़ों के खिलाफ नफरत कूट-कूट कर भरी थी। उसने गुस्से में वकील का कत्ल कर दिया और तभी से वह अपने कुछ साथियों के साथ आजमगढ़ के जंगलों में छिपता फिर रहा था। उसकी योजना थी कि वह इसी तरह नेपाल पहुँच जाएगा। अफगानी हमले का इंतजार करेगा और अपनी ताकत बढ़ाकर अंग्रेज़ों को हिंदुस्तान से निकाल बाहर करेगा। उसकी गिरफ्तारी अंग्रेज़ों के लिए बहुत ही ज़रूरी किंतु मुश्किल थी।

उदाहरण 3. **वज़ीर अली ने कंपनी के वकील का कत्ल क्यों किया?** **[CBSE 2012, NCERT]**

उत्तर : वज़ीर अली के मन में अंग्रेज़ों के लिए बेहद नफरत भरी थी। उसने कुछ महीने अवध पर शासन किया होगा और इतने समय में ही उसने अवध को अंग्रेज़ी हुकूमत से आज़ाद कर दिया था। अत: अंग्रेज़ों ने उसे अवध के तख्त से हटाकर बनारस भेज दिया। वहाँ से अंग्रेज़ी गवर्नर ने उसे कलकत्ता बुलाया। जब इसकी शिकायत करने वह अंग्रेज़ी वकील के पास गया तो उसने उलटा उसे ही बुरा-भला सुना दिया। गुस्से में भरकर वज़ीर अली ने खंजर से उस वकील का काम तमाम कर दिया और आजमगढ़ के जंगलों की तरफ भाग गया। आजमगढ़ के हुक्मरान की हिफाजत में घाघरा तक पहुँचा और जंगलों में छुपता हुआ आगे की योजना तैयार करने लगा।

वज़ीर अली की जाँबाजी

जब कर्नल और लेफ्टिनेंट खेमे में बैठे बातचीत कर रहे थे, तभी एक सिपाही ने आकर उन्हें सूचित किया की एक सवार सरपट घोड़ा दौड़ाए उन्हीं की तरफ आ रहा है। कर्नल को लगा वह अवश्य ही वज़ीर अली का कोई आदमी होगा जो उसकी सूचना उन्हें देना चाहता है। उसने उस सवार को खेमे में बुलाया। सवार ने कर्नल से अकेले में बात करते हुए कहा कि वह वज़ीर अली की गिरफ्तारी में उनकी मदद कर सकता है और इसके लिए उसने उनसे दस कारतूस की माँग की। कर्नल ने उसे दस कारतूस दिए और उसका परिचय पूछा। वज़ीर अली जाते-जाते अपना नाम बता गया और कर्नल को चेतावनी दी कि उसने उसे कारतूस दिए हैं इसीलिए उनकी जान बख्श रहा है। उसकी यह बहादुरी देखकर कर्नल के मुँह से अनायास ही निकल गया कि वह एक जाँबाज़ा सिपाही है।

उदाहरण 4. **सवार के जाने के बाद कर्नल क्यों हक्का-बक्का रह गया?** **[CBSE 2012, 11, NCERT]**

उत्तर : कर्नल काफी समय से जंगल में खेमा लगाए बैठा था। एक दिन अचानक एक सवार उनके खेमे की तरफ आया। उसने

कर्नल से अकेले में बात की और वज़ीर अली को पकड़ने में उनकी मदद करने के लिए दस कारतूस माँगे। कर्नल ने कारतूस दिए और उसका परिचय पूछा। जाते-जाते वह बड़ी बहादुरी से अपना नाम बताते हुए उन्हें चेतावनी दे गया कि उन्होंने उसे कारतूस दिए हैं इसलिए उनकी जान बख्श रहा है। उसके जाने के बाद कर्नल हक्का-बक्का रह गया। जिसकी तलाश वह इतने समय से कर रहा था, वह उसके सामने आया, उसी के हाथ से कारतूस भी ले गया और वह कुछ न कर सका।

उदाहरण 5. **गद्यांश पर आधारित :**

लेफ़्टिनेंट*—हफ़्तों हो गए यहाँ खेमा डाले हुए। सिपाही भी तंग आ गए हैं। यह वज़ीर अली आदमी है या भूत, हाथ ही नहीं लगता।*

कर्नल*—उसके अफसाने सुनकर रॉबिनहुड के कारनामे याद आ जाते हैं। अंग्रेज़ों के खिलाफ उसके दिल में किस कदर नफरत है। कोई पाँच महीने हुकूमत की होगी। मगर इस पाँच महीने में वह अवध के दरबार को अंग्रेज़ी असर से बिल्कुल पाक कर देने में तकरीबन कामयाब हो गया है।*

(क) सिपाही किस बात से तंग आ गए थे?
- **(i) जंगल की जिंदगी से**
- **(ii) लेफ़्टिनेंट के रोब से**
- **(iii) भूख और प्यास से**
- **(iv) वज़ीर अली के न मिलने से**

(ख) वज़ीर अली की तुलना भूत से की गई है क्योंकि—
- **(i) वह बहुत खतरनाक था**
- **(ii) वह हाथ ही नहीं आता था**
- **(iii) उसे देख कर सब डर जाते थे**
- **(iv) वह रात में नज़र आता था**

(ग) अंग्रेज़ों के खिलाफ किसके दिल में नफरत भरी हुई थी—
- **(i) कर्नल के दिल में**
- **(ii) वज़ीर अली के दिल में**
- **(iii) सआदत अली के दिल में**
- **(iv) इन सभी के दिल में**

(घ) अवध के दरबार को अंग्रेज़ी असर से पाक करने का क्या अर्थ है?

(ङ) प्रस्तुत गद्यांश क्या दर्शा रहा है?

उत्तर : **(क)** *(iv) वज़ीर अली के न मिलने से*

(ख) *(ii) वह हाथ ही नहीं आता था*

(ग) *(ii) वज़ीर अली के दिल में*

(घ) अवध से अंग्रेज़ों की हुकूमत लगभग खत्म कर देना।

(ङ) प्रस्तुत गद्यांश वज़ीर अली की जाँबाज़ी को दर्शा रहा है।

पाठ संदेश

(1) सआदत अली जैसे स्वार्थी लोगों की वजह से ही हमारे देश को गुलामी की जंजीरों में जकड़ना पड़ा। अत: भविष्य में हमें सावधान रहना होगा। देशहित से ऊपर कोई हित नहीं होता।

(2) वज़ीर अली जैसे जाँबाज़ों के कारण ही सारे हिंदुस्तान में अंग्रेज़ों के खिलाफ एक लहर दौड़ गई थी।

(3) यह जानते हुए भी कि कर्नल लाव लश्कर सहित उसी को ढूँढ रहा है, वह अकेला उसके खेमे में दाखिल हो गया। यह सभी घटनाएँ भारतीय सैनिकों की जाँबाज़ी का परिचय देकर हमें देशहित में कुर्बान तक हो जाने के लिए प्रेरित करती हैं।

कठिन शब्द तथा उनके अर्थ

पृष्ठ संख्या	शब्द	अर्थ
129	*कारतूस*	गोलियाँ
	खेमा	डेरा/कैंप
	अफसाने	कहानियाँ
	हुकूमत	राज/शासन
	पाक	पवित्र
	तख्त	सिंहासन
	मसलेहट	वजह/रहस्य
130	*घरे रहना*	बेकार हो जाना
	आँखों में धूल झोंकना	धोखा देना

पृष्ठ संख्या	शब्द	अर्थ
130	*जाँबाज़*	जान की बाजी लगाने वाला
	दमखम	ताकत
	जाति तौर से	निजी या व्यक्तिगत रूप से
	मुकर्रर	तय करना
	तलब	याद करना
	हुक्मरान	शासक
	कारवाँ	समूह
131	*गर्द*	धूल

पृष्ठ संख्या	शब्द	अर्थ
131	*मसरूफ*	व्यस्त
	सरपट	तेजी से
	शुबहा	शक/संदेह
	गुंजाइश	संभावना
	तनहाई	एकांत
	राजे दिल	राज की बात
	दीवार हमगोश दारद	दीवारों के भी कान होते हैं

पृष्ठ संख्या	शब्द	अर्थ
131	*वख्फा*	विराम
132	*मुकाम*	मंजिल
	हुक्म	आदेश
	लाव लश्कर	सेना और युद्ध सामग्री
	मायने	अर्थ
133	*सन्नाटा*	शांति
	हक्का-बक्का	हैरान

वस्तुपरक प्रश्न

[1 अंक]

गद्यांश पर आधारित प्रश्न

1. निम्नलिखित गद्यांश पर आधारित प्रश्नों के उत्तर उचित विकल्प छाँटकर दीजिए—

किस्सा क्या हुआ था। उसको उसके पद से हटाने के बाद हमने वज़ीर अली को बनारस पहुँचा दिया और तीन लाख रुपये सालाना वजीफा मुकर्रर कर दिया। कुछ महीने बाद गवर्नर जनरल ने उसे कलकत्ता (कोलकाता) तलब किया। वज़ीर अली कंपनी के वकील के पास गया जो बनारस में रहता था और उससे शिकायत की कि गवर्नर जनरल उसे कलकत्ता में क्यों तलब करता है। वकील ने शिकायत की परवाह नहीं की उलटा उसे बुरा भला सुना दिया। वज़ीर अली के तो दिल में यूँ भी अंग्रेज़ों के खिलाफ नफरत कूट-कूटकर भरी है। उसने खंजर से वकील का काम तमाम कर दिया।

(क) वज़ीर अली को पद से हटाने के बाद उसके साथ क्या किया गया?

(i) उसे कलकत्ता भेज दिया गया

(ii) उससे तीन लाख रुपये सालाना जुर्माना लिया गया

(iii) उसे तीन लाख सालाना वजीफा देना तय हुआ

(iv) उसे गवर्नर जनरल बना दिया गया

(ख) वज़ीर अली कंपनी के वकील के पास क्यों गया था?

(i) उससे गवर्नर जनरल की शिकायत करने के लिए

(ii) उससे माफी माँगने के लिए

(iii) उसे भला-बुरा सुनाने के लिए

(iv) उसका कत्ल करने के लिए

(ग) अंग्रेज़ों के खिलाफ किसके मन में नफरत भरी थी?

(i) वकील के मन में

(ii) गवर्नर जनरल के मन में

(iii) वज़ीर अली के मन में

(iv) इन तीनों के मन में

(घ) ✍वज़ीर अली ने वकील का कत्ल क्यों किया?

(i) वह उससे नफरत करता था

(ii) वह अंग्रेज़ों से नफरत करता था

(iii) वकील ने उसे भला-बुरा सुनाया

(iv) उसने वकील को भला-बुरा सुना दिया

(ङ) प्रस्तुत गद्यांश के पाठ व लेखक का नाम है—

(i) कारतूस - निदा फ़ाज़ली

(ii) झेन की देन- रवींद्र केलेकर

(iii) कारतूस - हबीब तनवीर

(iv) वज़ीर अली - निदा फ़ाज़ली

उत्तर : (क) *(iii) उसे तीन लाख सालाना वजीफा देना तय हुआ*

(ख) *(i) उससे गवर्नर जनरल की शिकायत करने के लिए*

व्याख्यात्मक हल : उसे अवध के तख़्त से हटाकर जब बनारस भेज दिया था तो गवर्नर जनरल द्वारा उसे बेवजह बार-बार बुलाने की शिकायत करने वह ईस्ट इंडिया कंपनी के वकील के पास गया था।

(ग) *(i) वज़ीर अली के मन में*

(ङ) *(iii) कारतूस - हबीब तनवीर*

✍ स्व-अभ्यास प्रश्न। विस्तृत समाधान हेतु यह [QR] स्कैन करें।

2. निम्नलिखित गद्यांश पर आधारित प्रश्नों के उत्तर उचित विकल्प छाँटकर दीजिए—

लेफ्टिनेंट—*सुना है यह वज़ीर अली अफगानिस्तान के बादशाह शाहे-ज़मा को हिंदुस्तान पर हमला करने की दावत (आमंत्रण) दे रहा है।*

कर्नल—*अफ़गानिस्तान को हमले की दावत सबसे पहले असल में टीपू सुल्तान ने दी, फिर वज़ीर अली ने भी उसे दिल्ली बुलाया और फिर शमसुद्दौला ने भी।*

लेफ्टिनेंट—*कौन शमसुद्दौला?*

कर्नल—*नवाब बंगाल का निस्बती (रिश्ते) भाई। बहुत ही खतरनाक आदमी है।*

लेफ्टिनेंट—*इसका तो मतलब यह हुआ कि कंपनी के खिलाफ सारे हिंदुस्तान में एक लहर दौड़ गई है।*

कर्नल—*जी हाँ, और अगर यह कामयाब हो गई तो बक्सर और प्लासी के कारनामे धरे रह जाएँगे और कंपनी जो कुछ लॉर्ड क्लाइव के हाथों हासिल कर चुकी है लॉर्ड वेलेजली के हाथों सब खो बैठेगी।*

(क) अफगानिस्तान को किस बात के लिए निमंत्रण दिया जा रहा था?
- **(i) भारत पर आक्रमण करने के लिए**
- **(ii) अंग्रेज़ों का समर्थन करने के लिए**
- **(iii) भारत को ग़ुलाम बनाने के लिए**
- **(iv) अपना साम्राज्य फैलाने के लिए**

(ख) कर्नल ने बहुत ही खतरनाक आदमी किसे कहा है?
- **(i) वज़ीर अली को (ii) सआदत अली को**
- **(iii) शमसुद्दौला को (iv) आसिफ़उद्दौला को**

(ग) कंपनी के खिलाफ हिंदुस्तान में लहर दौड़ जाने का अर्थ है—
- **(i) पूरा हिंदुस्तान कंपनी का दीवाना हो गया**
- **(ii) कंपनी के खिलाफ नफरत पैदा हो गई**
- **(iii) कंपनी का प्रचार-प्रसार हो गया**
- **(iv) कंपनी के नाम से सब घबराने लगे**

(घ) ✍अफगानिस्तान को भारत पर हमले की दावत सबसे पहले किसने दी थी?
- **(i) वज़ीर अली ने (ii) शमसुद्दौला ने**
- **(iii) टीपू सुल्तान ने (iv) आसिफ़उद्दौला ने**

(ङ) कर्नल को किस बात का भय नहीं था?
- **(i) अफगानिस्तान के हमले का**
- **(ii) बक्सर और प्लासी के कारनामों का**
- **(iii) लॉर्ड वेलेजली के हाथों सब खो जाने का**
- **(iv) बक्सर और प्लासी के कारनामे धरे रह जाने का**

उत्तर : (क) *(i) भारत पर आक्रमण करने के लिए*

व्याख्यात्मक हल : वज़ीर अली की योजना थी कि अफगानिस्तान भारत पर हमला करेगा तो भारत की ताकत बढ़ेगी और अंग्रेज़ों को भारत से भगाना आसान हो पाएगा।

(ख) *(iii) शमसुद्दौला को*

(ग) *(ii) कंपनी के खिलाफ नफरत पैदा हो गई*

(ङ) *(ii) बक्सर और प्लासी के कारनामों का*

व्याख्यात्मक हल : कर्नल को बक्सर और प्लासी के कारनामों का नहीं बल्कि उन कारनामों के व्यर्थ हो जाने का भय था।

3. निम्नलिखित गद्यांश पर आधारित प्रश्नों के उत्तर उचित विकल्प छाँटकर दीजिए—

वज़ीर अली कंपनी के वकील के पास गया जो बनारस में रहता था और उससे शिकायत की कि गवर्नर जनरल उसे कोलकाता में क्यों तलब करता है। वकील ने शिकायत की परवाह नहीं की उलटा उसे बुरा भला सुना दिया। वज़ीर अली के तो दिल में यूं भी अंग्रेज़ों के खिलाफ नफरत कूट-कूट कर भरी है। उसने खंजर से वकील का काम तमाम कर दिया। और भाग गया?

अपने जानिसारों समेत आजमगढ़ की तरफ भाग गया। आजमगढ़ के हुक्मरान ने उन लोगों को अपनी हिफाजत में घाघरा तक पहुँचा दिया और यह कारवाँ इन जंगलों में कई साल से भटक रहा है।

(क) वज़ीर अली आजमगढ़ की ओर क्यों भाग गया था?
- **(i) वकील का कत्ल करने के लिए**
- **(ii) वकील का कत्ल करने के बाद छुपने के लिए**
- **(iii) वकील से शिकायत करने के लिए**
- **(iv) वकील की शिकायत करने के लिए**

(ख) वज़ीर अली कंपनी के वकील के पास किसकी शिकायत करने गया था?
- **(i) गवर्नर जनरल की**
- **(ii) शमसुद्दौला की**
- **(iii) आसिफ़उद्दौला की**
- **(iv) कर्नल की**

(ग) वज़ीर अली के मन में किसके खिलाफ नफरत भरी थी?
- **(i) अंग्रेज़ों के (ii) गवर्नर जनरल के**
- **(iii) हिंदुस्तान के (iv) इन तीनों के**

✍ स्व-अभ्यास प्रश्न। विस्तृत समाधान हेतु यह [QR] स्कैन करें।

(घ) **वज़ीर अली ने वकील का कत्ल कैसे किया?**
(i) **बंदूक से** (ii) **लाठी से**
(iii) **तलवार से** (iv) **खंजर से**

(ङ) **जंगलों में कौन-सा कारवाँ भटक रहा था?**
(i) **वज़ीर अली और उसके साथियों का**
(ii) **आजमगढ़ के हुक्मरां का**
(iii) **कर्नल और लेफ़्टिनेंट का**
(iv) **अफगानिस्तान का**

उत्तर : (क) *(ii) वकील का कत्ल करने के बाद छुपने के लिए*
(ख) *(i) गवर्नर जनरल की*
(ग) *(i) अंग्रेज़ों के*
(घ) *(iv) खंजर से*
(ङ) *(i) वज़ीर अली और उसके साथियों का*

व्याख्यात्मक हल : वज़ीर अली ईस्ट इंडिया कंपनी के वकील का कत्ल करके अपने साथियों के साथ जंगलों में छिपता फिर रहा था। वह अंग्रेज़ों की आँखों में धूल झोंक रहा था।

वर्णनात्मक प्रश्न

[2-5 अंक]

लघु उत्तरीय प्रश्न (25-30 शब्द)

[2 अंक]

4. 'सारे हिंदुस्तान में एक लहर दौड़ गई है'। लेफ्टिनेंट के इस कथन का क्या अर्थ है? [CBSE 2012, 11]

उत्तर : लेफ्टिनेंट ने ऐसा सुना था कि वज़ीर अली अफगानिस्तान के बादशाह शाहे जमा को हिंदुस्तान पर हमला करने की दावत दे रहा है और कर्नल ने उसे बताया कि सबसे पहले टीपू सुल्तान ने और फिर वज़ीर अली ने और फिर शमसुद्दौला ने अफगानिस्तान को हमले की दावत दी थी। वज़ीर अली आजमगढ़ के जंगलों में छिपता फिर रहा था और उसकी योजना थी कि किसी तरह से नेपाल पहुँच जाए। अफगानी हमले का इंतजार करे, अपनी ताकत बढ़ाए और सारे हिंदुस्तान को अंग्रेज़ों के असर से मुक्त कर दे। इन बातों से स्पष्ट था कि ईस्ट इंडिया कंपनी का अधिकार अब ज्यादा दिन टिकने वाला नहीं था।

⚠ एहतियात

➥ *लहर दौड़ जाने का अर्थ छात्र खुशी की लहर दौड़ जाना समझ लेते हैं। यहाँ लहर दौड़ने का अर्थ है 'ईस्ट इंडिया कंपनी के प्रति विरोध पैदा होना।'*

5. सआदत अली अंग्रेज़ों का हिमायती क्यों था? 'कारतूस' पाठ के आधार पर स्पष्ट कीजिए। [CBSE 2014]

उत्तर : सआदत अली उन लोगों में से था जिसे देशहित और देशप्रेम की भावना से कोई सरोकार नहीं था। वह स्वार्थी और ऐशो-आराम पसंद व्यक्ति था। इसके लिए अंग्रेज़ों का चाटुकार बनने में भी संकोच नहीं करता था। अंग्रेज़ों ने वज़ीर अली को अवध के तख्त से हटाकर सआदत अली को उस पद पर बिठा दिया। उसने अपनी आधी जायदाद और दस लाख रुपए नकद अंग्रेज़ों को दिए ताकि वह भी खुश रहे और उसका पद भी बना रहे।

6. जाँबाज़ सवार कौन था? 'कारतूस' पाठ के आधार पर उसकी विशेषताएँ बताइए। [CBSE 2012, 11]

उत्तर : अंग्रेज़ी लेफ्टिनेंट और कर्नल जंगल में खेमा लगाए कई महीनों से रह रहे थे। उन्हें वज़ीर अली नामक जाँबाज़ सिपाही की तलाश थी जो उनका कट्टर विरोधी था और लगातार उनकी आँखों में धूल झोंकता आ रहा था। एक दिन एक सवार तेजी से घोड़ा दौड़ाता हुआ उनके खेमे में दाखिल हुआ। वह बहुत ही दिलेर और आत्मविश्वासी था। उसने बेखौफ कर्नल से अकेले में बात करने का प्रस्ताव रखा। उनका हौंसला कमजोर करने के लिए वज़ीर अली की बहादुरी की बात कही। वास्तव में वह स्वयं वज़ीर अली था जिसने इस तरह अचानक अंग्रेज़ी खेमे में आकर एक बार फिर अंग्रेज़ों को चकमा दे दिया।

7. एकांकी कारतूस के अनुसार वज़ीर अली एक जाँबाज़ सिपाही कैसे था? [CBSE Sample Paper 2020]

उत्तर : कारतूस एकांकी के अंतर्गत भारत के जाँबाज़ सिपाही वज़ीर अली की वीरता, निडरता और आत्मविश्वास का वर्णन किया गया है। उसके दिल में अंग्रेज़ों के खिलाफ नफरत कूट-कूटकर भरी थी। उसी के चलते उसने ईस्ट इंडिया कंपनी के वकील का कत्ल कर दिया था और उसके बाद से लगातार अंग्रेज़ों की आँखों में धूल झोंकता आ रहा था। यह जानते हुए भी कि कर्नल पूरी सेना के साथ उसी की तलाश में है और जंगल में खेमा लगाए हुए है, वह अकेला उसके खेमे में पहुँचा, अपने खिलाफ उसके मन में डर पैदा किया और उसी के हाथों से 10 कारतूस भी ले गया। यह सभी किस्से यह साबित करने के लिए पर्याप्त हैं कि वज़ीर अली एक जाँबाज़ सिपाही था।

8. भारत की गुलामी में सआदत अली जैसे लोगों की क्या भूमिका रही? पाठ के आधार पर बताइए।

उत्तर : भारत कई वर्षों तक अंग्रेज़ों का ग़ुलाम रहा। इसका एक महत्वपूर्ण कारण वे लोग हैं जो भारतवासी होते हुए भी

भारत विरोधी कार्य करते रहे। उनके मन में देशप्रेम की भावना का अभाव था। वे केवल अपने स्वार्थ सिद्ध करने की फिराक में रहते थे। सआदत अली भी उन्हीं लोगों में से एक था। वह ऐश और आराम की जिंदगी बिताना चाहता था। उसकी यह इच्छा अंग्रेज़ों का समर्थन करने से पूरी हो सकती थी। अंग्रेज़ों को तो ऐसे लोगों की जरूरत थी। इसलिए वज़ीर अली को अवध के तख्त से हटाकर सआदत अली को वह पद सौंप दिया गया।

9. वज़ीर अली किस योजना के तहत जंगलों में छिप रहा था? स्पष्ट कीजिए।

उत्तर : वज़ीर अली ने ईस्ट इंडिया कंपनी के एक वकील का कत्ल कर दिया था। उसके बाद वह अपने चंद साथियों के साथ आजमगढ़ की तरफ भाग गया। वहीं के बादशाह की हिफाजत में घाघरा तक पहुँचा दिया गया। तभी से वह इन जंगलों में छिपता फिर रहा था। उसकी योजना यह थी कि किसी तरह नेपाल पहुँच जाए, अफगानी हमले का इंतजार करे। इस तरह अपनी ताकत बढ़ाए। सआदत अली को उसके पद से हटाकर खुद अवध पर कब्जा कर ले और उसके पश्चात वह धीरे-धीरे हिंदुस्तान को अंग्रेज़ी शासन से बिल्कुल मुक्त कर दे।

10. ✍सवार ने ऐसा क्यों कहा कि वज़ीर अली की गिरफ्तारी बहुत मुश्किल है? स्पष्ट कीजिए।

11. वज़ीर अली की आज़ादी अंग्रेज़ों के लिए खतरनाक क्यों थी? पाठ के आधार पर स्पष्ट कीजिए।

उत्तर : वज़ीर अली एक सच्चा देशभक्त था। अंग्रेज़ों के खिलाफ उसके मन में नफरत कूट-कूट कर भरी हुई थी। किसी भी कीमत पर वह भारत को अंग्रेज़ी असर से पाक कर देना चाहता था। उसकी बहादुरी से भरे कारनामों के किस्से अंग्रेज़ों ने सुने हुए थे और यह भी जानते थे कि उसने अफगानिस्तान को हिंदुस्तान पर हमला करने की दावत दी है। यदि उसे गिरफ्तार न किया गया, तो वह जल्दी ही अपनी ताकत बढ़ाएगा, अवध को अपने कब्जे में ले लेगा और धीरे-धीरे अंग्रेज़ों को हिंदुस्तान से खदेड़ देखा। इसलिए उसकी गिरफ्तारी अंग्रेज़ों के लिए बहुत ज़रूरी थी।

12. 'सफलता प्राप्ति में आत्मविश्वास महत्वपूर्ण भूमिका निभाता है।' एकांकी के आधार पर कथन की पुष्टि कीजिए।

उत्तर : किसी भी कार्य में सफलता प्राप्त करने के लिए मेहनत, लगन, धैर्य, दृढ़ निश्चयता, समर्पण आदि अनगिनत विशेषताओं के साथ-साथ आत्मविश्वास का होना बेहद ज़रूरी है। प्रायः देखा गया है कि आत्मविश्वास के अभाव में यह सभी विशेषताएँ भी दब जाती हैं। यही बात वज़ीर अली के व्यक्तित्व से भी स्पष्ट हुई है। उसके पास इतनी ताकत नहीं थी जितनी अंग्रेज़ों के पास थी किंतु उसके आत्मविश्वास की ताकत ने पूरी अंग्रेज़ी सेना की नाक में दम किया हुआ था। इसी आत्मविश्वास के दम पर वह बार-बार फिर उन्हें चकमा देने मे कामयाब हुआ।

13. आपको सआदत अली और वज़ीर अली में से किसके चरित्र ने प्रभावित किया और क्यों?

उत्तर : वज़ीर अली एक सच्चा देशभक्त और जाँबाज़ सिपाही था, जबकि सआदत अली स्वार्थी, बेईमान और देशद्रोही था। वह जो कुछ कर रहा था उसमें केवल उसका स्वार्थ था। देश की आज़ादी की कीमत पर वह ऐशो आराम की जिंदगी बिता रहा था। जबकि वज़ीर अली का प्रत्येक कार्य देश के हित में था। निस्संदेह हमें वज़ीर अली के चरित्र ने ही प्रभावित किया है क्योंकि उससे हमें देशहित में कार्य करने की प्रेरणा मिलती है।

निबन्धात्मक प्रश्न (60-70 / 80-100 शब्द) [4 एवं 5 अंक]

14. वज़ीर अली एक जाँबाज़ सिपाही था। कैसे? स्पष्ट कीजिए। [CBSE 2014, 13, 12, 11, NCERT]

उत्तर : वज़ीर अली उन हिंदुस्तानी सिपाहियों में से एक था जिनके मन में अंग्रेज़ों के खिलाफ नफरत कूट-कूट कर भरी हुई थी। वह किसी भी कीमत पर हिंदुस्तान को अंग्रेज़ों से आज़ाद कराना चाहता था। उसे अवध के राजपद से हटाकर बनारस भेज दिया गया और गवर्नर ने उसे कलकत्ता तलब किया। इसकी शिकायत उसने कंपनी के वकील से करनी चाही किंतु वकील ने उलटा उसे ही अपमानित किया। गुस्से में भरकर उसने वकील का काम तमाम कर दिया। तब से वह अपने चंद साथियों के साथ आजमगढ़ के जंगलों में छिपता फिर रहा था और लगातार अंग्रेज़ अफसरों और उनके सिपाहियों की आँखों में धूल झोंक रहा था। यही नहीं, वह अकेला कर्नल के खेमे में दाखिल हुआ, उन्हीं के हाथों दस कारतूस भी ले लिए और जाते-जाते बड़ी बहादुरी से अपना परिचय भी दे गया। यह सब बातें यह सिद्ध करने के लिए पर्याप्त हैं कि वज़ीर अली एक जाँबाज़ सिपाही था।

15. 'मुट्ठी भर आदमी और यह दमखम'- कथन का आशय स्पष्ट कीजिए।

[CBSE 2012, 11, NCERT]

उत्तर : अंग्रेज़ कर्नल अपनी पूरी सेना के साथ जंगलों में खेमा लगाए वज़ीर अली की तलाश कर रहा था। किंतु वज़ीर अली अपने कुछ साथियों के साथ कई महीनों से उनकी आँखों में धूल झोंक रहा था। अनेक प्रयासों के बाद भी वह उनके हाथ नहीं आ रहा था। उसकी यह जाँबाज़ी देखकर कर्नल यह कहे बिना रह नहीं पाया कि 'मुट्ठी भर आदमी और यह दमखम' अर्थात् वे कुछ लोग हैं किंतु उनकी

✍ स्व-अभ्यास प्रश्न। विस्तृत समाधान हेतु यह स्कैन करें।

बहादुरी इतनी है कि वे कर्नल की पूरी सेना को चकमा दे रहे हैं। कर्नल इसी बात से हैरान था कि वज़ीर अली अपने चंद जाँबाज़ों के दम पर इस कदर आत्मविश्वास और निडर कैसे है। उसे इस बात का खौफ क्यों नहीं है कि अंग्रेज़ी सेना उसका नामो-निशान मिटा सकती है।

16. सवार ने कर्नल से कारतूस कैसे हासिल किए?
[CBSE 2012, 11, NCERT]

17. 'गर्द तो ऐसे उड़ रही है जैसे कि पूरा एक काफिला चला आ रहा हो। मगर मुझे तो एक ही सवार नज़र आता है'। आशय स्पष्ट कीजिए।
[CBSE 2012, 11, NCERT]

उत्तर : कारतूस एकांकी में लेखक 'हबीब तनवीर' ने एक ऐसे किस्से का वर्णन किया है जो हमारे भारतीय जाँबाज़ों की एक मिसाल प्रस्तुत कर रहा है। वज़ीर अली की गिरफ्तारी अंग्रेज़ों के लिए बहुत ज़रूरी थी। इसी उद्देश्य से लेफ्टिनेंट और कर्नल जंगल में खेमा लगाए, पूरे लाव-लश्कर के साथ उसकी तलाश में लगे हुए थे। वह बार-बार उन्हें चकमा दे जाता था और उनके हाथ नहीं आ रहा था। एक दिन जब वे खेमे में बैठे बातचीत कर रहे थे, सूचना मिली कि एक सवार घोड़े पर उनकी तरफ आ रहा है। उन्होंने देखा कि गर्द यानि बहुत धूल उड़ रही है मानो एक घोड़ा नहीं बल्कि पूरी फौज उनकी तरफ आ रही हो। किंतु ध्यान से देखने पर लगा कि केवल एक ही सवार है जो सरपट घोड़ा दौड़ाए उनकी तरफ बढ़ रहा है।

वह सवार और कोई नहीं वास्तव में वज़ीर अली ही था।

⚠ एहतियात

➥ *किसी भी कथन का आशय स्पष्ट करने को कहा जाए तो केवल उसका अर्थ नहीं लिखना। यदि प्रश्न 4 अंक का है तो वह कथन किसके द्वारा कहा गया, किसने, कब और क्यों कहा; विस्तार से बताना है।*

18. कारतूस पाठ के आधार पर वज़ीर अली की विशेषताओं पर सोदाहरण प्रकाश डालिए।
[CBSE 2016]

उत्तर : भारत को अंग्रेज़ों के चंगुल से छुड़ाने के लिए अनगिनत देश प्रेमियों ने अपनी-अपनी तरह से प्रयास किया था। उन्हीं में से एक जाँबाज़ 'वज़ीर अली' भी था। लेखक 'हबीब तनवीर' ने कारतूस एकांकी में उसकी विभिन्न विशेषताओं को दर्शाया है। वह देश-प्रेमी और साहसी था। उसका एकमात्र उद्देश्य अपने देश को अंग्रेज़ी हुकूमत से आज़ादी दिलाना था। आत्मविश्वास उसके अंदर कूट-कूटकर भरा हुआ था। उसी आत्मविश्वास के दम पर वह अकेला कर्नल और लेफ्टिनेंट के खेमे में दाखिल हो गया, यह जानते हुए भी कि वे बड़ी बेसब्री से उसकी तलाश कर रहे हैं। वह बहुत ही स्वाभिमानी था। जब उसे उसके पद से हटाकर बनारस भेज दिया गया और फिर उसे कलकत्ता (कोलकाता) तलब किया गया, तो वह शिकायत करने वकील के पास चला गया। अंग्रेज़ों के खिलाफ नफरत इस कदर भरी हुई थी कि उस अंग्रेज़ी वकील की बदसलूकी सहन न कर पाया और उसका कत्ल करके फरार हो गया।

वज़ीर अली की निर्भीकता, साहस, देशभक्ति, स्वाभिमान और आत्मविश्वास हमें गर्व का अनुभव कराते हैं।

⚠ एहतियात

➥ *केवल विशेषताएँ लिख देना पर्याप्त नहीं होगा । किसी भी पात्र की चारित्रिक विशेषताओं के संबंध में प्रश्न आए तो पाठ से उदाहरण देते हुए उन विशेषताओं को सिद्ध अवश्य करना चाहिए।*

19. एकांकी 'कारतूस' में वर्णित किन घटनाओं से पता चलता है कि वज़ीर अली अंग्रेज़ों से नफरत करता था और उनका कट्टर विरोधी था?
[CBSE 2013]

20. 'कारतूस' शीर्षक इस एकांकी के लिए किस प्रकार सार्थक है? स्पष्ट कीजिए।

उत्तर : किसी रचना का शीर्षक उसके मुख्य पात्र, मुख्य घटना या केन्द्रीय भाव पर आधारित होता है। शीर्षक ऐसा होना चाहिए जो पाठक के मन में उस रचना के प्रति जिज्ञासा उत्पन्न करे और वह जिज्ञासा अंत तक बनी रहे।

'कारतूस' एकांकी का शीर्षक इस दृष्टि से काफी हद तक उचित है। यह एकांकी एक ऐसे भारतीय वीर का शौर्य दर्शाने के लिए लिखी गई है जिसके लिए अपने देश हित से ऊपर कुछ भी नहीं था। वह तरह-तरह से अंग्रेज़ों को मूर्ख बनाता रहा। अपनी निर्भीकता और आत्मविश्वास के बल पर उसने अंग्रेज़ों से दस कारतूस भी हासिल कर लिए जिसका उपयोग वह उन्हीं के खिलाफ करने वाला था। अंग्रेज़ों से इस तरह से कारतूस लेना उसकी निर्भीकता और आत्मविश्वास की गवाही देने जैसा ही है। इस प्रकार यह शीर्षक इस एकांकी के लिए सर्वश्रेष्ठ है।

वर्णनात्मक प्रश्न

लघु उत्तरीय प्रश्न [2 अंक]

1. 'कारतूस' पाठ में सआदत अली को किस प्रकार का व्यक्ति बताया गया है?

उत्तर सआदत अली अवध के नवाब आसिफ़उद्दौला का भाई था। वह एक लालची, कपटी एवं भोग-विलासी था। वह एक ऐश पसंद व्यक्ति था। सआदत अली अवध का तख़्त पाने हेतु अंग्रेज़ों से मिल गया था। वह एक धूर्त व्यक्तित्व का स्वामी था। [CBSE Topper 2014]

निबन्धात्मक प्रश्न [5 अंक]

2. वजीर अली को एक जाँबाज़ सिपाही क्यों कहा गया है? उसके सैनिक जीवन के क्या लक्ष्य थे? 'कारतूस' पाठ के आधार पर विस्तार से लिखिए।

उत्तर वजीर अली एक देशप्रेमी सैनिक था, जिसका लक्ष्य था अँग्रेज़ों को अपनी भारत-भूमि से समूल उखाड़ फेंकना। उसे अंग्रेजों से इतना नफ़रत था कि वह उनमें से किसी का कत्ल तक कर सकता था। उन लोगों के रहन-सहन तथा रीति-रिवाज़ों के प्रति नफ़रत उसके दिल में कूट-कूटकर भरी थी। एक अँग्रेज़ का कत्ल कर देने के बाद वह जंगलों में अपने गिने-चुने कुछ साथियों के साथ रहने लगा। वहीं अंग्रेज़ सिपाही वज़ीर अली को गिरफ्तार करने के लिए जंगल में डेरा डालते-डालते थक गए थे। ऐसी स्थिति में अंग्रेज कर्नल और लेफ्टीनेंट की आँखों में धूल झोंकते हुए वजीर अली ने छल से उससे दस कारतूस जिस तरह हासिल किए, वह कर्नल तथा लेफ्टीनेंट को चौंका देने वाला था। वजीर अली की ऐसी वीरता को देखकर कर्नल हक्का-बक्का रह गया और उसके मुख से अनायास ही वजीर अली के लिए प्रशंसा के शब्द फूट पड़े। वजीर अली ने शत्रु के खेमे में घुसकर जिस प्रकार कारतूस लेकर चला गया, उससे उसकी जाँबाजी का परिचय कर्नल को मिल ही गया और वह उसकी वीरता के सामने नतमस्तक हो गया। [CBSE Topper 2014]

1

हरिहर काका

गद्यांश

–मिथिलेश्वर

लेखक मिथिलेश्वर का मानना है कि आजादी के बाद भी हम शोषित हो रहे हैं, केवल शोषण का तरीका बदल गया है। पहले हम अंग्रेजों के गुलाम थे अब हम अपनी तुच्छ मानसिकता, स्वार्थी और संकुचित विचारधारा के गुलाम हैं। 'हरिहर काका' पाठ के अंतर्गत लेखक ने हमारे समाज के एक कटु सत्य को दर्शाया है। भारतीय परिवार व्यवस्था विश्व के लिए मिसाल रही है। किंतु जब संबंधों पर स्वार्थ हावी होता है, तो व्यक्ति असंवेदनशील, कठोर और अनैतिक होता चला जाता है। इसी दुरावस्था को लेखक ने हरिहर काका नाम के एक किसान के माध्यम से दर्शाया है।

Topic Notes

- पाठ का सारांश
- पाठ संदेश
- कठिन शब्द तथा उनके अर्थ

पाठ का सारांश

हरिहर काका और लेखक के संबंध

हरिहर काका गाँव के भोले-भाले किसान थे। उनका दो बार विवाह हुआ पर दोनों ही पत्नियाँ बिना संतान को जन्म दिए स्वर्ग सिधार गईं । हरिहर अपने भाइयों के परिवार के साथ ही रहते थे। उनके पास साठ बीघे ज़मीन थी, जिस पर चारों भाई खेती करते थे। लेखक हरिहर काका के पड़ोसी हैं। हरिहर काका ने बचपन में लेखक को अपनी गोद में खिलाया था, उन्हें पिता से भी अधिक प्यार दिया था। भले ही दोनों में कोई खून का रिश्ता नहीं था, किंतु वैचारिक और व्यावहारिक संबंध बहुत गहरे थे। हरिहर काका अपने मन की बात लेखक के साथ अवश्य बाँटा करते थे। लेखक की गाँव के अन्य लोगों से विशेष बोलचाल नहीं थी किंतु हरिहर काका के साथ वक्त बिताना उन्हें अच्छा लगता था।

उदाहरण 1. **कथावाचक और हरिहर काका के बीच क्या संबंध है और इसका क्या कारण है?**

[CBSE 2012, 10, NCERT]

अथवा

लेखक के प्रति हरिहर काका के आत्मीय भाव क्यों थे?

[Diksha]

उत्तर : 'हरिहर काका' कहानी में लेखक और हरिहर काका के घनिष्ठ संबंध बताए गए हैं। लेखक हरिहर के पड़ोस में रहते थे। उनका बचपन हरिहर के साथ खेलते हुए बीता था। हरिहर काका उन्हें कंधे पर बैठाकर घुमाया करते थे। लेखक को पिता से भी अधिक प्रेम हरिहर काका से मिला था। कोई खून का रिश्ता न होने पर भी उन दोनों के बीच गहरे संबंधों के कुछ व्यावहारिक और वैचारिक कारण थे। हरिहर काका गाँव में किसी से अधिक बातचीत नहीं करते थे। किंतु लेखक से वह अपने मन की सभी बातें कर लिया करते थे। लेखक को भी उनके साथ बातचीत करना, उनके साथ समय बिताना अच्छा लगता था।

लेखक का गाँव और ठाकुरबारी

लेखक और हरिहर काका जिस गाँव में रहते हैं वह छोटा-सा गाँव है। वह शहर आरा से 40 किलोमीटर की दूरी पर है। एक बड़ा तालाब, विशाल बरगद का पेड़ और एक विशाल ठाकुरबारी उस गाँव की पहचान है। ठाकुरबारी की स्थापना कब और कैसे हुई, यह निश्चित तौर पर नहीं कहा जा सकता। बहुत पहले एक संत आकर रहने लगे थे। लोगों ने चंदा एकत्रित करके उनके लिए एक छोटा-सा मंदिर बनवा दिया। धीरे-धीरे लोगों की उनके प्रति आस्था बढ़ती चली गई। उस मंदिर में आकर लोग मन्नत माँगते और वह पूरी हो जाने पर अपनी जमीन, जेवर, धन इत्यादि उस मंदिर में चढ़ाते। यही कारण है कि गाँव के अन्य क्षेत्रों की तुलना में उस मंदिर का तेजी से विकास होता चला गया और उसने विशाल ठाकुरबारी का रूप ले लिया।

ठाकुरबारी के प्रति लोगों का विश्वास

समय के साथ-साथ ठाकुरबारी के प्रति लोगों के मन में विश्वास गहरा होता चला गया और विश्वास बढ़ने के साथ-साथ ठाकुरबारी का आकार भी बड़ा होता गया। किंतु लेखक को ठाकुरबारी और उससे जुड़े लोग एक आँख नहीं भाते थे। उनका मानना था कि सभी कामचोर लोग वहाँ बैठे रहते हैं और दोनों समय पकवानों का भोग लगाते हैं। धर्म के नाम पर लोगों को गुमराह करने का काम ठाकुरबारी में होता है।

उदाहरण 2. **ठाकुरबारी के प्रति लोगों के मन में अपार श्रद्धा के जो भाव हैं इससे उनकी किस मनोवृति का पता चलता है?**

[CBSE 2014, NCERT]

अथवा

गाँव के लोगों के जीवन में ठाकुरबारी का महत्वपूर्ण स्थान था। स्पष्ट कीजिए। [Diksha]

उत्तर : लेखक के गाँव में एक विशाल मंदिर था जो अत्यंत प्रसिद्ध था। लोगों की आस्था और विश्वास ने उसे बहुत कम समय में एक विशाल आकार दे दिया था। लोग हर सुख दुख में ठाकुरबारी जाकर मन्नत माँगा करते, मन्नत पूरी हो जाने पर खुशी में धन-संपत्ति, गहने यहाँ तक कि जमीन तक ठाकुरबारी के नाम कर दिया करते थे। लोगों की श्रद्धा का परिणाम था कि गाँव के अन्य क्षेत्रों की अपेक्षा ठाकुरबारी अधिक तेजी से विकसित हो रही थी। किसी भी पर्व-त्योहार की शुरुआत ठाकुरबारी से ही होती थी। फसल कटने पर उसका पहला अंश ठाकुरबारी को ही अर्पण किया जाता था। जीवन में किसी भी तरह की घटना घटने पर ग्रामीणों को ऐसा ही लगता है कि यह सब ठाकुरजी की कृपा से ही हो रहा है। इससे न केवल ग्रामीणों की धार्मिक मनोवृत्ति का, असीम-अपार श्रद्धा-आस्था का बोध होता है बल्कि यह भी ज्ञात होता है कि उनका विश्वास धीरे-धीरे अंधविश्वास में बदल चुका था।

हरिहर काका का मोह भंग

हरिहर काका अपने भाइयों के परिवार के साथ खुशी-खुशी समय व्यतीत कर रहे थे। किंतु धीरे-धीरे उनके भाइयों की पत्नियों ने हरिहर काका की ओर ध्यान देना बंद कर दिया। उनके खाने-पीने और मान-सम्मान में कमी आने लगी। बचा-कुचा भोजन खाने को दिया जाता था। एक दिन जब घर में मेहमान आए और बढ़िया पकवान बनाए गए, हरिहर काका को उस दिन भी बचा-कुचा ही परोसा गया। तब उन्होंने गुस्से में थाली फेंक दी और घर से निकल पड़े। अब भाइयों और उनके परिवार के प्रति उनका मोहभंग हो गया।

महंत के प्रलोभन

महंत को इस बात की खबर मिली कि हरिहर काका अपने भाइयों से नाराज होकर घर से निकले हैं। वह तुरंत ही मौके का फायदा उठाने पहुँच गए। हरिहर काका को बहला-फुसलाकर ठाकुरबारी में ले गए। उनके रहने, खाने-पीने की अच्छी से अच्छी व्यवस्था की गई। ऐसी आवभगत देखकर हरिहर काका अचंभित रह गए। महंत उन्हें बहलाने के लिए अनेक धार्मिक प्रलोभन दे रहा था। उसने कहा कोई अपना नहीं होता, सब जमीन-जायदाद के लालच में ही उनसे रिश्ते बनाए हुए हैं। अगर वह अपनी जमीन ठाकुरबारी के नाम कर देंगे तो हमेशा उनकी कीर्ति गूँजेगी। ठाकुरबारी में ईश्वर के साथ-साथ उनकी भी आरती की जाएगी। उन्हें बैकुंठ मिलेगा, पूरा गाँव उनकी जय-जयकार करेगा। हरिहर काका घंटों महंत की बातें सुनते रहे। कहीं न कहीं मन पर उनका उनकी बातों का असर भी हो रहा था किंतु हरिहर कोई निर्णय लेने की स्थिति में नहीं थे।

भाइयों की प्रतिक्रिया

खेतों से लौटकर जब हरिहर के भाइयों को पता चला कि हरिहर काका नाराज होकर घर छोड़कर चले गए हैं, वे सब ठाकुरबारी पहुँचे और काका को जबरदस्ती घर ले आए। वहाँ भी माहौल बिलकुल बदल गया था। उनका खूब सेवा-सत्कार किया गया। बढ़िया-बढ़िया भोजन खाने को दिया गया। भाइयों ने अपनी-अपनी पत्नियों को समझा दिया कि उनके सुखाराम में किसी तरह की कोई कमी नहीं रहनी चाहिए। हरिहर को लगा यह सब ठाकुरजी की कृपा से ही हो रहा है।

गाँव वालों के विचार

हरिहर काका को लेकर पूरे गाँव में चर्चाएँ होने लगी। गाँव के लोग दो भागों में बँट गए थे। एक वर्ग धार्मिक विचारधारा वाले लोगों का था जिनका मानना था कि हरिहर को अपनी जमीन ठाकुरबारी के नाम कर देनी चाहिए। तो दूसरा वर्ग प्रगतिशील विचारधारा वाले लोगों का था, जिनके अनुसार उनकी जमीन पर भाइयों का ही अधिकार था, वह उन्हें ही मिलनी चाहिए थी। सब अपनी अपनी राय दे रहे थे किन्तु हरिहर काका कोई निर्णय देने के लिए तैयार नहीं थे।

उदाहरण 3. **हरिहर काका के मामले में गाँव वालों की क्या राय थी और उसके क्या कारण थे? [CBSE 2015, NCERT]**

उत्तर : हरिहर की जमीन को लेकर जो विवाद चल रहा था, उसकी खबर पूरे गाँव को हो चुकी थी। गाँव के सभी लोग इस संबंध में अपनी अपनी राय देते रहते थे। कभी-कभी बहस इस कदर छिड़ जाती कि लोगों का आपस में झगड़ा ही हो जाता। पूरा गाँव इस विवाद को लेकर दो वर्गों में बँट गया था। एक वर्ग था धार्मिक प्रवृत्ति वाले लोगों का जिनके अनुसार जमीन ठाकुरबारी के नाम ही होनी चाहिए जबकि दूसरे वर्ग में प्रगतिशील विचारधारा वाले लोग थे। उनका कहना था कि जमीन पर हरिहर के भाइयों का अधिकार है, यह उन्हें ही मिलनी चाहिए। इस प्रकार बिना माँगे ही हर कोई अपनी-अपनी सलाह देने को आतुर रहता था।

जमीन के संबंध में हरिहर काका की सोच

हरिहर गाँव के अन्य लोगों के अनुभव से काफी कुछ सीख चुके थे। जिन लोगों ने जीते जी अपनी जमीन किसी के नाम कर दी थी, वे पशु जैसा जीवन व्यतीत करने के लिए मजबूर थे। हरिहर को ठाकुरबारी और महंत पर बहुत भरोसा था किंतु वह अपनी जमीन ठाकुरबारी के नाम करके भाइयों के साथ धोखा नहीं कर सकते थे। भाइयों के परिवार के लिए अभी उनके मन में प्रेम था किंतु उनके नाम जमीन करना भी उन्हें ठीक नहीं लग रहा था।

हरिहर काका का अपहरण

जब हरिहर को समझाने-बहलाने के बहुत से प्रयास विफल हो गए, तब महंत ने एक नया रूप धारण किया। उसने चुपचाप हरिहर काका का अपहरण करवा लिया और उन्हें ठाकुरबारी में बंदी बना लिया। उनके साथ खूब जोर-जबरदस्ती करके एक कोरे कागज पर उनके अँगूठे के निशान ले लिए। महंत का यह रूप देखकर हरिहर काका आसमान से मानो धरती पर आ गिरे। उन्होंने महंत के इस रूप की कभी कल्पना भी नहीं की थी। दूसरी ओर भाइयों ने किसी तरह पुलिस का सहारा लेकर हरिहर काका को वहां से छुड़ाया और घर ले गए। अब उन्हें भी डर था कि कहीं जमीन उनके हाथ से न निकल जाए। अत: उन्होंने भी हरिहर काका के साथ जोर-जबरदस्ती की और कागज पर उनके अँगूठे के निशान ले लिए। हरिहर काका को अब अपने भाई और महंत दोनों एक ही श्रेणी के नजर आ रहे थे।

उदाहरण 4. **हरिहर काका को जबरन उठा ले जाने वाले लोग कौन थे? उन्होंने उनके साथ कैसा व्यवहार किया?**

[CBSE 2011, NCERT]

उत्तर : हरिहर काका अपने भाइयों के परिवार के साथ रहते थे। जब महंत को पता चला कि उनके मन में भाइयों के प्रति प्रेम और विश्वास कम हो गया है, तब उन्होंने मौके का फायदा उठाते हुए हरिहर को अनेक धार्मिक प्रलोभन दिए और जमीन ठाकुरबारी के नाम करने के लिए समझाया। किंतु हरिहर काका कोई निर्णय कर पाने की स्थिति में नहीं थे। महंत ने विलंब करना ठीक नहीं समझा और जबरन हरिहर काका को उठवा लिया। हरिहर का अपहरण करने वाले और कोई नहीं महंत के ही आदमी थे। उन्होंने हरिहर काका को ठाकुरबारी के एक कमरे में बंद करके एक कोरे कागज पर अँगूठे के निशान लिए ताकि वह उनकी जमीन अपने नाम कर सकें। उनके मुँह में कपड़ा ठूँस दिया गया, हाथ-पैर बाँध दिए गए। महंत का यह रूप देखकर हरिहर काका आसमान से धरती पर आ गिरे थे। उन्होंने कभी सोचा भी नहीं था कि जिस महंत को वे श्रद्धेय समझते हैं, उसका इतना घिनौना रूप भी हो सकता है।

उदाहरण 5. **हरिहर काका को महंत और अपने भाई एक ही श्रेणी के क्यों लगने लगे? [CBSE 2012, 11, 10, NCERT]**

उत्तर : हरिहर की जमीन को हथियाने के लिए ठाकुरबारी के महंत ने उनका अपहरण करवा दिया था। उनके साथ इतना बुरा व्यवहार किया कि जिसकी हरिहर ने कभी कल्पना नहीं की

थी। जिस महंत को हरिहर पूजनीय और श्रद्धेय समझते थे, वही अत्याचारी, निर्दयी, दुराचारी के रूप में उनके सामने था। भाइयों ने किसी तरह पुलिस की मदद से हरिहर को वहाँ से छुड़ाया और घर ले गए। कुछ दिन तो उनका खूब सेवा-पानी किया गया किंतु फिर भाइयों ने भी अपना असली रंग दिखा दिया। हरिहर के हाथ-पैर बाँधकर जमीन अपने नाम करवाने के लिए जबरदस्ती की। अब हरिहर काका को अपने भाई और महंत एक ही श्रेणी के नजर आ रहे थे। दोनों को ही उनकी जमीन से मतलब था, हरिहर से न तो किसी को लगाव था और न ही उनके सुख-दुख की किसी को चिंता थी।

हरिहर की दयनीय दशा

हरिहर काका बहुत ही असमंजस की स्थिति में थे। उनका दिल टूट चुका था। उनकी स्थिति उस नाव में सवार यात्रियों की तरह थी जो बीच मझधार में फँस चुकी है और उस पर बैठे लोगों के चीखने-चिल्लाने का भी कोई लाभ नहीं है क्योंकि उनकी आवाज कोई नहीं सुन सकता। हरिहर ने मौन धारण कर लिया था। यह तो तय कर ही लिया था कि वह जीते जी अपनी जमीन किसी के भी नाम नहीं करेंगे। अब वह गूँगेपन का शिकार हो चुके थे। कोई नहीं था जिससे वह अपने मन की बात कहकर जी हल्का कर सकें। अज्ञान की स्थिति में ही मनुष्य मृत्यु से डरता है, ज्ञान होने के बाद

तो आवश्यकता पड़ने पर मृत्यु को वरण करने के लिए भी तैयार हो जाता है। यही स्थिति हरिहर काका की हो गई थी। अब वह भोले-भाले किसान से एक ज्ञानी व्यक्ति हो चुके थे। अकेले रहते थे, एक नौकर रख लिया था। पुलिस के जवान उनकी निगरानी के लिए थे जो उनके पैसे पर मौज कर रहे थे। जिसका धन वह करे उपाय खाने वाले करें विलास।

उदाहरण 6. अनपढ़ होते हुए भी हरिहर काका दुनिया की बेहतर समझ रखते थे। पाठ के आधार पर सिद्ध कीजिए।

[CBSE 2012, NCERT]

उत्तर : 'समझ किताबें पढ़ने से नहीं अनुभव से आती है'। यह बात हरिहर काका के उदाहरण से सही सिद्ध होती है। हरिहर काका भले ही अनपढ़ थे, भोले-भाले किसान थे। किंतु जीवन के अनुभवों ने उन्हें बहुत कुछ सिखा दिया था। जिन लोगों को वे बहुत अपना समझते थे, उन्हें केवल उनकी जमीन-जायदाद से ही लगाव है, यह समझ हरिहर काका को तब आई जब उनके साथ उनके भाइयों और महंत दोनों ने ही विश्वासघात किया। वह तो अपने भाइयों के परिवार को ही अपना समझते थे और ठाकुरबारी के महंत तो उनके लिए पूजनीय थे। दोनों से ही धोखा मिलने के बाद हरिहर की आँखें खुल गई थीं और उन्होंने अपनी जमीन किसी के भी नाम न करने का फैसला कर लिया था।

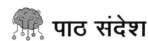 **पाठ संदेश**

(1) हम कितना भी विकास कर लें, कितने भी पढ़ लिख जाएँ, कितना भी धन कमा लें; किंतु रिश्तों का महत्व कभी कम नहीं होना चाहिए।

(2) यदि व्यक्ति खूब धनवान हो जाता है, सभी प्रकार के भौतिक सुख-साधनों को प्राप्त कर लेता है, किंतु रिश्ते मधुर नहीं है, तो जीवन में एक खालीपन रहता है।

(3) रिश्तों की कमी को कोई भी अन्य सुख-साधन पूरा नहीं कर सकते।

(4) स्वार्थी और संकुचित सोच के कारण संबंधों और कर्तव्यों का किसी को बोध नहीं रहता।

(5) आपसी फूट से सभी का नुकसान होता है और फायदा बाहर के अवसरवादी लोग उठा ले जाते हैं।

कठिन शब्द तथा उनके अर्थ

पृष्ठ संख्या	शब्द	अर्थ
1	यंत्रणा	यातना/कष्ट
	सयाना	समझदार
	आसक्ति	लगाव
	मँझधार	बीच में
	विलीन	गायब हो जाना
	विकल्प	उपाय
2	ठाकुरबारी	ठाकुरजी/ईश्वर के रहने का स्थान
	संचालन	व्यवस्था
	नियुक्ति	चुना गया
3	दवनी	धान काटने की प्रक्रिया

पृष्ठ संख्या	शब्द	अर्थ
3	अगम	अगला हिस्सा
	घनिष्ठ	गहरे संबंध
4	मशगूल	व्यस्त
	दालान	बैठक
	हुमाथ	हवन में प्रयोग की जाने वाली सामग्री
5	तत्क्षण	उसी समय
	अकारथ	बिना कारण के
6	हड़पना	छीनना
	चिंता मग्न	चिंता में मग्न/बहुत चिंतित

पृष्ठ संख्या	शब्द	अर्थ
7	*आवभगत*	आदर-सत्कार
	वाकिफ	जानने वाला
	मुस्तैद	तैयार
8	*टोह*	खोज
	विलंब	देरी
	वय	वसीयत
9	*अप्रत्याशित*	अचानक/आकस्मिक
	चंपत	गायब हो जाना
	हर्जाना	जुर्माना
10	*महरिया*	नजरअंदाज करना

पृष्ठ संख्या	शब्द	अर्थ
10	*कुंजी*	चाबी
11	*गिद्ध दृष्टि*	तीखी या बुरी नज़र
	सिहरना	काँपना
12	*प्रतिकार*	विरोध
	चेत	होश
	तत्परता	जल्दबाजी/तेजी
17	*नेपथ्य*	पर्दे के पीछे
18	*आच्छादित*	ढँका हुआ/छाया हुआ
19	*उपास*	उपवास
	विलास	मौज

वर्णनात्मक प्रश्न

[3 अंक]

(50-60 शब्द)

1. हरिहर काका अनपढ़ थे लेकिन अपने अनुभव और विवेक से दुनिया को बेहतर समझते थे। उदाहरण सहित स्पष्ट कीजिए। [CBSE 2020]

अथवा

अनपढ़ हरिहर काका अत्यधिक ज्ञानी थे। स्पष्ट कीजिए। [Diksha]

उत्तर : हरिहर काका एक अनपढ़ और भोले किसान थे। खेती-बाड़ी में व्यस्त रहते थे और जब कभी उससे समय मिलता तो गाँव की ठाकुरबारी में जाकर धार्मिक कार्यों में अपना समय व्यतीत करते थे। भाइयों के परिवार के साथ रहते हुए सीधा-सादा जीवन व्यतीत कर रहे थे। ठाकुरबारी और महंत के प्रति उनके मन में अपार श्रद्धा थी किंतु समय के साथ-साथ उन्हें ऐसे अनुभव प्राप्त हुए जिन्होंने हरिहर को यह समझ दी कि कोई भी अपना नहीं होता, सब स्वार्थ के कारण साथ निभाते हैं। तब विवश होकर उन्होंने मौन धारण कर लिया, सबसे अलग एकांत में जीवन व्यतीत करने लगे। अपनी जमीन के संबंध में निर्णय लिया कि जीते जी जमीन किसी के नाम नहीं करेंगे क्योंकि जिन लोगों ने ऐसा किया था उनका जीवन पशुओं से भी बदतर हो चुका था।

2. हरिहर काका एक सीधे-साधे और भोले किसान की अपेक्षा चतुर हो चले थे। कथन के संदर्भ में 60 से 70 शब्दों में विचार व्यक्त कीजिए। [CBSE Sample Paper 2020]

उत्तर : यह कहना अतिशयोक्ति नहीं है कि हरिहर काका एक सीधे-साधे और भोले किसान की अपेक्षा चतुर और सयाने हो गए थे। बहुत सी बातें समय और अनुभव ने उन्हें सिखा दी थीं। एक समय था जब उन्हें अपने भाइयों और उनके परिवारों से बहुत मोह था। गाँव की ठाकुरबारी और उसके महंत के प्रति भी उनके मन में अपार श्रद्धा थी। किंतु उनकी जमीन के लालच में जैसा व्यवहार महंत ने और उनके भाइयों ने उनके साथ किया, धार्मिक और पारिवारिक झंझावातों से गुजरने से, अपनों द्वारा दुख पहुँचाने से वे जान गए थे कि वास्तव में किसी को उनकी परवाह नहीं है। सबकी नजर उनकी जमीन पर है और जिस दिन उन्होंने वह जमीन किसी के नाम कर दी तो कोई उन्हें पूछेगा भी नहीं। सामाजिक उदाहरणों और अनुभव से सीख लेकर उन्होंने जीते जी किसी को भी जमीन न देने का फैसला कर लिया था और अपना आगे का समय एकांत में, शांतिपूर्वक बिताना चाहा।

3. हरिहर काका के साथ उनके भाइयों तथा ठाकुरबारी के महंत ने कैसा व्यवहार किया? क्या आप उसे उचित मानते हैं? कारण सहित स्पष्ट कीजिए। [CBSE 2019]

उत्तर : हरिहर काका का अपना कोई परिवार नहीं था। वह अपने भाइयों के परिवार के साथ खुशी-खुशी जीवन व्यतीत कर रहे थे। धीरे-धीरे उनके भाइयों के परिवार में उनका मान-सम्मान कम होता चला गया। इससे रुष्ट होकर जब उन्होंने घर से कदम निकाला तब महंत ने इस मौके का फायदा उठाते हुए उन्हें अनेक धार्मिक प्रलोभन दिए कि वे अपनी सारी जमीन ठाकुरबारी के नाम कर दें। बहलाने-फुसलाने से काम न चला तो महंत ने हरिहर का अपहरण करवा दिया और जोर-जबरदस्ती से जमीन के कागजों

पर अँगूठे के निशान ले लिए। महंत के चंगुल से छुड़ाकर उनके भाइयों ने भी उनके साथ वही बर्ताव किया।

स्वार्थ और लालच में अंधे होकर जैसा व्यवहार महंत और उनके भाइयों ने किया, उसे किसी भी दशा में सही नहीं कहा जा सकता। यह अमानवीयता और क्रूरता अपनों के साथ तो क्या किसी के भी साथ नहीं होनी चाहिए।

4. हरिहर काका कहानी के आधार पर लिखिए कि रिश्तों की नींव मजबूत बनाने के लिए किन गुणों की आवश्यकता है और स्पष्ट कीजिए कि ऐसा क्यों जरूरी है । [CBSE 2020]

उत्तर : मनुष्य के जीवन में आपसी संबंधों अथवा रिश्तों का अत्यंत महत्व होता है। कुछ रिश्ते मनुष्य को उसके जन्म के साथ उपहार स्वरूप मिलते हैं, जैसे माता-पिता, भाई-बहन आदि के रिश्ते, तो कुछ वह अपनी इच्छा से बनाता है, जैसे मित्रता का रिश्ता। चूँकि मनुष्य एक सामाजिक प्राणी है, इसलिए अन्य मनुष्यों के संपर्क में आने के कारण भी वह रिश्तों की डोर में स्वत: बंध जाता है, जैसे गुरु-शिष्य का रिश्ता। रिश्तों को सुदृढ़ता तभी मिल पाती है, जब उन्हें समय-समय पर स्नेह रूपी जल से सिक्त किया जाता है। विश्वास की जिस नींव पर रिश्तों का भवन खड़ा होता है, उस नींव को स्नेह रूपी जल से ही मजबूती मिल पाती है।

रिश्ते हमें जोड़कर रखते हैं। संवेदनशीलता और जिम्मेदारियों का एहसास कराते हैं। रिश्तों के बिना जीवन नीरस और अधूरा है। रिश्तों की नींव जितनी मजबूत होगी यह उतने ही मधुर और शीतल बने रहेंगे। इस नींव को मजबूत बनाने के लिए सहनशीलता, धैर्य, सद्भावना, प्रेम, सहयोग और परहित का भाव होना अत्यधिक आवश्यक है। यदि हमारे रिश्ते स्वार्थ पर टिके होंगे, यदि हम दूसरों से पहले अपने सुख और आराम के लिए सोचेंगे, तो धीरे-धीरे रिश्ते कमजोर करते जाएँगे। अपने तन, मन और धन से सदा समर्पण का भाव रखना चाहिए । तन से जितनी हो सके दूसरों की सहायता करें, मन से सबका हित सोचें और प्राप्त धन सर्वहित प्रयोग में लाएँ। यही भाव रिश्तों को निखारने में मदद करते हैं। 'बहुजन हिताय बहुजन सुखाय' की भावना ही रिश्तों को मज़बूत, मधुर और स्थायी बनाती है।

5. हरिहर काका कहानी के आधार पर बताइए कि एक महंत से समाज की क्या अपेक्षा होती है? कहानी में महंतों की भूमिका पर टिप्पणी कीजिए। उत्तर लगभग 150 शब्दों में दीजिए। [CBSE 2018]

उत्तर : भारत-भूमि को देवभूमि भी कहा जाता है। यहाँ अनगिनत ऐसे व्यक्ति पैदा हुए हैं जिन्हें ईश्वर तुल्य मानकर हम वर्षों से पूजते आए हैं। अनेक पौराणिक कहानियाँ भी भारतवर्ष में प्रसिद्ध हैं जिनके प्रति भारतवासियों की अपार श्रद्धा है। लगभग हर शहर, गाँव, कस्बे और इलाके में छोटे-बड़े पूजा-स्थल स्थापित हैं जहाँ जाकर लोग अपने आराध्य के प्रति समर्पण भाव को व्यक्त करते हैं। जब कभी जीवन में कोई दुख परेशानी हो तो वहाँ जाकर अपना मन हल्का करते हैं। खुशी के मौकों पर भी वहीं जाकर धन्यवाद देते हैं। इन पूजा-स्थलों की देख-रेख के लिए कुछ लोगों की नियुक्ति की जाती है। मंदिर की सारी व्यवस्था महंत के हाथ में होती है। वहाँ आने वाले लोगों को वह धार्मिक उपदेश देता है, लोगों के साथ धर्म-चर्चाओं में शामिल होता है और उससे यह अपेक्षा की जाती है कि वह आवश्यकतानुसार धर्म की दृष्टि से लोगों का उचित मार्गदर्शन करे।

पाठ 'हरिहर काका' में महंत का जो रूप दिखाया गया है वह दिल दहला देने वाला है। ऐसे किस्से सुनकर लोगों के मन में मंदिरों और महंतों के प्रति आस्था डगमगा जाती है। कहते हैं 'गेहूँ के साथ घुन भी पिसता है।' ऐसे महंतों की वजह से सभी के चरित्र पर दाग लग जाता है। सभी को संदेह की दृष्टि से देखा जाता है। अत: ऐसे पदों पर नियुक्त होने के बाद व्यक्ति को अधिक सचेत और सावधान होकर अपने कर्तव्यों का निर्वाह करना चाहिए ताकि समाज में धार्मिक स्थलों और वहाँ के लोगों के प्रति आस्था और विश्वास बना रहे और समाज में एक सुरक्षित वातावरण स्थापित हो।

⚠ एहतियात

➡ *यह बात केवल मंदिर के महंत पर नहीं सभी धार्मिक स्थलों की देखरेख करने वाले लोगों पर लागू होती है।*

6. हरिहर काका को किन यातनाओं का सामना करना पड़ रहा था और क्यों? [CBSE 2017]

7. ठाकुरबारी की स्थापना के बारे में गाँव में क्या कहानी चर्चित थी? [CBSE 2011]

उत्तर : हरिहर काका पाठ में जिस ठाकुरबारी की चर्चा की गई है, वह लेखक के एक छोटे से गाँव में थी। इसकी स्थापना कब और कैसे हुई, यह निश्चित तौर पर कोई नहीं जानता। गाँववालों का मानना है कि बहुत साल पहले एक संत गाँव में एक पेड़ के नीचे आकर रहने लगे थे। गाँव के लोगों ने चंदा इकट्ठा करके उनके लिए एक छोटा-सा मंदिर बनवा दिया। धीरे-धीरे मंदिर के प्रति लोगों की आस्था बढ़ने लगी। लोग वहाँ जाकर मन्नत माँगते, यदि उनकी इच्छा पूरी हो जाती तो वह धन्यवाद के रूप में धन-संपत्ति, जेवर, जमीन तक दान देकर आते। लोगों की बढ़ती हुई आस्था के साथ-साथ मंदिर का आकार भी बढ़ता गया और देखते ही देखते उसने एक विशाल ठाकुरबारी का रूप ले लिया।

स्व-अभ्यास प्रश्न। विस्तृत समाधान हेतु यह स्कैन करें।

8. हरिहर काका के ठाकुरबारी में चले जाने पर उनके भाइयों ने क्या किया? **[CBSE 2012]**

उत्तर : हरिहर काका अपने भाइयों के परिवार के साथ सुखपूर्वक जीवन व्यतीत कर रहे थे। समय के साथ साथ वहाँ उनका सम्मान घटता चला गया। न उन्हें खाने को पूछा जाता और न ही उनकी खैरियत पूछी जाती। हद तो तब हो गई जब घर में मेहमान के आने पर अनेक पकवान बने किंतु हरिहर काका को रुखा-सूखा भोजन दिया गया। उस दिन हरिहर काका गुस्से में घर से निकल गए और महंत मौके का फायदा उठाते हुए उन्हें ठाकुरबारी ले गया। जब यह खबर हरिहर के भाइयों को मिली तो वे अपनी पत्नियों पर खूब बरसे। उन्हें चिंता सताने लगी कि कहीं महंत की बातों में आकर हरिहर काका अपनी सारी जमीन ठाकुरबारी के नाम न कर दें। वे तुरंत ठाकुरबारी पहुँचे, हरिहर काका से माफी माँगी और उन्हें वापस घर ले जाने का प्रयास किया। किंतु यह स्पष्ट था कि उन्हें हरिहर काका की नहीं, उनकी जमीन हाथ से निकल जाने की चिंता सता रही थी।

9. ठाकुरबारी के प्रति लेखक के विचार अन्य गाँव वालों से किस प्रकार भिन्न थे?

उत्तर : लेखक के गाँव में ठाकुर जी का विशाल मंदिर ठाकुरबारी के नाम से बहुत प्रसिद्ध था। सभी गाँव वालों की उसके प्रति अपार श्रद्धा थी। हर त्योहार का प्रारंभ वहीं से होता था, सुख दुख में लोग सबसे पहले वही पहुँचते और मन्नत पूरी होने पर खूब चढ़ावा चढ़ाते। किंतु ठाकुरबारी के प्रति लेखक के विचार गाँववालों से काफी भिन्न थे। लेखक का मानना था कि जितने भी पेटू, चाटुकार और कामचोर लोग हैं वे सब ठाकुरबारी में पड़े रहते हैं। काम करना नहीं चाहते और वहाँ मुफ्त में बढ़िया-बढ़िया पकवान खाते रहते हैं। लेखक को वहाँ के पुजारी और महंत फूटी आँख नहीं भाते थे। उन्हें लगता था कि वह धर्म के नाम पर लोगों को मूर्ख बनाते हैं और अपने स्वार्थ सिद्ध करते हैं।

10. ठाकुरबारी में हरिहर काका की सेवा के लिए क्या-क्या व्यवस्था की गई? **[CBSE 2012]**

उत्तर : हरिहर काका जब अपने भाइयों की पत्नियों के रूखे व्यवहार से नाराज होकर घर से निकले तो महंत को इसकी खबर पहुँच गई। मौके का फायदा उठाते हुए महंत हरिहर को रास्ते में ही लेने पहुँच गए और सीधा ठाकुरबारी में ले जाकर उन्हें वहाँ ठहराने का विशेष इंतजाम किया। तुरंत सेवकों को बुलाकर एक सुंदर कमरे में उनके लिए सोने की बेहतरीन व्यवस्था करवाई। रात्रि के भोजन में जो जो पकवान और मिष्ठान बनाए गए, वह हरिहर काका ने कभी नहीं खाए थे। ऐसा सेवा-सत्कार तो उनका कभी अपने परिवार में भी नहीं हुआ था जैसा ठाकुरबारी में हो रहा था। एक ही रात में हरिहर ने ठाकुरबारी में जो सुख और संतोष पाया था वह अब तक के जीवन में उन्हें कभी नसीब नहीं हुआ था।

⚠ एहतियात

➥ *वास्तव में यह सेवा नहीं बल्कि उन्हें बहलाने-फुसलाने का तरीका था।*

11. महंत जी ने हरिहर काका को एकांत में बैठाकर क्या समझाया? **[CBSE 2011]**

उत्तर : हरिहर का ठाकुरबारी में काफी आना-जाना था। जब भी खेतीबाड़ी से वक्त मिलता वह ठाकुरबारी में जाकर महंत के साथ धार्मिक चर्चा किया करते थे। किंतु इस बार महंत द्वारा हरिहर को ठाकुरबारी में ले जाने का उद्देश्य अपना स्वार्थ सिद्ध करना था। महंत ने हरिहर के सुख और आराम की अच्छी व्यवस्था करवाई और उन्हें धार्मिक प्रलोभन देने लगा। महंत ने कहा संसार में कोई किसी का नहीं है। तुम्हारे भाई तभी तक तुमसे संबंध बनाए हैं जब तक तुमसे उनका स्वार्थ सिद्ध हो रहा है। एक बार कहकर देखो कि तुम अपनी जमीन किसी और को दे रहे हो, वे तुमसे सारे संबंध तोड़ देंगे। अपना ध्यान ईश्वर में लगाओ। यदि तुम अपनी जमीन ठाकुरबारी के नाम कर दोगे तो ठाकुर जी के साथ-साथ तुम्हारी भी आरती गाई जाएगी, तुम बैकुंठ को प्राप्त करोगे। पूरे गाँव में तुम्हारी कीर्ति जगमगाएगी। तुम्हारे दोनों लोक सुधर जाएँगे। इस प्रकार महंत ने हरिहर को धर्म के नाम पर बहलाने-फुसलाने में कोई कसर नहीं छोड़ी।

12. महंत ने हरिहर काका के साथ अलग-अलग प्रकार का व्यवहार किस प्रकार और क्यों किया? **[CBSE 2013]**

उत्तर : हरिहर काका एक मेहनती किसान और धार्मिक प्रवृत्ति के व्यक्ति थे। ठाकुरबारी और महंत के प्रति उनके मन में असीम श्रद्धा और आस्था थी। जब अपने परिवार के प्रति हरिहर का मोहभंग हुआ तब महंत ने उन्हें सहारा दिया। वह उन्हें ठाकुरबारी में ले गया, उनके रहने की अच्छी व्यवस्था की। किंतु साथ ही धार्मिक प्रलोभन देने शुरू किए कि वह अपनी जमीन ठाकुरबारी के नाम कर दें क्योंकि इसी से उनका जीवन सुधरेगा। उनकी बातें हरिहर के दिल में उतर रही थीं किंतु अपनी जमीन के संबंध में वह कोई निर्णय लेना नहीं चाहते थे। काफी समय तक तो महंत हरिहर के साथ आत्मीय व्यवहार करते रहे किंतु जब दाल नहीं गली तो उनका एक नया ही रूप सामने आया। उन्होंने हरिहर का अपहरण करवा लिया और जोर-जबरदस्ती से उनकी जमीन अपने नाम करवाने की कोशिश की। हरिहर कभी सोच भी नहीं सकते थे कि वह महंत जिसे वह पूजनीय समझते थे वह इंसान इतना स्वार्थी और खतरनाक भी हो सकता है।

13. हरिहर काका के प्रति उनके भाइयों के व्यवहार में समय-समय पर क्या परिवर्तन आए और क्यों? [CBSE 2014]

उत्तर : हरिहर काका के भाइयों का परिवार ही उनका अपना परिवार था। वे खुशी-खुशी उनके साथ रहते थे किंतु धीरे-धीरे वहाँ उनका मान घटने लगा। एक दिन जब घर में मेहमानों के आने पर बढ़िया पकवान बने और हरिहर काका को रुखा-सूखा दिया गया, तब तो उनका दिल ही टूट गया और वह गुस्से से घर से बाहर चले गए। इसकी खबर मिलते ही भाई उनके हाथ-पैर जोड़कर, पत्नियों की गलती के लिए माफी माँगकर, किसी तरह मनाकर घर वापस ले आए। अब वहाँ उनकी खूब खातिरदारी होने लगी। उनके पसंद का भोजन बनता, सब उनकी सेवा में उनके आगे-पीछे घूमते रहते। इसी बीच महंत ने जाल में फँसी हुई मछली को छूटता देखकर शर्मनाक कदम उठाया। उसने हरिहर काका का अपहरण करवा लिया। अब तो भाई चिंता में पड़ गए कि कहीं हरिहर की जमीन उनके हाथ से न निकल जाए। पुलिस का सहारा लेकर उन्होंने किसी तरह हरिहर को महंत के चंगुल से छुड़वाया। कुछ दिन जमीन अपने नाम करवाने के लिए राजी करने की कोशिश करते रहे किंतु हरिहर काका के न मानने पर उन्होंने भी महंत की ही तरह उनके साथ क्रूरतापूर्ण व्यवहार किया। इस प्रकार हरिहर काका के प्रति उनके भाइयों का व्यवहार पूरी तरह स्वार्थ से प्रेरित था।

14. ✍समाज में रिश्तों का क्या महत्व है? इस विषय में आपके क्या विचार हैं? [CBSE 2012, 11]

15. कहानी के आधार पर स्पष्ट कीजिए कि लेखक ने यह क्यों कहा—'अज्ञान की स्थिति में ही मनुष्य मृत्यु से डरता है। ज्ञान होने के बाद तो आदमी आवश्यकता पड़ने पर मृत्यु को वरण करने के लिए तैयार हो जाता है'?

उत्तर : एक समय था जब हरिहर काका एक सीधे-साधे भोले किसान थे। किंतु समय ने उन्हें ऐसे ऐसे अनुभव दिए कि वह चतुर और ज्ञानी हो चले। जब तक उनके मन में अपने भाइयों और उनके परिवार के प्रति मोह था और ठाकुरबारी और महंत के लिए असीम श्रद्धा और विश्वास, तब तक उन्हें अपने जीवन से भी लगाव था। ऐसे में व्यक्ति मृत्यु से डरता है। किंतु जब यह सच्चाई उनके सामने आ गई कि न तो भाई और उनका परिवार उनका अपना है और न ही महंत, सब स्वार्थ के ही साथी हैं, तब उनका खुद के जीवन से भी मोह समाप्त हो गया। अब वह बिलकुल बेफिक्र होकर एकांत में जीवन व्यतीत करने लगे क्योंकि मृत्यु का भय तभी तक था जब तक अज्ञान का पर्दा था, वह उठ जाने पर और ज्ञान हो जाने पर उनके दिल से मृत्यु का भय भी पूरी तरह दूर हो चुका था।

✍ स्व-अभ्यास प्रश्न। विस्तृत समाधान हेतु यह स्कैन करें।

16. "भाई का परिवार तो अपना ही होता है, उनको न देकर ठाकुरबारी को अपनी जायदाद देना उनके साथ धोखा और विश्वासघात होगा।" कथन में निहित हरिहर काका के चरित्र की विशेषता से आप क्या शिक्षा ग्रहण करते हैं? लिखिए। [CBSE 2015]

उत्तर : हरिहर के शांतिपूर्ण जीवन में खलल पैदा हो गया जब उनकी जमीन को देखकर सभी की नीयत खराब हो गई। एक ओर ठाकुरबारी के महंत उसे हथियाना चाहते थे तो दूसरी ओर हरिहर के अपने भाई उस जमीन को अपने नाम करवाना चाहते थे। महंत ने हरिहर को धर्म के नाम पर बहलाने-फुसलाने के अनेक प्रयास किए। महंत की बातें हरिहर के दिल में उतर रही थीं लेकिन वह अपनी जमीन ठाकुरबारी के नाम करने को बिलकुल तैयार नहीं थे। उनका मानना था कि भाई का परिवार ही अपना परिवार होता है। जमीन ठाकुरबारी को देना भाइयों के साथ धोखा और विश्वासघात होगा। हरिहर की ऐसी सोच पारिवारिक रिश्तों के प्रति उनकी निष्ठा और सच्चाई दर्शाती है। यह हम सब के लिए एक सीख है कि हमें अपने रिश्तों को निभाना आना चाहिए। यह ठीक है कि रिश्ते धन-दौलत पर निर्भर नहीं होने चाहिए किंतु रिश्तों के प्रति अपने कर्तव्य निभाने से हमें कभी पीछे नहीं हटना चाहिए।

17. परिवार की स्वार्थपरता तथा हरिहर काका की उपेक्षा एवं उचित देखरेख न किए जाने के वर्णन को पढ़कर आपके मन पर क्या और कैसा प्रभाव पड़ता है? अपने घर में आप ऐसी स्थिति को कैसे संभालते? [CBSE 2016]

उत्तर : परिवार मधुर संबंधों और भावनाओं का दूसरा नाम है। जब स्वार्थप्रियता परिवार के सदस्यों पर हावी होने लगे, तब परिवार बिखरने लगता है। हरिहर काका अपने भाइयों के परिवार को ही अपना परिवार समझते थे और खुशी-खुशी वहाँ रहते थे। किंतु जब उनकी उपेक्षा होने लगी, मान कम होने लगा, देखभाल तो दूर दो वक्त के भोजन के लिए भी वह तरसने लगे, तब उनका मन टूट गया। यह पढ़कर बहुत दुख होता है कि एक ही छत के नीचे रहने वाले लोग एक दूसरे के प्रति ऐसा रुखा व्यवहार कैसे कर सकते हैं।

यदि हमारे परिवार में कभी ऐसा होने लगे तो हम सभी को समझाने का प्रयास करेंगे। हर व्यक्ति को एक न एक दिन वृद्ध होना है। जब शरीर कमजोर होने लगता है, तब सहारे की जरूरत और अधिक हो जाती है। ऐसे में यदि घर के लोग उपेक्षापूर्ण व्यवहार करने लगें तो अधिक दुख होता है। हमें हमेशा याद रखना चाहिए कि हम किसी के साथ वह व्यवहार न करें जो हम अपने साथ होते हुए नहीं देख सकते।

18. अकेले होने के कारण हरिहर काका को किन-किन कठिनाइयों से गुजरना पड़ा? इन कठिनाइयों के सामने समर्पण करने की बजाय हरिहर काका को साहस से किस प्रकार इसका सामना करना चाहिए था? [CBSE 2016]

उत्तर : 'हरिहर काका' नामक कहानी एक ऐसे वृद्ध व निस्संतान व्यक्ति की कहानी है, जो दोहरे शोषण का शिकार बनता है। वह परायों के साथ-साथ अपनों द्वारा भी शोषित व प्रताड़ित किया जाता है। जब उसके समक्ष अपने सगे भाइयों का स्वार्थपूर्ण चेहरा उजागर होता है, तो उसका मन कड़वाहट से भर जाता है। वह निर्णय लेता है कि अपने जीते-जी वह अपनी संपत्ति किसी के नाम नहीं लिखेगा किंतु अपने इस निर्णय की उसे बहुत बड़ी कीमत चुकानी पड़ती है। जीवन के अंतिम क्षणों में एकांतवास करना पड़ता है। अपनों के स्नेह व आदर की छाँव में रहने के स्थान पर उनके आतंक व भय से स्वयं को सुरक्षित रखने का प्रयास करना पड़ता है और पुलिस द्वारा तैनात चार जवानों की निगरानी में रहना पड़ता है। यदि हरिहर काका साहस से काम लेते तो बहुत अच्छा सामाजिक जीवन व्यतीत कर सकते थे। वे अपनी वसीयत बनवाते। जिसमें सेवा करने वाले के नाम ज़मीन लिखने का नियम दर्ज करवाते। या शेष जीवनयापन हेतु ज़मीन का कुछ हिस्सा अपने पास रखते और बाकी का उचित विभाजन कर देते ताकि परिवार भी खुश होता और वह जमीन समाज के काम भी आ पाती।

19. हरिहर काका कहानी के मुख्य पात्र हरिहर सब कुछ होते हुए भी एक यंत्रणा पूर्ण जीवन जी रहे थे। मान लीजिए आप भी उसी गाँव के निवासी होते तो उनको न्याय दिलाने के लिए आप क्या उपाय करते? [CBSE 2017]

उत्तर : हरिहर काका के पास किसी चीज की कोई कमी नहीं थी। उनके परिवार के पास 60 बीघा जमीन थी। यदि चारों भाइयों में बँटवारा होता तो 15 - 15 बीघा जमीन सबको मिल जाती। उस पर खेती करके वह अपना जीवन बड़े सुखपूर्वक व्यतीत कर सकते थे। किंतु जमीन के लालच ने सारे संबंध बिगाड़ दिए और सुख-चैन छीन लिया। महंत और हरिहर के भाइयों के मन में तो लालच था ही किंतु हरिहर को भी शायद अपनी जमीन से बेहद मोह था। वे जीते जी उसे किसी के नाम नहीं करना चाहते थे। वे डरते थे कि अन्य गाँव वालों की तरह उनकी भी दुर्गति न हो।

यदि मैं उस गाँव का निवासी होता तो मैं हरिहर काका को अवश्य समझाने की कोशिश करता /करती कि इन भौतिक वस्तुओं से बँधे रहने से कभी किसी को लाभ नहीं हुआ है। बेहतर है कि शेष जीवनयापन हेतु वे ज़मीन का कुछ हिस्सा अपने पास रख लें और बाकी जमीन का उचित बँटवारा कर दें ताकि वह ज्यादा से ज्यादा लोगों के काम आ सके। उनके परिवारवालों को भी समझाने का, हरिहर काका के प्रति अपना कर्तव्य याद दिलाने का प्रयास करता/करती। आवश्यकता होने पर प्रशासन की मदद भी लेता/लेती। कानूनी तौर पर उन्हें सहायता प्रदान करता/करती।

20. हरिहर काका की प्रति लेखक की चिंता के क्या कारण थे? एक शिक्षित व जागरूक नागरिक के रूप में उसे हरिहर काका की सहायता किस प्रकार करनी चाहिए थी? [CBSE 2016]

स्व-अभ्यास प्रश्न। विस्तृत समाधान हेतु यह स्कैन करें।

2 सपनों के-से दिन

–गुरदयाल सिंह

गद्यांश

लेखक 'गुरदयाल सिंह' ने कहानी 'सपनों के–से दिन' में अपने बचपन की खट्टी–मीठी यादों को बड़े ही रोचक ढंग में प्रस्तुत किया है। लेखक ने बताया है कि किस तरह देश, प्रदेश, जाति, वेशभूषा, भाषा आदि सभी प्रकार के भेदों को भुलाकर बच्चों में दोस्ती हो जाया करती थी। अपने विद्यालय के दो अध्यापकों का लेखक ने विशेष ज़िक्र किया है। उन दोनों से ही जुड़ी बहुत–सी यादों को लेखक ने प्रस्तुत पाठ के माध्यम से हमारे समक्ष प्रस्तुत किया है।

Topic Notes

- पाठ का सारांश
- पाठ संदेश
- कठिन शब्द तथा उनके अर्थ

पाठ का सारांश

लेखक और उनके मित्र

लेखक धूल-मिट्टी में चोटें खाकर भी घंटों खेलते रहते थे। जिन लड़कों के साथ वे खेलते थे, उनमें से कोई हरियाणा तो कोई राजस्थान का होता था। पूरी तरह एक दूसरे की भाषा समझ में न आना भी खेल में रुकावट नहीं बनता था। जब चोटें खाकर घर पहुँचते थे, तो प्यार-दुलार के बजाय मार ही खाने को मिलती थी। अधिकतर बच्चों के पिता इतने गुस्से वाले होते थे कि मारते वक्त यह भी न देखते कि कहाँ लग रही है और खून निकल रहा है। उस समय लेखक इस बात को समझ नहीं पाते थे कि इतनी पिटाई होने पर भी खेलने-कूदने का आकर्षण कम क्यों नहीं हो पाता था ।

उदाहरण 1. **कोई भी भाषा आपसी व्यवहार में बाधा नहीं बनती। पाठ के किस अंश से यह सिद्ध होता है? [NCERT]**

उत्तर : लेखक ने अपने बचपन की यादों को उकेरते हुए यह बताया है कि जिन साथियों के साथ वह खेला करते थे उनमें से अधिकतर हरियाणा और राजस्थान से संबंधित परिवारों के हुआ करते थे। वे एक-दूसरे की भाषा को पूरी तरह समझ नहीं पाते थे किंतु फिर भी परस्पर विद्यमान भाषा का यह अंतर कभी भी उनके खेलने-कूदने में, मित्रता में बाधा नहीं बना। भाषा को बिना समझे ही वह बड़ी कुशलता, उत्साह और उमंग के साथ घंटों मिलजुल कर खेला करते थे। इससे स्पष्ट है कि कोई भी भाषा आपसी व्यवहार में बाधा नहीं बन सकती। यदि हमारे दिल मिले हों, तो हम बिना भाषा समझे भी एक-दूसरे के मन की बात समझ सकते हैं और बेहतरीन संबंध स्थापित कर सकते हैं।

शिक्षा के प्रति अरुचि

अधिकांश बच्चों की विद्यालय जाने में बिलकुल रुचि नहीं थी और न ही घर के लोग शिक्षा का महत्व समझते थे। अधिकांश बच्चों के पिता व्यापारी थे जिन्हें लगता था कि थोड़ा बहुत पढ़कर, हिसाब-किताब करना सीखना ही व्यापार संभालने के लिए काफी है। अधिक पढ़ने-लिखने की आवश्यकता नहीं है। इस कारण अधिकतर बच्चे विद्यालय जाते ही नहीं थे और जो जाते भी थे, बड़े बेमन से ही स्कूल पहुँचते थे। कक्षा में बैठना चारदीवारी में कैद हो जाने के बराबर समझते थे।

ग्रीष्मावकाश और गृह कार्य

जब दो महीने के लिए ग्रीष्म अवकाश होता, तब खेलकूद में वक्त कैसे निकल जाता पता भी नहीं चलता। लेखक उन दिनों ननिहाल जाया करते थे। वहाँ दूध-मलाई के साथ-साथ ढेर सारा प्यार भी मिलता था। वहाँ जाकर तालाब में डुबकियाँ लगाना, खुद हाथ-पैर मारकर कुशल तैराक बन जाना, रेत के टीले पर चढ़कर नीचे फिसलना और न जाने कितनी शरारतें किया करते थे। ग्रीष्मावकाश कार्य भी मिला करता जिसे पहले तो टालते रहते थे। जब अवकाश समाप्त होने को आता तब हिसाब लगाने लगते कि रोज कितने सवाल करेंगे तो कार्य समाप्त हो जाएगा। करते-करते दिन बीतते जाते किंतु अध्यापकों द्वारा किया गया कार्य समाप्त न हो पाता।

उदाहरण 2. **लेखक अपने छात्र जीवन में छुट्टियों में मिले काम को पूरा करने के लिए क्या योजनाएँ बनाया करते थे और उस के पूरा न हो पाने की स्थिति में किसकी भाँति बहादुर बनने की कल्पना किया करते थे? [NCERT]**

उत्तर : लेखक ने अपने छात्र जीवन का परिचय देते हुए बताया है कि जब वे नई कक्षा में जाते थे तब डेढ़-दो महीने पढ़ाई के बाद ग्रीष्मावकाश शुरू हो जाता था। वह उनके लिए सबसे सुनहरा समय होता था। बिना किसी फिक्र के छुट्टियों के अधिकांश दिन तो खेलने-कूदने में बिता दिया करते थे। यह भूल ही जाते थे कि उस अवकाश के लिए गृह कार्य भी मिला है। जब छुट्टियाँ समाप्त होने को आतीं तब उन्हें गृह कार्य करने की चिंता सताने लगती। योजना बनाते कि कितना काम रोज करेंगे तो बची हुई छुट्टियों में पूरा हो जाएगा। सोचते-सोचते दस दिन और निकल जाते और फिर तो ऐसा लगता है मानो दिन तेजी से भाग रहे हैं। फिर उन्हें अध्यापकों की मार का डर सताने लगता। ऐसे में वे छात्रों के नेता ओमा को याद करते थे और उससे प्रेरित होकर काम करने की अपेक्षा अध्यापकों की मार खाना सस्ता सौदा समझकर बिना काम किए ही रह जाते थे।

ओमा का परिचय

उनके छात्रों का नेता ओमा हुआ करता था, जिसका शारीरिक गठन और व्यक्तित्व अपने आप में निराला था। उसकी बातें, मार पिटाई का ढंग सभी कुछ अलग था। उसके जैसा कोई अन्य छात्र नहीं था। उसका कद ठिगना था और सिर बहुत बड़ा था। ऐसा लगता था मानो बिल्ली के बच्चे के माथे पर बड़ा-सा तरबूज रख दिया हो। जब वह अपने बड़े सिर से किसी को मारता था तो ऐसा लगता था मानो पसलियाँ टूट जाएँगी। ओमा से ही प्रेरित होकर लेखक और उनके मित्र काम करने की अपेक्षा अध्यापकों की मार खाना सच्चा सौदा समझते थे।

मास्टर प्रीतम चंद का परिचय

लेखक के विद्यालय में प्रीतम चंद नाम के एक पीटी मास्टर थे जो बहुत ही अनुशासन प्रिय थे। छात्रों को अनुशासन में बनाए रखने के लिए वह किसी भी हद तक जा सकते थे। प्रार्थना सभा में जब छात्र सीधी पंक्ति में खड़े होते, तो ज़रा सा भी हिलने पर वे लपककर आते और वार करते। उनके जैसा सख्त अध्यापक कभी किसी ने नहीं देखा था। सभी छात्र उनके नाम से थर-थर काँपते थे। यदि कोई छात्र गलती से भी अनुशासन भंग करता तो वह खाल खींच देने के मुहावरे को प्रत्यक्ष करके दिखा देते थे।

उदाहरण 3. **पाठ में वर्णित घटनाओं के आधार पर पीटी मास्टर की चारित्रिक विशेषताओं पर प्रकाश डालिए। [NCERT]**

उत्तर : लेखक गुरदयाल सिंह ने अपने विद्यालय के पीटी मास्टर के विषय में जो कुछ बताया है, उससे यही सिद्ध हुआ है कि वह एक बहुत ही सख्त और कठोर स्वभाव के शिक्षक थे। उन्हें छात्रों को अनुशासन में देखना ही पसंद था और उस अनुशासन की खातिर चाहे छात्रों को कठोर दंड देना पड़े या उन्हें मारना-पीटना पड़े या फिर उनकी खाल खींचनी पड़े, वे उसके लिए भी तत्पर रहते थे। उनकी छोटी-सी भी भूल को माफ कर देना या उन्हें प्यार से समझाना वे नहीं जानते थे। जैसे ही मौका मिलता छात्रों पर बरस पड़ते। उनके क्रूरतापूर्ण व्यवहार का ही परिणाम था कि छात्र उनकी अनुपस्थिति में भी उनके भय से काँप जाते थे।

पीटी सर की शाबाशी

पीटी मास्टर का स्वभाव बहुत ही सख्त था। उनका कड़ा स्वभाव भी बच्चों का विद्यालय के प्रति अरुचि का एक कारण था। किंतु कभी-कभी स्काउट की परेड के दौरान जब बच्चे हाथों में दोरंगे रुमाल लेकर, खाकी वर्दी और पॉलिश किए हुए जूते पहनकर कदम से कदम मिलाकर चलते और कोई गलती न होने पर पीटी मास्टर उन्हें शाबाश कहते तब उनकी एक शाबाशी बच्चों के लिए अन्य सभी अध्यापकों से मिली सालभर की शाबाशी से कई गुना अधिक महत्वपूर्ण होती थी। उनके चेहरे पर मुसकान देखना और उनके मुँह से शाबाश सुनना चमत्कार-सा लगता था। पीटी मास्टर के इशारे पर जब चलते थे तो ऐसा लगता था मानो सचमुच फौजी जवान हो गए हैं। यही वह समय था जब उन्हें विद्यालय जाना अच्छा लगता था।

उदाहरण 4. **पीटी साहब की शाबाश फौज के तमगों-सी क्यों लगती थी? स्पष्ट कीजिए। [NCERT]**

अथवा

स्काउट परेड करते समय लेखक अपने आप को महत्वपूर्ण आदमी फौजी जवान क्यों समझने लगता था? [NCERT]

उत्तर : लेखक ने बड़ी ईमानदारी से यह स्वीकार किया है कि उन्हें विद्यालय जाना बिलकुल पसंद नहीं था। बड़े उदास मन से स्कूल जाया करते थे। किंतु जब स्काउट का पीरियड होता था और दोरंगे रुमाल हाथ में लेकर, पॉलिश किए हुए जूते और धुली खाकी वर्दी पहनकर कदम से कदम मिलाकर चलने का दिन आता था, तो वे खुशी-खुशी विद्यालय जाते थे। पीटी मास्टर की सीटी बजते ही ठक-ठक करके चलना और दाएँ-बाएँ बोलने पर मुड़ना, उनके अंदर आत्मविश्वास और जोश भर देता था। वह महसूस करने लगते मानो वे सचमुच फौजी जवान बन गए हैं और ऐसा करते हुए यदि कोई गलती न होती तो पीटी मास्टर के मुँह से शाबाश निकलता जो अन्य अध्यापकों की सालभर की शाबाशी से भी कहीं ज्यादा मूल्यवान होता था।

उदाहरण 5. **लेखक के अनुसार उन्हें स्कूल खुशी से भागे जाने जैसी जगह न लगने पर भी कब और क्यों स्कूल जाना अच्छा लगने लगा? [CBSE 2014, NCERT]**

उत्तर : पाठ 'सपनों के-से दिन' में लेखक ने बताया है कि उनके और उनके साथियों के लिए स्कूल ऐसी जगह नहीं थी जहाँ वे खुशी-खुशी जाते हों। स्कूल जाने का कोई उत्साह किसी के मन में नहीं होता था। इसका मुख्य कारण था मास्टर प्रीतम चंद जैसे अध्यापकों का सख्त स्वभाव। स्कूल में न जाने कब क्या गलती हो जाए, जिसके लिए अपमानित किया जाए, सख्त सजा दी जाए, यह सोचकर ही वे घबरा जाते थे। इसके अतिरिक्त उन्हें और उनके परिवार को लगता था कि व्यापार चलाने या दुकान संभालने के लिए कुछ पहाड़े याद कर लेना ही काफी है। स्कूल जाकर औपचारिक शिक्षा ग्रहण करने का कोई लाभ नहीं है। इसलिए घर की ओर से भी उन्हें स्कूल जाने के लिए कोई प्रोत्साहन नहीं मिलता था। स्कूल जाना केवल तब अच्छा लगता था जब वहाँ स्काउट की परेड होती और सभी छात्र कदम से कदम मिलाकर एक साथ चलते।

हेडमास्टर शर्मा जी का परिचय

हेडमास्टर शर्मा जी मास्टर प्रीतम चंद से बिलकुल विपरीत स्वभाव के थे। मारना तो दूर, वे कभी छात्रों को ऊँची आवाज में भी नहीं बोलते थे। कभी किसी बात पर गुस्सा आता तो हलकी-सी मीठी चपत लगा देते या अपनी पलकें जल्दी-जल्दी झपकाकर देखते थे। गुस्सा दिखाने का उनका यही तरीका था जो छात्रों को बहुत अच्छा लगता था। यदि कोई अन्य अध्यापक छात्रों के साथ बर्बरता पूर्ण व्यवहार करता था तो हेडमास्टर शर्मा जी उसे बर्दाश्त नहीं कर पाते थे।

नई कक्षा में जाने का एहसास

नई कक्षा में जाने पर लेखक को एक साल पुरानी किताबें उनके हेडमास्टर जी दिला दिया करते थे। लेखक के घर वालों को उन्हें पढ़ाने में कोई दिलचस्पी नहीं थी। यदि नई किताबें लेनी पड़ती तो शायद पढ़ाई कब की बंद हो गई होती। लेखक को उन पुरानी किताबों और नई कॉपियों से एक अजीब-सी गंध आती थी जो उनका बाल-मन उदास कर देती थी। उन्हें कभी भी नई कक्षा में जाने का उत्साह महसूस नहीं हुआ, बल्कि मन भयभीत होने लगता था कि जो अध्यापक पहले भी पढ़ाते थे, उनकी अपेक्षाएँ बढ़ जाएँगी और जो नए अध्यापक आएँगे उनका स्वभाव न जाने कैसा होगा। यह सब सोचकर स्कूल से बहुत दूर लगे पेड़-पौधों की समीप आती गंध से ही उनका मन घबराने लगता था कि अब स्कूल नजदीक आ रहा है।

उदाहरण 6. **नई श्रेणी में जाने और नई किताबों और पुरानी कॉपियों से आती विशेष गंध से लेखक का बाल मन क्यों उदास हो उठता था? [NCERT]**

उत्तर : एक कक्षा की पढ़ाई पूरी होने पर वार्षिक इम्तिहान होते हैं, परीक्षा परिणाम आता है और छात्र नई कक्षा में जाते हैं। यह

अवसर सभी बच्चों को उत्साह और रोमांच से भर देता है। किंतु लेखक को नई कक्षा में जाने की खुशी कभी महसूस नहीं हुई। इसके मुख्य रूप से दो कारण थे- एक यह था कि वह पुरानी किताबों से पढ़ते थे जो हेडमास्टर शर्मा जी उन्हें दिला दिया करते थे। यदि नई किताबें खरीदनी पड़ती तो उनकी पढ़ाई पहले छूट गई होती। पुरानी किताबों और नई कॉपियों से उन्हें अजीब-सी गंध आती थी। दूसरा उन्हें लगता कि अब वे बड़ी कक्षा में आ गए हैं। जो अध्यापक पहले से पढ़ाते हैं उनकी अपेक्षाएँ उनसे बढ़ जाएँगी और जो नए अध्यापक पढ़ाएँगे, उनका व्यवहार न जाने क्या होगा। यही सोचकर नई कक्षा में जाने का उत्साह समाप्त हो जाता और उसकी जगह घबराहट व तनाव पैदा होने लगता था।

दूसरे विश्व युद्ध का समय

दूसरे विश्व युद्ध के समय अंग्रेजी अफसर नौजवानों को फौज में भर्ती होने के लिए आकर्षित किया करते थे। वह नौटंकी वालों को अपने साथ रखते थे, जो अपने गीतों के माध्यम से फौजी जीवन की शान-शौकत, सुख-सुविधाओं का वर्णन करते थे। कुछ नौजवान इन बातों से खुश होकर फौज में भर्ती होने के लिए तैयार हो जाते थे। लेखक और उनके साथियों को तो स्कूल में धुली खाकी वर्दी या पॉलिश किए हुए जूते पहनकर ही फौजी जवान होने का एहसास हो जाता था।

मास्टर प्रीतम चंद की कठोरता

लगभग सभी छात्र पीटी मास्टर प्रीतम चंद से उनके सख्त स्वभाव के कारण डरते तो थे ही, उनसे नफरत भी करने लगे थे। दागों से भरा उनका चेहरा, दुबला-पतला, गठीला शरीर। उनके जूतों में खुर्रियाँ लगी रहती। जहाँ वह जाते, वहाँ उनके निशान पड़ जाते थे। जब लेखक चौथी कक्षा में थे तब मास्टर प्रीतम चंद ने उन्हें फारसी पढ़ाना शुरू किया। अभी एक हफ्ता भी नहीं हुआ था, उन्होंने कुछ शब्द रूप याद करने को दिए। जब याद किए शब्द सुनाने का वक्त आया तो कोई भी बच्चा सुना न सका। वे गुर्राए और सबको मुर्गा बनकर, पीठ ऊँची करके खड़ा होने को कहा। यह बर्बरता हेडमास्टर शर्मा जी ने देख ली और वे इसे सह नहीं सके। उन्होंने पीटी मास्टर को मुअत्तल कर दिया।

उदाहरण 7. **हेडमास्टर शर्मा जी ने पीटी मास्टर को क्यों मुअत्तल कर दिया? [NCERT]**

उत्तर : हेडमास्टर शर्मा जी का स्वभाव पीटी मास्टर से बिलकुल भिन्न था। पीटी मास्टर बच्चों को मारने, डाँटने, धमकाने में जरा-भी संकोच नहीं करते थे। जबकि हेडमास्टर शर्मा जी ऐसे व्यवहार को बिलकुल गलत समझते थे। एक दिन जब उन्होंने देखा कि पीटी मास्टर चौथी कक्षा के बच्चों को मुर्गा बनाकर, पीठ ऊँची करने जैसी कठोर सजा दे रहे हैं, जिससे कमजोर बच्चे वहीं गिर रहे हैं, तो उनसे रहा नहीं गया। वह तुरंत वहाँ पहुँचे, पीटी मास्टर को फटकार लगाई और उन्हें मुअत्तल कर दिया।

पीटी मास्टर का नया रूप

मुअत्तल होने के बाद पीटी मास्टर अपने छोटे से किराए के कमरे में आराम-से रहते थे। उन्होंने एक पिंजरा रखा हुआ था और उसमें बंद तोतों को वे बड़े प्यार से छील-छीलकर बादाम खिलाया करते थे। उनका यह रूप देखकर बच्चों को बहुत आश्चर्य हुआ। उन्हें लगा कि क्या इन तोतों को उनकी भूरी आँखों से डर नहीं लगता होगा। उस समय लेखक और उनके मित्रों को यह बातें समझ नहीं आती थीं। उन्हें तो यह चमत्कार लगता था कि एक व्यक्ति जो बच्चों के साथ इतना सख्त हो सकता है, वह अपने तोतों के साथ इतना नरम कैसे हो सकता है। यह सब उन्हें अलौकिक प्रतीत होता था।

पाठ संदेश

(1) हमारी भाषा, बोली, जाति भले भिन्न हो पर दोस्ती और रिश्तों में कभी बाधा नहीं बन सकती।
(2) छात्रों को खेल-कूद और पढ़ाई में संतुलन बनाकर चलना चाहिए ताकि शिक्षा के प्रति अरुचि पैदा न हो।
(3) अध्यापकों के स्वभाव में डाँट और प्यार का संतुलन होना चाहिए ताकि बच्चे उनका सम्मान करें, न की उनसे नफरत ।
(4) बच्चों की गलती पर उन्हें उसे सुधारने का अवसर देना चाहिए ताकि वह दुबारा उस गलती को न दोहराएँ।
(5) एक व्यक्ति को जैसा हम समझते हैं जरूरी नहीं कि वह वास्तव में वैसा ही है। कभी-कभी इंसान अपनी जिम्मेदारियाँ निभाने के लिए एक मुखौटा पहन लेता है जबकि उसका वास्तविक चेहरा कुछ और होता है।

कठिन शब्द तथा उनके अर्थ

पृष्ठ संख्या	शब्द	अर्थ
22	*लोकोक्ति*	लोगों द्वारा कही गई उक्ति
	आँख बचाकर	छुपकर
	चरना	खा जाना

पृष्ठ संख्या	शब्द	अर्थ
22	*सयाना*	समझदार
	बास	दुर्गंध
	ननिहाल	नानी का घर
	टीला	मिट्टी का ढेर/छोटा पहाड़

पृष्ठ संख्या	शब्द	अर्थ
23	*ढांढस बंधाना*	सांत्वना देना
	दुम	पूँछ
	गंदला	गंदा
	सहपाठी	साथ पढ़ने वाला
	सस्ता सौदा	आसान काम
	बलिष्त	हथेली का नाप
24	*कतार*	पंक्ति
	घुड़की	धमकी
	ठुड्डे	पैर की नोक की चोट
	पिंडली	घुटने के पीछे का हिस्सा
	खाल खींचना	बहुत मारना
26	*चपत*	हलके हाथ से चाँटा मारना
	दोरंगा	दो रंगों का
	गुडविल	अच्छी छवि
	सतगुर	सतगुरु
	फटकारना	डाँटना
	धनाढ्य	धनी
	दिलचस्पी	रुचि
	फोल्डर	लकड़ी की बनी कलम
	सेर	माप
	चाव	उत्साह
	जिक्र	चर्चा
27	*अपेक्षा*	उम्मीद

पृष्ठ संख्या	शब्द	अर्थ
27	*हरफनमौला*	हर कार्य में निपुण
	अबाऊट टर्न	पूरा घूम जाना
	बूट	मोटे तले के भारी जूते
	विलायत	विदेश
	रियासत	राज्य
	जबरन	जबरदस्ती
	शामियाना	कपड़े का पंडाल
	नौटंकी	नाटक करने वाले
	मसखरा	जोकर
	रंगरूट	सैनिक
	अठे	यहाँ
	उठै	वहाँ
	लीतर	फटे-पुराने कपड़े
28	*खुरियाँ*	जूतों के नीचे दबने वाली लोहे की एड़ी
	गुर्राने	गुस्से से बोलना
29	*बर्बरता*	अत्याचार
	मुअत्तल	निलंबित
	मंजूरी	स्वीकृति
	महकमे तालीम	शिक्षा विभाग
30	*बहाल*	दोबारा नियुक्त करना
	रत्ती भर	बिलकुल थोड़ा
	दहकती	जलती

वर्णनात्मक प्रश्न

[3 अंक]

(50-60 शब्द)

1. लेखक को स्कूल जाने के नाम से उदासी क्यों आती थी? सपनों के-से दिन पाठ के आधार पर स्पष्ट कीजिए। आपको स्कूल जाना कैसा लगता है और क्यों? [CBSE 2020]

उत्तर : पाठ 'सपनों के-से दिन' में लेखक गुरदयाल सिंह ने अपने बचपन की खट्टी-मीठी यादों को उकेरा है। लेखक ने अपने साथियों के साथ बिताए हुए समय को याद करने के साथ-साथ यह भी बताया है कि वे और उनके अधिकांश साथियों की पढ़ने में कोई रुचि नहीं थी। वे रोते-बिलखते, उदास मन से ही स्कूल जाया करते थे और कुछ तो ऐसे भी थे जो रास्ते में ही बसता फेंककर खेलने निकल जाते। इसका मुख्य कारण स्कूल का सख्त अनुशासन था। इसके अतिरिक्त बच्चों के माता-पिता पढ़ाई का महत्व नहीं समझते थे। अत: परिवार की ओर से भी बच्चों को स्कूल जाने का प्रोत्साहन नहीं मिलता था।

हमें विद्यालय जाना बहुत अच्छा लगता है क्योंकि पढ़ाई के साथ-साथ विभिन्न प्रकार की गतिविधियाँ करवाई जाती हैं। हम अपने अध्यापकों का सम्मान करते हैं, मन में उनके प्रति डर नहीं है। इसका कारण उनका आत्मीय स्वभाव ही है।

2. स्कूल किस प्रकार की स्थिति में अच्छा लगने लगता है और क्यों? [CBSE Sample Paper 2020]

उत्तर : सभी बच्चों की शिक्षा में एक समान रुचि हो यह आवश्यक नहीं और यही कारण है सभी बच्चे खुशी-खुशी

विद्यालय जाएँ, यह भी आवश्यक नहीं। जिन बच्चों को खेल-कूद में अधिक दिलचस्पी होती है, जिनके शरीर में अधिक जोश होता है, वह कक्षा की चारदीवारी में बैठना पसंद नहीं करते। उन्हें हर समय कुछ न कुछ शारीरिक क्रियाएँ करने में रुचि होती है। यदि स्कूल का वातावरण और पाठ्यक्रम ऐसा बनाया जाए कि छात्रों को विभिन्न प्रकार की गतिविधियाँ करने का अवसर मिले, शारीरिक और मानसिक रूप से वे व्यस्त भी रहें और उन क्रियाओं के माध्यम से सीखते भी रहें, तो संभव है ऐसी स्थिति में विद्यालय जाना उन्हें अच्छा लगने लगेगा।

3. 'सपनों के-से दिन' कहानी के आधार पर पीटी साहब के व्यक्तित्व की दो विशेषताएँ बताते हुए लिखिए कि स्काउट परेड करते समय लेखक स्वयं को महत्वपूर्ण आदमी एक फौजी जवान क्यों समझता था? [CBSE 2019]

उत्तर : पीटी साहब एक बहुत ही सख्त स्वभाव के अध्यापक थे। छात्रों को अनुशासन में रखने के लिए किसी भी हद तक जा सकते थे। यदि कोई छात्र जाने-अनजाने में नियमों का उल्लंघन करता, तो वह खाल खींचने के मुहावरे को प्रत्यक्ष कर के दिखा देते थे। उनके चेहरे पर छात्रों ने कभी मुसकान नहीं देखी थी। जब छात्र कदम से कदम मिलाकर स्काउट की परेड करते, तो यदि उनके मुँह से शाबाश निकलता तो छात्रों को लगता मानो फौज के तमगे जीत लिए हों। परेड करते समय छात्रों को धुली हुई साफ वर्दी, पालिश किए हुए जूते पहनने होते थे और पीटी साहब के इशारों पर कदम से कदम मिलाकर चलना होता था। ऐसा करते हुए उन्हें महसूस होता मानो वे सचमुच फौजी जवान बन गए हों।

4. छात्रों का नेता कौन था और उसकी क्या खासियत थी? [CBSE 2017]

उत्तर : ओमा छात्रों का नेता था। जब बच्चों को ग्रीष्मावकाश कार्य मिलता था, तो अधिकांश समय वे खेलकूद में बिता देते थे। जब छुट्टियाँ समाप्त होने को आती तब उन्हें काम करने की चिंता सताने लगती। हिसाब लगाते कि कितना काम रोज करेंगे तो पूरा हो जाएगा। किंतु समय निकलता जाता और काम नहीं हो पाता। तब वे ओमा से ही प्रेरणा लेकर काम करने से बेहतर अध्यापकों की डाँट-मार सह लेना सही समझते थे। ओमा की बातें और मार-पिटाई का ढंग तो निराला था ही, उसका शारीरिक गठन भी बड़ा ही विचित्र था। छोटा कद, तरबूज जैसा बड़ा सिर। इतने बड़े सिर में नारियल की सी आँखों वाला, बंदरिया के बच्चे-सा चेहरा बहुत ही अजीब लगता था। इतने बड़े सिर से जब किसी की छाती पर वार करता तो ऐसा लगता मानो पसलियाँ ही टूट जाएँगी और उससे दोगुने कद वाले भी पीड़ा से चिल्लाने लगते थे।

5. अगली कक्षा में जाने के विचार से बच्चे उत्साहित भी होते थे और उदास भी। 'सपनों के-से दिन' पाठ के आधार पर उत्तर दीजिए। [CBSE 2011]

उत्तर : सालभर की मेहनत के बाद जब बच्चे अगली कक्षा में जाते हैं, तो अलग ही खुशी और उत्साह महसूस करते हैं। लेकिन लेखक ने अगली कक्षा में जाने का चाव कभी महसूस नहीं किया। एक ओर उन्हें इस बात की खुशी तो होती थी कि वह पहले से बड़े हो गए हैं और नई कक्षा में जा रहे हैं लेकिन कुछ बातें थी जो उनका मन उदास भी कर देती थीं। घर की आर्थिक स्थिति अच्छी न होने के कारण और शिक्षा में माता-पिता की अरुचि के कारण उन्हें पुरानी पुस्तकों से पढ़ना होता था। पुरानी पुस्तकों और नई कॉपियों से जो गंध आती थी वह उनका बाल मन उदास कर देती थी। साथ ही इस बात की भी चिंता सताती थी कि जो अध्यापक पहले पढ़ाते थे अब उनकी अपेक्षाएँ बढ़ जाएंगी, उन्हें लगने लगेगा कि अब हम बड़ी कक्षा में आ गए हैं तो हम हरफनमौला यानी अधिक विद्वान बन गए हैं। जो नए अध्यापक पढ़ाएँगे उनका व्यवहार न जाने कैसा होगा। यह सब बातें सोचकर लेखक का उत्साह कम हो जाता और मन घबराने लगता था।

6. छुट्टियाँ बीत जातीं तो बच्चों में स्कूल का भय क्यों चढ़ने लगता? 'सपनों के-से दिन' पाठ के आधार पर लिखिए।

उत्तर : जब लेखक छोटे थे, तब वार्षिक परिणाम आने के बाद डेढ़ - दो महीना पढ़ाई होती थी, उसके बाद ग्रीष्मावकाश शुरू हो जाता था। स्कूल से छुट्टियों में करने के लिए काम दिया जाता था। किंतु अधिकांश छुट्टियाँ तो खेलते-कूदते कब बीत जातीं, पता भी नहीं चलता था। जब छुट्टियाँ खत्म होने को आतीं तो ग्रीष्मावकाश कार्य याद आता। तब हिसाब लगाते कि रोज़ कितना काम करने पर सारा काम पूरा हो जाएगा। जैसे हिसाब के मास्टर जी दो सौ सवाल देते। हिसाब लगाया जाता कि रोज 10 सवाल भी करेंगे तो 20 दिन में पूरे हो जाएँगे। किंतु सोचते-सोचते 10 दिन और बीत जाते। ऐसा लगने लगता मानो दिन छोटे हो गए हैं और काम आगे बढ़ ही नहीं रहा। तब स्कूल की पिटाई का डर बढ़ने लगता था।

7. ओमा कौन था? उसकी क्या विशेषताएँ थी? [CBSE 2013, 12, 11]

उत्तर : लेखक जब स्कूल में पढ़ते थे, तो छात्रों का नेता ओमा हुआ करता था। उसका स्वभाव और शारीरिक गठन दोनों ही बड़े विचित्र थे। उसकी बातें और मार-पिटाई का ढंग निराला ही था। ठिगना कद और बड़ा-सा सिर। ऐसा लगता था मानो बिल्ली के बच्चे के माथे पर तरबूज रखा हो। उस बड़े से सिर में नारियल जैसी आँखें और बंदरिया

जैसा चेहरा कुछ अलग ही दिखता था। उस बड़े सिर से जब वह किसी के पेट पर वार करता था, तो लगता था मानो पसलियाँ ही टूट जाएँगी। उसकी उस चोट को बच्चों ने रेल-बंबा नाम दिया हुआ था। ओमा ही था जिससे प्रेरित होकर बच्चे काम करने की अपेक्षा अध्यापकों की डाँट-मार खाना अधिक सस्ता सौदा समझते थे।

8. स्कूल की पिटाई का डर भुलाने के लिए लेखक क्या सोचा करता था? 'सपनों के-से दिन' पाठ के आधार पर लिखिए। [CBSE 2011]

उत्तर : स्कूल के सख्त नियमों और पीटी साहब जैसे सख्त अध्यापकों के कारण लेखक स्कूल जाने से घबराते थे। उनकी और परिवार की शिक्षा के प्रति अरुचि भी एक कारण था जो उन्हें स्कूल जाने से रोकता था। किंतु वह उस दिन को याद करते थे जब स्काउट की परेड होती। हाथों में दो रंग के रुमाल लेकर कदम से कदम मिलाकर चलते और कोई गलती न होने पर वही पीटी साहब शाबाश बोल देते जो कभी मुसकुराते नहीं थे। बच्चों को अनुशासन में रखने के लिए सख्त से सख्त सजा देने को तत्पर रहते थे। जब कभी लेखक और उनके साथियों का मन बहुत उदास हो जाता तब वह उन्हीं स्काउट के दिनों को याद करके अपने आप को स्कूल जाने के लिए प्रोत्साहित करने का प्रयत्न करते थे। इसके अतिरिक्त हेडमास्टर शर्मा जी जैसे विनम्र स्वभाव के अध्यापक भी थे जिनकी निगरानी में बच्चे अपने आप को सुरक्षित महसूस करते थे।

9. फौज में भर्ती करने के लिए अफसरों के साथ नौटंकी वाले क्यों आते थे? 'सपनों के-से दिन' पाठ के आधार पर लिखिए। [CBSE 2013, 11]

उत्तर : द्वितीय विश्व युद्ध का समय था। अंग्रेजी अफसर यह चाहते थे कि भारत के ज्यादा से ज्यादा नौजवान उनकी सेना में भर्ती हो जाएँ। इसके लिए कुछ अफसर अपने साथ नौटंकी वालों को लेकर आते और नौजवानों को सैनिकों के जीवन की सुख-सुविधाएँ और ऐशो-आराम के दृश्य दिखाकर आकर्षित करने की कोशिश करते थे। नौटंकी वाले रात को खुले मैदान में शामियाने लगाकर खूबसूरत दृश्य प्रस्तुत करते। कुछ मसखरे अजीब-सी वर्दियाँ पहनकर, फौजी बूट पहनकर गीत गाया करते जिनका अर्थ होता था कि नौजवानों, फौज में भर्ती हो जाओ। यहाँ तुम्हें अच्छा भोजन, अच्छे कपड़े पहनने को नहीं मिलते जबकि फौज में तुम्हें बढ़िया से बढ़िया कपड़े और अच्छे से अच्छा भोजन मिलेगा। तुम्हारी जिंदगी ही बदल जाएगी। गाँव के कुछ नौजवान उनकी बातों में आकर फौज में भर्ती हो जाया करते थे।

10. विद्यार्थियों को अनुशासन में रखने के लिए पाठ में अपनाई गई युक्तियों और वर्तमान में स्वीकृत मान्यताओं के संबंध में अपने विचार प्रकट कीजिए। [CBSE 2012]

11. 'सपनों-के-से-दिन' पाठ में हेडमास्टर शर्मा जी की बच्चों को मारने-पीटने वाले अध्यापकों के प्रति क्या धारणा थी? जीवन मूल्यों के संदर्भ में उसके औचित्य पर अपने विचार लिखिए। [CBSE 2015]

उत्तर : लेखक गुरदयाल सिंह ने अपने स्कूल के जिन अध्यापकों का जिक्र किया है, उनमें से एक थे पीटी मास्टर जो बहुत ही कड़क स्वभाव के थे। बच्चों को मारने, कड़ी सजाएँ देने में उन्हें जरा भी संकोच नहीं होता था। जबकि हेडमास्टर शर्मा जी बहुत ही विनम्र स्वभाव के थे। मारना तो दूर, छात्रों से ऊँची आवाज में बात करना भी पसंद नहीं करते थे। न ही यह चाहते थे कि कोई अन्य अध्यापक छात्रों के साथ सख्ती से पेश आए। यही कारण था कि जब उन्होंने पीटी मास्टर को बच्चों पर अत्याचार करते देखा तो तुरंत उन्हें मुअत्तल कर दिया। वे छात्रों को सुधारने के लिए शारीरिक दंड देने के बिलकुल खिलाफ थे। नैतिक मूल्यों की दृष्टि से देखा जाए तो यह सही भी है। किसी को डरा-धमकाकर प्यार करना और गुस्सा करके विनम्र होना नहीं सिखाया जा सकता। जैसा हम बच्चों को बनाना चाहते हैं पहले वैसा बनकर दिखाना पड़ता है। शिक्षा के नाम पर गलती से भी बच्चों में नैतिक मूल्यों का ह्रास नहीं होना चाहिए। यदि हम विद्यार्थियों से उत्तम व्यवहार की अपेक्षा रखते हैं तो हमें खुद भी धैर्य, सहानुभूति, सद्भावना, प्रेमभाव जैसे आदर्श जीवन मूल्यों पर अमल करके दिखाना चाहिए।

12. मास्टर प्रीतम चंद के व्यक्तित्व और पहनावे को भयभीत करने वाला क्यों कहा है? 'सपनों के-से दिन' पाठ के आधार पर लिखिए। [CBSE 2014]

उत्तर : मास्टर प्रीतम चंद एक ऐसे अध्यापक थे जिनका व्यक्तित्व और पहनावा दोनों ही छात्रों को भयभीत करने के लिए काफी था। बच्चों से जाने-अनजाने कोई भी गलती हो जाए, वे कभी माफ नहीं करते थे बल्कि सख्त से सख्त सजा देने के लिए तत्पर रहते थे। उनका पहनावा और शक्ल सूरत भी यही बताती थी कि वह स्वभाव से बहुत सख्त हैं। माता के दागों से भरा चेहरा, दुबला-पतला शरीर, कील लगे हुए भारी-भरकम जूतों से जब वे फर्श पर चलते, तो उनके जूतों के निशान बन जाते थे। किसी छात्र से जरा-सी भूल हुई नहीं कि बाज की तरह झपटकर आते और खाल खींचने के मुहावरे को प्रत्यक्ष कर देने की कोशिश करते।

स्व-अभ्यास प्रश्न। विस्तृत समाधान हेतु यह स्कैन करें।

छात्रों के मन में उनका इतना खौफ था कि जब उन्हें मुअत्तल कर दिया गया, तब भी उनका कालांश आने पर जब तक कोई अन्य अध्यापक कक्षा में न आ जाता, बच्चों की साँसें रुकी रहती थीं।

13. 'सपनों के-से दिन' पाठ के आधार पर लिखिए कि अभिभावकों की बच्चों की पढ़ाई में रुचि क्यों नहीं थी? पढ़ाई को व्यर्थ समझने में उनके क्या तर्क थे? स्पष्ट कीजिए। [CBSE 2014]

14. 'सपनों-के-से-दिन' पाठ के आधार पर बताइए कि बच्चों का खेल-कूद में अधिक रुचि लेना अभिभावकों को अप्रिय क्यों लगता है? पढ़ाई के साथ खेलों का छात्र जीवन में क्या महत्व है और इससे किन जीवन मूल्यों की प्रेरणा मिलती है? स्पष्ट कीजिए। [CBSE 2015]

उत्तर : लेखक 'गुरदयाल सिंह' ने अपने बचपन की जिन खट्टी-मीठी यादों को पाठ 'सपनों के-से दिन' में वर्णित किया है, उससे यह स्पष्ट है कि उनके माता-पिता उन्हें खेलने-कूदने से रोकते थे और यदि वह घंटों खेलकर चोटें खाकर आते, तो उनकी खूब पिटाई होती थी। अक्सर माता-पिता बच्चों को खेलने के लिए रोकते हैं। शायद उन्हें लगता है कि वह समय बर्बाद कर रहे हैं। बाहर खेलने से चोट लगने का खतरा रहता है, गलत संगत में पड़ने का भी डर बना रहता है। किंतु यह सच नहीं है। खेल खेलना व्यक्ति के शारीरिक और मानसिक विकास के लिए बहुत महत्वपूर्ण है। सब बच्चे मिलकर खेलते हैं तो उनके अंदर खेल भावना के साथ-साथ सहयोग, सहानुभूति, धैर्य, सद्भावना आदि गुणों का भी विकास होता है। खेलते समय जीतने से उनका आत्मविश्वास बढ़ता है और हारने से जीवन में असफलता को स्वीकार करना भी आता है।

15. बच्चों को मारने-पीटने वाले अध्यापकों के प्रति हेडमास्टर शर्मा जी की क्या धारणा थी? बच्चों के संतुलित विकास में एक अध्यापक की क्या भूमिका होती है? [Diksha]

उत्तर : हेडमास्टर शर्मा जी बच्चों को मारने-पीटने के बिलकुल खिलाफ थे। ऐसे मास्टर जो छात्रों के साथ सख्ती से पेश आते, उनकी छोटी-बड़ी गलतियों पर समझाने की बजाय उन्हें पीटते, उनका उचित मार्गदर्शन करने की बजाय उन्हें कठोर सजाएँ देते, वे मास्टर शर्मा जी को बिलकुल पसंद नहीं थे। जैसे ही उन्होंने देखा कि मास्टर प्रीतम चंद चौथी श्रेणी के बच्चों को शब्द रूप न सुनाने के लिए कठोर दंड दे रहे हैं, वह सहन नहीं कर पाए। वह उन पर बहुत बरसे और उन्हें तुरंत मुअत्तल कर दिया।

अध्यापक का कार्य केवल बच्चों को पढ़ाना या अनुशासन में बांधना नहीं होता बल्कि अध्यापक का पूरा व्यक्तित्व बच्चे के लिए एक सीख होती है। वह अध्यापक के शब्दों से ज्यादा उसके व्यवहार से सीखता है। शिक्षक का व्यवहार ही उसे नैतिक मूल्यों से परिचित कराता है अत: शिक्षक को अपनी हर क्रिया विवेकपूर्वक करनी चाहिए।

16. पाठ के आधार पर हेडमास्टर शर्मा जी और पीटी टीचर के स्वभाव का तुलनात्मक वर्णन कीजिए। [Diksha]

उत्तर : लेखक के विद्यालय के पीटी टीचर और हेड मास्टर शर्मा जी के स्वभाव में जमीन-आसमान का अंतर था।

पीटी सर छात्रों को अनुशासन में रखने के लिए किसी भी हद तक जा सकते थे। जब बच्चे प्रार्थना सभा में एकत्रित होते तो उनकी घुड़कियों और ठुड्डों के डर से सीधी कतार में और बराबर दूरी के साथ खड़े होते थे। जरा-सा किसी का सिर भी हिला तो वह बाघ की तरह झपटते और खाल खींचने के मुहावरे को प्रत्यक्ष कर दिखाते थे। उन्होंने चौथी कक्षा को फारसी पढ़ाना शुरू किया तो एक दिन शब्द रूप याद न करके आने पर बच्चों को इतनी सख्त सजा दी कि कुछ कमजोर बच्चे तो वहीं गिर गए। उन्हें बच्चों की हालत पर कभी तरस नहीं आता था। उन जैसा सख्त अध्यापक न कभी किसी ने सुना न देखा था। दूसरी ओर हेडमास्टर शर्मा जी बहुत ही नरम स्वभाव के थे। अधिक गुस्से में अपनी पलकें जल्दी-जल्दी झपकाते थे या उलटे हाथ की एक हलकी-सी चपत लगाते जो बच्चों को चटपटी नमकीन जैसी मजेदार लगती थी। सभी बच्चे उन से डरने की बजाय उनका सम्मान करते थे। यदि कोई अन्य अध्यापक छात्रों को सुधारने के नाम पर उन पर अत्याचार करता, तो वह उसे बर्दाश्त नहीं कर पाते थे।

17. पाठ के लेखक द्वारा वर्णित खेलों और वर्तमान में खेले जाने वाले खेलों में आप क्या अंतर पाते हैं? [Diksha]

उत्तर : खेलकूद के प्रति बच्चों का आकर्षण स्वाभाविक है। यह उनके शारीरिक और मानसिक विकास के लिए आवश्यक भी है। किंतु खेलों का भी स्वरूप समय के साथ-साथ बदलता रहता है। जिस प्रकार के खेलों का वर्णन लेखक गुरदयाल सिंह ने पाठ में किया है, आज के बच्चे शायद उसकी कल्पना भी नहीं कर सकते। तालाब में कूदते, हाथ-पैर मारकर कुशल तैराक हो जाते और गीले बदन के साथ रेत के टीलों पर चढ़ जाते। कहीं चोट खाकर घर पहुँचते तो और पिटाई होती। आज के बच्चे घर बैठकर वीडियो गेम खेलना अधिक पसंद करते हैं। जो बाहर खेलने जाते भी हैं तो क्रिकेट, फुटबॉल या औपचारिक रूप से तैराकी प्रशिक्षण लेते हैं। पढ़ाई का बोझ अधिक होने के कारण खेलने का समय निर्धारित करते हैं। अपने आप को धूल-मिट्टी से बचाने की कोशिश करते हैं और खाने के मामले में जंक फूड अधिक पसंद करते हैं।

स्व-अभ्यास प्रश्न। विस्तृत समाधान हेतु यह स्कैन करें।

18. पीटी सर का कौन सा नया रूप बच्चों के सामने आया और उसका उनके बाल मन पर क्या प्रभाव पड़ा?

उत्तर : लेखक और स्कूल के सभी छात्र पीटी सर से बहुत डरते थे। उनके जैसा सख्त अध्यापक न कभी किसी ने सुना था न देखा था। किसी ने उन्हें कभी मुस्कुराते हुए तो देखा ही नहीं था। उन्हें केवल बच्चों को अनुशासन मे रखना था भले ही इसके लिए कितनी ही कठोर सजा क्यों न देनी पड़े। उनके इसी कठोर स्वभाव के कारण उन्हें स्कूल से मुअत्तल कर दिया गया था। उसके बाद वह एक किराए के कमरे में रहने लगे थे। बच्चों ने उन्हें अपने छज्जे में एक तोते से प्रेमपूर्वक बातें करते हुए देखा। भीगे हुए बादाम के छिलके उतार-उतारकर बड़े प्यार-से तोते को खिलाते हुए पाया। यह दृश्य बच्चों के लिए बहुत ही अचंभित कर देने वाला था। उन्हें लगता कि क्या उन तोतों को उनकी भूरी आँखों से डर नहीं लगता। पीटी सर के इस नए रूप ने बच्चों को बहुत कुछ सोचने पर मजबूर कर दिया था। एक व्यक्ति जो इतना सख्त और गुस्से वाला है, वह तोतों के साथ इतना विनम्र कैसे हो सकता है! यह बातें उनके लिए अलौकिक थी।

19. 'सपनों के-से दिन' शीर्षक इस पाठ के लिए किस प्रकार उचित है? क्या आप इस कहानी को कोई अन्य शीर्षक देना चाहेंगे?

वर्णनात्मक प्रश्न

[3 अंक]

1. 'सपनों के से दिन' पाठ में लेखक को स्कूल जाने का उत्साह नहीं होता था, क्यों? फिर भी ऐसी कौन सी बात थी जिस कारण उसे स्कूल जाना अच्छा लगने लगा? कारण सहित स्पष्ट कीजिए।

उत्तर

सपनों के से दिन' पाठ में लेखक और उनके दोस्तों को स्कूल ऐसी जगह कभी नहीं लगी, जहाँ भाग के जाई जा सके। उन्हें तो स्कूल कैद की तरह प्रतीत होता था, तथा लेखक और उनके अधिकांश साथी चौथी कक्षा तक रोते-चिल्लाते ही स्कूल जाया करते। इसके पीछे का प्रमुख भय शिक्षकों के मारपीट का ही रहता। परन्तु उन्हें स्कूल जाना तब अच्छा लगने लगता जब पीटी मास्टर प्रीतमचंद उन्हें स्काउटिंग का अभ्यास कराते। पढ़ाई की जगह वे उन्हें हाथ में नीली-पीली झंडियाँ पकड़वा लेते और वन-टू-थ्री कहकर मार्च करवाया करते। अच्छी परेड होने पर वे अपनी आँखों को झपकाकर शाबाशी देते, जो बच्चों को कुछ कम चमत्कृत नहीं करता।

[CBSE Topper 2014]

2. आज की शिक्षा-व्यवस्था में विद्यार्थियों को अनुशासित बनाए रखने के लिए क्या तरीकें निर्धारित हैं? 'सपनों के से दिन' पाठ में अपनाई गई विधियाँ आज के सन्दर्भ में कहाँ तक उचित लगती है? जीवन मूल्यों के आलोक में अपने विचार प्रस्तुत कीजिए।

उत्तर

पाठ 'सपनों के से दिन' में एक ऐसी शिक्षा व्यवस्था का वर्णन है जहाँ दंड देना शिक्षक को कतई अस्वीकार नहीं। वे विद्यार्थी को अनुशासित रखने के लिए कठोर से कठोर दंड अपनाना चाहते हैं। आज के परिप्रेक्ष्य में दंड देना कानूनन जुर्म है। शिक्षा मंत्रालय ने विद्यार्थियों के सर्वांगीण विकास के लिए अनेक बदलावों को अपनाया है, जैसे 'पास' और 'फेल' जैसे शब्दों को निलंबित करना, तथा दंड व्यवस्था को खारिज करना। यदि बच्चे को सदैव हर बात पर दंड दिया जाए, तो वह दब्बू और डरा-डरा सा रहने लगता है। शिक्षकों के भय से वह सही प्रकार से पढ़ नहीं पाता है और स्कूल उसे जेल प्रतीत होता है। वर्तमान शिक्षा प्रणाली के सुखद बदलाव के बाद ऐसा कम हो गया है। अब शिक्षकों को आभास होना चाहिए कि विद्यानुकूल परिवेश की सृष्टि तभी होती है, जब विद्यार्थी को शिक्षा प्राप्त करने, खेल-कूद करने तथा स्कूल के अंदर-बाहर हर प्रकार की आज़ादी हो। कार्य पूरा न होने पर शिक्षकों को बच्चों के साथ संवेदनात्मक व्यवहार करना चाहिए, न कि उनपे टीका-टिप्पणी करना, उसे ताने मारना तथा उसे दंड देना।

[CBSE Topper 2014]

3

टोपी शुक्ला

-राही मासूम रज़ा

गद्यांश

लेखक 'राही मासूम रज़ा' द्वारा रचित कहानी 'टोपी शुक्ला' का मुख्य पात्र टोपी है। उसके एक करीबी मित्र इफ्फन का भी पर्याप्त ज़िक्र पाठ में किया गया है क्योंकि इफ्फन को जाने बिना टोपी को जानना शायद संभव नहीं है। टोपी और इफ्फन की दोस्ती तब हुई जब वे चौथी कक्षा में पढ़ते थे। टोपी हिंदू परिवार से था, इफ्फन मुस्लिम परिवार से। फिर भी उनकी गहरी दोस्ती हुई। वह दिन टोपी के लिए बहुत दुखद और खास बन गया जिस दिन इफ्फन उससे दूर हो गया। इसका प्रभाव उसकी शिक्षा के साथ-साथ उसके संपूर्ण व्यक्तित्व पर पड़ा।

Topic Notes

- पाठ का सारांश
- पाठ संदेश
- कठिन शब्द तथा उनके अर्थ

पाठ का सारांश

इफ़्फ़न का परिचय

इफ़्फ़न टोपी का पहला दोस्त था। उसके दादा-परदादा मौलवी थे। अपने मजहब और धर्म को लेकर जो कट्टरता थी, वह पीढ़ी दर पीढ़ी परिवार में कम होती चली गई। उसके दादा पक्के मौलवी थे जबकि दादी का बचपन पूरब में बीता था। उन्हें मौलविन बनना बिलकुल पसंद नहीं था। इफ़्फ़न टोपी का अच्छा दोस्त था किंतु कभी उसके घर नहीं गया था। वे दोनों या तो बाहर मिलते थे या टोपी उसके घर आता था। इफ़्फ़न के घर में उसकी अम्मी, अब्बू, दादी, बाजी और छोटी बहन थी। घर में सभी उसे प्यार करते थे किंतु उसे अपनी दादी से विशेष ही लगाव था।

उदाहरण 1. **पूरे घर में इफ़्फ़न को अपनी दादी से विशेष स्नेह क्यों था? [NCERT]**

उत्तर : इफ़्फ़न एक भरे-पूरे मौलवी परिवार में रहता था। घर में उसकी बहनें अम्मी, अब्बू और दादी रहते थे। सभी उससे प्यार करते थे किंतु दादी उसे विशेष स्नेह देती थी। उसकी दादी इफ़्फ़न और उसके एकमात्र दोस्त टोपी को अपने पास बिठाकर प्यार से कहानियाँ सुनाती थीं। बहनें कभी-कभी उन्हें परेशान करतीं, छोटी बहन इफ़्फ़न की कॉपियाँ खराब कर देती। पर एक दादी ही थीं जो हमेशा इफ़्फ़न का साथ देती थीं और जब वह परेशान होता, दादी उसे खुश रहने की सलाह देतीं।

टोपी और इफ़्फ़न का संबंध

टोपी और इफ़्फ़न के बीच में यूँ तो कोई रिश्ता नहीं था किंतु संबंध गहरे थे। इतने गहरे कि टोपी की कहानी को समझने के लिए इफ़्फ़न की कहानी को समझना लेखक ने बहुत ही आवश्यक बताया है। दोनों की परवरिश बिलकुल अलग माहौल में हुई। एक हिंदू था और एक मुस्लिम। लेखक हिंदू-मुस्लिम भाई-भाई की बात बार-बार नहीं कहना चाहते हैं क्योंकि उनका मानना है कि हिंदू-मुसलमान भाई-भाई ही हैं। कहने न कहने से कोई फर्क नहीं पड़ेगा। टोपी और इफ़्फ़न जैसे अनगिनत संबंधों में यह हकीकत हम महसूस करते आए हैं। टोपी का पूरा नाम था बलभद्र नारायण शुक्ला और इफ़्फ़न का सैय्यद जरगाम मुरतुजा। दोनों एक-दूजे के बिना अधूरे थे।

उदाहरण 2. **इफ़्फ़न टोपी की कहानी का महत्वपूर्ण हिस्सा किस तरह से है? [NCERT]**

उत्तर : लेखक राही मासूम रजा ने इस कहानी में टोपी को मुख्य पात्र बनाया है किंतु वे टोपी के बारे बात करने के लिए इफ़्फ़न के बारे में बात करना जरूरी समझते हैं क्योंकि वे दोनों एक-दूसरे की परछाई थे। एक को समझे बिना दूसरे को समझना संभव नहीं है। टोपी का एकमात्र दोस्त इफ़्फ़न था। वह अपने मन की बात किसी से नहीं कह पाता था। अपने घर में टोपी को किसी से प्यार नहीं मिलता था। इफ़्फ़न और इफ़्फ़न की दादी टोपी को प्यार करते थे, उसकी भावनाओं को समझते और उनकी कद्र करते थे। इफ़्फ़न ने टोपी के जीवन को प्रभावित किया। जब वह उसके साथ था तब भी और उससे जुदा हो जाने के बाद भी वह उसके जीवन का महत्वपूर्ण हिस्सा हमेशा बना रहा।

इफ़्फ़न की दादी का परिचय

इफ़्फ़न की दादी किसी मौलवी की बेटी नहीं थी बल्कि जमींदार परिवार से आई थीं। केवल बारह बरस की उम्र में ही उनका ब्याह हो गया था। घी-दूध खाते उनका बचपन बीता था। किंतु ससुराल आकर वह इन चीजों के लिए, उस पूरब की भाषा को बोलने और उन त्योहारों को मनाने के लिए तरस गई थीं जो उनके मायके में मनाए जाते थे। इस बात पर उन्हें बड़ा गुस्सा आता था कि उनके पति जब देखो मौलवी बने रहते हैं। इसी कारण वह अपने बेटे की शादी में नाच-गाना नहीं कर पाई थीं। किंतु इफ़्फ़न के पैदा होने पर उन्होंने अपनी सारी इच्छाएँ पूरी कीं क्योंकि तब तक इफ़्फ़न के दादा का देहांत हो चुका था। ससुराल में उनकी आत्मा सदा बेचैन रही। जब मृत्यु शैया पर थीं तब उन्हें अपने मायके का घर जिसे कच्ची हवेली कहा जाता था बहुत याद आया और अपने हाथ से लगाया बीजू पेड़ भी उनकी यादों में था।

उदाहरण 3. **इफ़्फ़न की दादी अपने पीहर क्यों जाना चाहती थीं? [NCERT]**

उत्तर : इफ़्फ़न की दादी केवल बारह बरस की थीं जब उनका ब्याह हो गया और वह लखनऊ आ गईं। अपने पीहर में उन्होंने खूब दूध, घी खाया था। किंतु ससुराल में आकर उसके लिए तरस गईं। पूर्वी हिंदी भाषा उनके मायके में बोली जाती थी और खूब तीज-त्योहार, गाना-बजाना होता। किंतु मौलवी परिवार में आकर यह सब उनसे दूर हो गया। उनका मन हमेशा अपने मायके को याद करके तरसता रहता था। जब कभी वहाँ जाना होता तब जी-भर के खातीं और ससुराल जाकर उन्हें फिर से मौलविन बन जाना पड़ता था। मरते वक्त भी उन्हें वही आम का बीजू पेड़ और कच्ची हवेली याद आई।

उदाहरण 4. **इफ़्फ़न की दादी अपने बेटे की शादी में गाने-बजाने की इच्छा पूरी क्यों नहीं कर पाईं? [NCERT]**

उत्तर : हिंदू परंपराओं में पर्व, त्योहार या खुशी के अवसर पर गाने-बजाने का रिवाज है। लोग इकट्ठे होते हैं, गाकर-नाचकर अपनी खुशी को व्यक्त करते हैं। इसके ठीक विपरीत मुस्लिम संप्रदाय में गाने-बजाने को बुरा समझा जाता है। इफ़्फ़न की दादी पूरब की रहने वाली थीं। शादी के बाद वे लखनऊ आ गईं। उनकी शादी एक मौलवी परिवार में हुई जहाँ गाने-बजाने की बिलकुल इजाजत नहीं थी। यही कारण था कि अपने बेटे की शादी में वह गाने-बजाने की अपनी इच्छा को पूरा नहीं कर पाईं।

टोपी का परिचय

टोपी चौथी श्रेणी में था जब इफ़्फ़न उसका दोस्त बना। टोपी अक्सर इफ़्फ़न के घर जाया करता और उसकी दादी उन्हें कहानियाँ सुनाया करतीं। वह पूर्वी हिंदी बोलती थीं और यही भाषा टोपी की माँ भी बोलती थीं। टोपी की दादी उसकी माँ को यह भाषा बोलने पर बहुत टोकती थीं। दूसरी ओर इफ़्फ़न की दादी वही भाषा बोलती थीं इसलिए टोपी को इफ़्फ़न की दादी में अपनी माँ की झलक दिखाई देती थी। जब इफ़्फ़न की बहन उन्हें तंग करती तो दादी ही बीच-बचाव करके उनका पक्ष लेती थीं। एक दिन टोपी ने अपने घर पर 'अम्मी' शब्द का प्रयोग किया जिसे सुनते ही घरवालों का गुस्सा सातवें आसमान पर पहुँच गया। दादी ने उसकी माँ से शिकायत की और माँ ने टोपी को बहुत मारा। इस बात से दुखी होकर टोपी ने इफ़्फ़न से दादी बदलने तक की बात मासूमियत में कह डाली।

उदाहरण 5. 'अम्मी' शब्द पर टोपी के घर वालों की क्या प्रतिक्रिया हुई? [CBSE 2012, NCERT]

उत्तर : टोपी का अपने दोस्त इफ़्फ़न के घर काफी आना-जाना था। वह कट्टर हिंदू परिवार से था जबकि इफ़्फ़न का परिवार मुस्लिम था। इफ़्फ़न अपनी माँ को अम्मी कहकर पुकारता था। टोपी ने भी यह शब्द सीख लिया और एक दिन अपने घर में भोजन करते समय जब उसने बैंगन का भर्ता माँगने के लिए अपनी माँ को अम्मी कहकर बुलाया, तो मेज पर जितने लोग खाना खा रहे थे, सबके हाथ वहीं रुक गए। टोपी की दादी को इस शब्द पर बहुत एतराज हुआ। उन्होंने टोपी को बहुत डाँटा किंतु टोपी उनकी बातों का उलटा जवाब देता रहा। इस पर उसकी माँ ने उसकी खूब पिटाई की और उससे पूछा क्या अब भी वह इफ़्फ़न के घर जाएगा? उसने बिना डरे हाँ कह दिया जिसका अर्थ यह था कि वह इफ़्फ़न से दोस्ती तोड़ने को तैयार नहीं है।

उदाहरण 6. टोपी ने इफ़्फ़न से दादी बदलने की बात क्यों कही? [NCERT]

उत्तर : 'टोपी शुक्ला' पाठ में टोपी और इफ़्फ़न नाम के दो बच्चों की गहरी दोस्ती का वर्णन है। दोनों की परवरिश बिल्कुल अलग माहौल में हुई। एक हिंदू परिवार से था और एक मौलवी परिवार से। जब टोपी की दादी को पता चला कि उसकी दोस्ती एक मुसलमान लड़के के साथ है, तो वह बर्दाश्त नहीं कर सकीं। उन्होंने उसे और उसकी माँ को बहुत बुरा भला सुनाया। गुस्से में टोपी की माँ ने उसकी बहुत पिटाई की और पूछा कि क्या अब भी वह इफ़्फ़न से मिलेगा? इतनी मार खाने पर भी टोपी ने यह नहीं कहा कि वह इफ़्फ़न से नहीं मिलेगा क्योंकि इफ़्फ़न ही उसका एकमात्र दोस्त था, जिससे वह अपने मन की सारी बातें किया करता था। इस मार का केवल यही असर हुआ कि अगले दिन उसने इफ़्फ़न से दादी बदलने की बात कह डाली क्योंकि अपनी दादी से उसे नफरत हो गई थी जबकि इफ़्फ़न की दादी उसे बहुत अच्छी लगती थी।

टोपी का अकेलापन

इफ़्फ़न की दादी गुजर गई थीं। अब टोपी इफ़्फ़न के घर जाता तो उसे वह घर बिलकुल खाली-खाली लगता। कुछ ही दिनों बाद इफ़्फ़न के पिता का तबादला हो गया और तब तो टोपी बिलकुल ही अकेला रह गया। उनके जाने के बाद नए कलेक्टर साहब भी आए जिनके तीन बेटे थे किंतु उन तीनों को कलेक्टर के बेटे होने का घमंड था। उनका स्वभाव टोपी के प्रति बड़ा ही रूखा था और इसलिए टोपी की उनसे दोस्ती नहीं हो पाई। टोपी इफ़्फ़न के जाने के बाद इतना अकेला और उदास हो गया कि उसने कसम खाई कि वह आगे से कभी किसी ऐसे बच्चे से दोस्ती नहीं करेगा जिसके पिता ऐसी नौकरी करते हों जिसमें तबादला होता हो।

उदाहरण 7. दस अक्टूबर सन पैंतालीस का दिन टोपी के जीवन में क्या महत्व रखता है? [NCERT]

उत्तर : दस अक्टूबर सन पैंतालीस का वैसे तो कोई महत्व नहीं है किंतु टोपी के लिए यह दिन बहुत ही महत्वपूर्ण बन गया। इस दिन उसके एकमात्र प्यारे दोस्त इफ़्फ़न के पिता का तबादला हो गया और वह उससे दूर चला गया। टोपी और इफ़्फ़न चौथी कक्षा में थे जब उनकी दोस्ती हुई। तब से वे दोनों एक दूसरे की परछाई थे। अपने मन की सभी बातें वे एक-दूसरे को बताते थे। इफ़्फ़न टोपी के बिना और टोपी इफ़्फ़न के बिना नहीं रह सकता था। किंतु जिस दिन इफ़्फ़न टोपी से दूर चला गया, उस दिन टोपी ने कसम खाई कि आगे से वह किसी ऐसे बच्चे से दोस्ती नहीं करेगा जिसके पिता ऐसी नौकरी करते हों जिसमें तबादला होता हो। इस प्रकार 10 अक्टूबर सन 45 की तिथि टोपी के जीवन में महत्वपूर्ण बन गई।

टोपी के प्रति मुन्नी बाबू का व्यवहार

मुन्नी बाबू टोपी का बड़ा भाई था। वह जब-तब टोपी की झूठी शिकायत करता था। जिसे सुनकर दादी से टोपी को डाँट और मार खानी पड़ती थी। उसने झूठ कहा कि उसने टोपी को कबाब खाते हुए देखा है, जबकि सच्चाई यह थी कि टोपी ने मुन्नी बाबू को कबाब खाते हुए देखा था किंतु उसने शिकायत नहीं की थी क्योंकि उसे यह पसंद नहीं था। जब मुन्नी बाबू का उतरा हुआ टोपी को पहनने को दिया तो उसे बुरा लगा। इस पर भी मुन्नी बाबू ने उसे भला-बुरा सुनाया। तब भी दादी ने मुन्नी बाबू को समझाने की बजाय टोपी की ही पिटाई करी।

भावात्मक चुनौतियाँ

टोपी इफ़्फ़न की कमी महसूस कर रहा था। इसका असर उसके व्यक्तित्व पर तो पड़ा ही, साथ ही साथ वह पढ़ाई में भी पिछड़ने लगा। वह लगातार दो बार फेल हो गया। जिसका कारण लेखक ने यह बताया है कि घर में उसे कोई पढ़ने ही नहीं देता था। कभी छोटा भाई उसकी कॉपियों के पन्ने फाड़ देता, तो कभी किसी को कोई काम याद आ जाता। तो कभी उसकी माँ ही उसे बाजार भेज

देती। दूसरे साल उसे टाइफाइड हो गया। दो बार उसे अपने से छोटे बच्चों के साथ कक्षा में बैठना पड़ा। छात्रों का मजाक और अध्यापकों के ताने सुनने पड़े । तीसरे साल उसने कसम खाई कि वह पास होकर ही रहेगा। उसके पिता चुनाव में खड़े थे। घर में पढ़ने के लिए माहौल नहीं था। किसी तरह तीसरी बार वह तीसरी श्रेणी में पास हुआ। इस पर दादी ने ताना मारा कि नजर न लगे वह तीसरी बार तीसरे दर्जे में पास तो हुआ।

उदाहरण 8. ज़हीन होने के बावजूद कक्षा में टोपी के दो बार फेल हो जाने के क्या कारण थे? [NCERT]

उत्तर : टोपी स्वभाव से सच्चा और सरल था। उसे झूठ बोलना या चुगली करना पसंद नहीं था। वह मूर्ख नहीं था किंतु

फिर भी एक ही कक्षा में दो बार फेल हुआ। इसका मुख्य कारण शायद यह था कि उसका एकमात्र विश्वसनीय दोस्त उससे दूर हो गया था। इसका उसके व्यक्तित्व पर इतना नकारात्मक प्रभाव पड़ा कि वह पढ़ाई में मन न लगा सका किंतु लेखक ने उसके फेल हो जाने के दो कारण बताएँ हैं। पहले साल तो घर में किसी ने उसे पढ़ने ही नहीं दिया। जब भी वह पढ़ने बैठता किसी न किसी को कोई काम याद आ जाता या फिर उसका छोटा भाई उसकी कॉपी के पन्ने फाड़कर उनके हवाई जहाज बनाता। दूसरी बार टोपी को टाइफाइड हो गया और वह फेल हो गया। दो बार फेल हो जाने पर उसे अपने से छोटे बच्चों के साथ कक्षा में बैठना पड़ा, जो उसके लिए अत्यधिक अपमानजनक था।

 पाठ संदेश

(1) सच्ची दोस्ती जाति, धर्म या उम्र के अंतर को नहीं मानती।

(2) जो व्यक्ति निराशा और हताशा में घिरा हो उसे सहानुभूति और सांत्वना की आवश्यकता होती है। अत: ताने और उपदेश देने की जगह उसे प्रोत्साहित करना चाहिए।

(3) भावनाएँ सब के दिल में एक जैसी ही होती हैं, चाहे व्यक्ति किसी भी जाति, धर्म से संबंध क्यों न रखता हो।

(4) बचपन की यादें हमारे दिल में हमेशा के लिए बस जाती हैं और जीवन के अंत में भी हम उन बातों को ही याद करते हैं।

(5) हमारा व्यवहार किसी की पूरी जिंदगी बदल सकता है। अत: हमारा व्यवहार सभी के प्रति सहानुभूति पूर्ण होना चाहिए।

कठिन शब्द तथा उनके अर्थ

पृष्ठ संख्या	शब्द	अर्थ
32	बेमानी	बिना किसी अर्थ का
	परंपरा	लंबे समय से चली आ रही प्रथा
33	काफिर	ईश्वर को न मानने वाला
	करबला	इस्लाम का एक पवित्र स्थान
34	कस्टोडियन	जिस संपत्ति का कोई मालिक नहीं होता उसका संरक्षण करने वाला सरकारी विभाग
	बीजू पेड़	आम का पेड़
	बेशुमार	बहुत सारी

पृष्ठ संख्या	शब्द	अर्थ
35	अलबत्ता	बल्कि
	अमावट	पके आम की सूखी पर्त
	तिलवा	तिल के लड्डू
36	गनगनाना	काँपना
	दुर्गति	बुरी हालत
	कबाबची	कबाब खाने वाला
38	जिम्नेशियम	व्यायामशाला
39	पुर्सा	सांत्वना देना
	तबादला	बदली

वर्णनात्मक प्रश्न

[3 अंक]

(50-60 शब्द)

1. टोपी ने इफ़्फ़न की दादी से अपनी दादी बदलने की बात क्यों कही होगी? इससे बाल मन की किस विशेषता का पता चलता है? [CBSE 2020]

उत्तर : टोपी को अपनी दादी से लगाव नहीं था। वह ज़रा-सी

बात पर टोपी को डाँटने और मारने के लिए तैयार रहती थीं। टोपी को ऐसा लगता था कि उसकी दादी बड़े भाई मुन्नी बाबू और छोटे भाई भैरव से अधिक प्यार करती हैं। एक बार जब टोपी ने अपने घर में अम्मी शब्द बोला,

तब उसकी दादी बहुत भड़कीं और उसकी माँ से कहकर उसकी खूब पिटाई करवाई। उस दिन तो टोपी के मन में अपनी दादी के के प्रति नफरत पैदा हो गई। उसी दुखी मन से उसने इफ़्फ़न से दादी बदलने की बात की क्योंकि इफ़्फ़न की दादी उसे बहुत पसंद थीं। वह उन दोनों को बहुत प्यार करती थीं, कहानियाँ सुनाया करती थीं और जब इफ़्फ़न की बहनें उन्हें सतातीं तो दादी ही बीच-बचाव करके उन्हें बचाती थीं। इससे पता चलता है कि बच्चों का मन कितना साफ, पवित्र और भोला होता है। न उन्हें जाति और मजहब के अंतर का पता है और न ही अपने-पराए का। टोपी के बालमन को केवल इतना पता है कि इफ़्फ़न की दादी उसे अच्छी लगती हैं, इसलिए वह उन्हें अपनी दादी बनाना चाहता है।

2. इफ़्फ़न और टोपी शुक्ला की मित्रता भारतीय समाज के लिए किस प्रकार प्रेरक है? जीवन मूल्यों की दृष्टि से लगभग 150 शब्दों में उत्तर दीजिए।

[CBSE 2018]

उत्तर : भारत देश में विभिन्न प्रकार की जातियाँ और धर्म प्रचलित हैं । यह जातिगत भेदभाव समय-समय पर बड़े-बड़े दंगों और झगड़ों का रूप भी ले लेता है। लेखक राही मासूम रजा द्वारा रचित पाठ 'टोपी शुक्ला' हमारे भारतीय समाज के लिए प्रेरणा का स्रोत है। इस कहानी के दो मुख्य पात्र टोपी और इफ़्फ़न दो अलग-अलग संप्रदायों से संबंध रखते हैं। दोनों की परवरिश बिलकुल अलग माहौल में हुई। दोनों को अलग परंपराएं मिली। फिर भी उन दोनों के दिल इस कदर मिले हुए थे मानो दोनों एक-दूसरे की परछाई हों। इफ़्फ़न टोपी के बिना और टोपी इफ़्फ़न के बिना अधूरा था।

इन दोनों बच्चों की मासूमियत हम सबको जाति और धर्म से ऊपर उठकर एक होने की प्रेरणा देती है। कोई भी मजहब हमें आपस में लड़ना, वैर-भाव रखना नहीं सिखाता फिर भी हम उसी धर्म और मजहब के नाम पर आपस में टकराते रहते हैं। यह जीवन मूल्यों के बिलकुल खिलाफ है। टोपी शुक्ला कहानी सांप्रदायिक भेदभाव भुलाकर प्रेम, सद्भावना, भाईचारे और एकता को अपनाने की सीख देती है।

3. पढ़ाई में तेज होने पर भी कक्षा में दो बार फेल हो जाने पर टोपी के साथ घर पर या विद्यालय में जो व्यवहार हुआ उस पर मानवीय मूल्यों की दृष्टि से टिप्पणी कीजिए। **[CBSE 2017]**

उत्तर : यदि कोई निराश हो तो उसके जीवन में आशा का संचार करना, कोई हार रहा हो तो उसे जीतने के लिए प्रेरित करना, कोई दुखी हो तो उसके जीवन में खुशियाँ भरना मानवता की पहचान है। किंतु किसी के घावों पर नमक छिड़कना मानवीय मूल्यों के विरुद्ध है। कहानी टोपी शुक्ला का मुख्य पात्र टोपी नवीं कक्षा में दो बार फेल हो गया। एक बार घर में पढ़ाई का वातावरण न होने के कारण और दूसरी बार अस्वस्थता के कारण। उसे अपने से छोटे बच्चों के साथ कक्षा में बैठना पड़ा। छात्र उसका मजाक उड़ाते थे, अध्यापक भी उसका नाम ले लेकर अन्य छात्रों को समझाते कि यदि नहीं पढ़ोगे तो उसकी तरह एक ही कक्षा में बैठना पड़ेगा। जब उत्तर देने के लिए हाथ उठाता तो उसे नजरअंदाज किया जाता या कहा जाता कि उससे अगले साल पूछ लिया जाएगा। यह बातें उसे तीर की तरह चुभती थीं। यही नहीं परिवार में भी उसके साथ कोई अपनेपन का व्यवहार नहीं करता था। जब तीसरी बार तीसरी श्रेणी में पास हुआ तो दादी ने ताना मारते हुए कहा कि भगवान बुरी नजर से बचाए। इस प्रकार उसके सहपाठियों, अध्यापकों और परिवार के लोगों का व्यवहार मानवीय मूल्यों की दृष्टि से बिलकुल भी उचित नहीं था।

4. घरवालों के मना करने पर भी टोपी का लगाव इफ़्फ़न के घर और उसकी दादी से क्यों था? दोनों के अनजान अटूट रिश्ते के बारे में मानवीय मूल्यों की दृष्टि से अपने विचार लिखिए। **[CBSE 2016]**

उत्तर : टोपी हिंदू परंपराओं के बीच पला-बढ़ा एक बच्चा था। उसकी परवरिश हिंदू रीति-रिवाजों और वातावरण के बीच हुई थी। किंतु उसकी दोस्ती एक मौलवी परिवार के बच्चे इफ़्फ़न से हो गई और वह इतनी गहरी हो गई कि दोनों एक-दूसरे की परछाई नजर आने लगे। टोपी के घर वालों को इफ़्फ़न के साथ उसकी दोस्ती बिलकुल पसंद नहीं थी। घरवालों के मना करने के बावजूद वह इफ़्फ़न से दूर रहने, उसके घर न जाने के लिए तैयार नहीं था। उसे इफ़्फ़न और उसकी दादी के साथ वक्त बिताना बहुत अच्छा लगता था। उनके रिश्ते अनजान किंतु अटूट थे। नैतिक मूल्यों की दृष्टि से देखा जाए तो इस प्रकार के रिश्ते बहुत सच्चे और ऊँचे होते हैं। यह जाति धर्म, अपने-पराए की सीमाओं से भी ऊपर होते हैं। ये रिश्ते किसी स्वार्थ एवं लालच पर नहीं अपितु हृदय की गहराइयों पर टिके होते हैं।

5. अलग-अलग धर्म और जाति मानवीय रिश्तों में बाधक नहीं होते। 'टोपी शुक्ला' पाठ के आलोक में प्रतिपादित कीजिए। **[CBSE 2015]**

उत्तर : हमारा भारतीय समाज अलग-अलग जातियों में बँटा हुआ है। वास्तव में जाति व्यवस्था समाज में विभिन्न कार्यक्षेत्रों के आधार पर की गई थी। समाज और राष्ट्र में सभी काम सुचारू रूप से विभाजित किए जा सकें, यही जाति व्यवस्था का आधार था। किंतु समय के साथ-साथ जाति भेद ने दिलों में भेद पैदा कर दिए। लोग अपनी जाति को ही अपना मानने लगे तथा अन्य जातियों के प्रति विद्वेष की भावना पनपने लगी। वास्तव में जाति और संप्रदाय मानवीय रिश्तों में बाधक नहीं होते। 'टोपी शुक्ला' पाठ में

इफ़्फ़न और टोपी की दोस्ती इस बात का प्रमाण है। जहाँ दिल मिल जाते हैं वहाँ जाति कोई दीवार खड़ी नहीं कर सकती। जिससे हमारे विचार मिलते हैं, वहाँ हम अपनी जाति और धर्म की सीमाओं से उठकर केवल प्रेम, भाईचारे और सद्भावना को अपना लेते हैं।

6. **जीवन मूल्यों के आधार पर इफ़्फ़न और टोपी शुक्ला के संबंधों की समीक्षा कीजिए।** **[CBSE 2016]**

7. **अलग-अलग धर्म और जाति मानवीय रिश्तों में बाधक नहीं होते । 'टोपी शुक्ला' पाठ के आलोक में प्रतिपादित कीजिए।** **[CBSE 2015]**

उत्तर : दोस्ती मन का रिश्ता होता है। जहाँ मन मिल जाते हैं वहाँ मित्रता हो जाती है। इसका किसी धर्म या जाति से कोई लेना-देना नहीं है। यदि कोई किसी की जाति देखकर मित्रता करता है तो वह पवित्र और शुद्ध प्रेम नहीं हो सकता और न ही ऐसा रिश्ता स्थायी हो सकता है। यही बात 'टोपी शुक्ला' पाठ में दिखाई गई है। टोपी एक हिंदू परिवार से था। हिंदू परंपराएँ, रीति-रिवाज और वातावरण उसे बचपन से मिले थे। जबकि इफ़्फ़न एक मौलवी परिवार में पला-बढ़ा था। किंतु दोनों मिले और इतनी गहरी दोस्ती हो गई कि एक-दूसरे के बिना उनका जीवन ही अब संभव नहीं लगता था। टोपी का परिवार इफ़्फ़न से उसकी दोस्ती को बिलकुल पसंद न करता था। पर यह बात उसकी समझ से परे थी। जब उसके घर जाता तो उसकी दादी के पास बैठना, उनसे कहानियाँ सुनना उसको बेहद पसंद आता था। यहाँ तक कि उसकी दादी उसे अपनी दादी से कहीं अधिक अच्छी लगती थीं। उनके पास बैठकर वह सुरक्षित और खुश महसूस करता था।

8. **घरवालों के मना करने पर भी टोपी का लगाव इफ़्फ़न के घर और उसकी दादी से क्यों था? दोनों के अनजान अटूट रिश्ते के बारे में मानवीय मूल्यों की दृष्टि से अपने विचार लिखिए।** **[CBSE 2015]**

उत्तर : लेखक 'राही मासूम रजा' का मानना है कि जाति भेद मानव द्वारा निर्मित है, किंतु मानव मन स्वाभाविक है, प्राकृतिक है, सहज है। जहाँ प्रेम मिलता है, विचार मिलते हैं मन वहीं जुड़ जाता है। किसी से रिश्ता करने से पहले यदि उसकी जाति-धर्म पूछा जाए, तो वह रिश्ता सच्चा नहीं हो सकता। जब टोपी और इफ़्फ़न की दोस्ती हुई तब उनके मन में यह नहीं आया होगा कि उनकी जाति, उनका रहन-सहन, उनकी परंपराएँ एक-दूसरे से मेल खाते हैं या नहीं। बस उन्हें एक-दूसरे का साथ अच्छा लगा। भले ही टोपी के घर वाले उनकी दोस्ती के सख्त खिलाफ थे, किंतु टोपी को यह बात समझ में नहीं आती थी। उसका इफ़्फ़न और उसकी दादी से अटूट रिश्ता बन चुका था। इफ़्फ़न के साथ मिलकर वह कोई गलत काम नहीं कर रहा, तो फिर घर वालों को इतना एतराज क्यों है? यदि हम मानवीय मूल्यों की दृष्टि से देखें तो झूठ बोलना, किसी को सताना, लड़ाई-झगड़ा करना गलत है। किंतु किसी से मित्रता करना, किसी के दुख-सुख में शामिल होना तो मानवीय मूल्यों को जीवित रखना ही है।

9. **इफ़्फ़न की दादी को अपना घर क्यों याद आया?** **[CBSE 2012, 11]**

उत्तर : इफ़्फ़न की दादी जमींदार परिवार से थीं। उनका बचपन घी-दूध खाते, गाते बजाते, मौज मस्ती करते हुए बीता था। वही यादें उनके मन में बसी हुई थीं। किंतु शादी के बाद वह एक मौलवी परिवार में आ गईं और न चाहते हुए भी उन्हें मौलविन बनकर रहना पड़ा। उनके ससुराल में गाने-बजाने को बुरा समझा जाता था, इसलिए उन्हें हमेशा अपना मन मारकर रहना पड़ा। जो बातें, जो इच्छाएँ मन में दबी रह जाएँ, वह कभी न कभी अवश्य उभर आती हैं। मृत्यु के समय इफ़्फ़न की दादी को बचपन की ही बातें याद आईं । पीहर में उन्होंने केवल बारह वर्ष ही गुजारे थे। इतना समय ससुराल में बिताने पर भी बचपन की यादें उनसे दूर नहीं हो पाईं। उन्हें अपने मायके की कच्ची हवेली, अपने हाथ से लगाया हुआ आम का बीजू पेड़ बहुत याद आया।

10. **टोपी ने किस घटना के बाद कलेक्टर साहब के बंगले की ओर रुख नहीं किया? क्यों?** **[CBSE 2011]**

उत्तर : टोपी का एकमात्र दोस्त इफ़्फ़न था। वह कलेक्टर साहब का बेटा था। जब उनका तबादला हो गया तब इफ़्फ़न को टोपी से दूर जाना पड़ा और उनकी जगह नए कलेक्टर साहब आए। उनके तीन बेटे थे। टोपी ने अकेलेपन और उदासी को दूर करने के लिए उनसे दोस्ती करनी चाही। एक बार वह उनके बंगले की ओर गया। वह क्रिकेट खेल रहे थे, टोपी भी उनके खेल में शामिल हुआ। किंतु उन तीनों बच्चों को शायद अपने पिता के ऊँचे ओहदे का घमंड था। उन्होंने अंग्रेजी में बात करनी शुरू की और टोपी की देसी भाषा का मजाक उड़ाया। टोपी ने जब अपनी भाषा में उनको पलटकर जवाब दिया, तो उन्होंने उसके उसके पीछे कुत्ता छोड़ दिया। कुत्ते के काट खाने पर टोपी को सुइयाँ लगवानी पड़ीं। तब उसके होश ठिकाने आए और उसने फिर कभी उस बंगले की तरफ रुख नहीं किया।

स्व-अभ्यास प्रश्न। विस्तृत समाधान हेतु यह स्कैन करें।

11. टोपी शुक्ला के दो बार फेल हो जाने पर अध्यापक तथा छात्र उसके साथ कैसा व्यवहार करते थे?

[CBSE 2012, 11]

उत्तर : टोपी मूर्ख या बुद्धि से कमजोर नहीं था। फिर भी नवीं कक्षा में वह दो बार फेल हो गया। पहली बार उसके घर में उसे पढ़ने का माहौल नहीं मिला। जैसे ही वह पढ़ने बैठता किसी को कोई काम याद आ जाता या उसका छोटा भाई उसे परेशान करने लगता। दूसरी बार उसे टाइफाइड हो गया। इस तरह लगातार दो साल उसे अपने से छोटे साथियों के साथ कक्षा में बैठना पड़ा। सबके बीच वह बूढ़ा-सा दिखाई देता था। छात्र उसे चिढ़ाते तो उसके काले रंग पर लाली छा जाती थी। अध्यापकों ने उसकी खबर लेना छोड़ दिया था। जब वह कोई जवाब देने के लिए हाथ उठाता तो वे कहते कि तुम्हें तो इसी कक्षा में रहना है, तुमसे अगले साल पूछ लेंगे। अन्य छात्रों को समझाने के लिए टोपी का उदाहरण दिया जाता कि पढ़ लो वरना उसकी तरह इसी कक्षा में रह जाओगे। इस प्रकार टोपी को बार-बार जलील होना पड़ता था।

12. हमारे बुजुर्ग हमारी विरासत होते हैं। टोपी शुक्ला पाठ में से उदाहरण देते हुए बताइए कि आप अपने घर में रह रहे बुजुर्गों का कैसे ध्यान रखेंगे? [CBSE 2013]

उत्तर : जैसे-जैसे व्यक्ति की उम्र बढ़ती है, वैसे-वैसे उसका अनुभव भी बढ़ता है। जो समझ अनुभव से आती है, वह किसी अन्य विधि से नहीं आ सकती। यही कारण है कि हमारे बुजुर्ग हमारी धरोहर हैं। उनके जीवन का तजुर्बा हमारे लिए मूल्यवान है। हमें उनके साथ अधिक से अधिक वक्त बिताना चाहिए, उनका ख्याल रखना चाहिए। क्योंकि उनसे दूर होने का मतलब है कि मूल्यवान अनुभव और समझ से वंचित हो जाना। पाठ 'टोपी शुक्ला' में टोपी और इफ़्फ़न इफ़्फ़न की दादी के साथ बैठते थे, कहानियाँ सुनते थे। जब इफ़्फ़न की बहनें उन्हें सतातीं, तो दादी ही बीच बचाव करतीं और उन्हें समझाती थीं।

घर के बड़ों का यही फर्ज़ होता है कि वह परिवार के सभी सदस्यों में तालमेल बनाकर रखें। कैसी भी परिस्थिति हो, उसमें सभी को धैर्य का पाठ पढ़ाएँ। अपने अनुभव से सभी का उचित मार्गदर्शन करते रहें।

13. दो बार फेल हो जाने पर टोपी को किन भावात्मक चुनौतियों का सामना करना पड़ा था?

[CBSE 2016]

उत्तर : मानव जीवन संघर्ष का ही दूसरा नाम है। प्रत्येक व्यक्ति को अपने जीवन में कदम-कदम पर अनेक चुनौतियों का सामना करना पड़ता है। किंतु कभी-कभी ऐसी चुनौतियाँ सामने आ जाती हैं, जो बहुत ही पीड़ादायक होती हैं। टोपी को भी लगातार दो बार फेल हो जाने पर कुछ ऐसी ही भावात्मक चुनौतियों का सामना करना पड़ा जो उसके लिए असहनीय हो जाती थीं। जब पहली बार फेल हुआ और आठवीं के छात्रों के साथ कक्षा में बैठा तो एक छात्र ने ताना मारते हुए कहा कि तुम हमारे साथ क्यों बैठे हो? सातवीं के छात्रों के साथ बैठो। अगले साल तो तुम्हें उन्हीं के साथ कक्षा में बैठना है। अध्यापक भी उसे रह-रहकर ताने मारते थे। उसकी ओर कक्षा में ध्यान नहीं दिया जाता था। वह हाथ उठाता तो उससे अगले साल पूछने की बात कहकर टाल दिया जाता। इन चुनौतियों ने टोपी को पास होकर दिखाने की हिम्मत तो दी किंतु वह तीसरी बार भी केवल तीसरी श्रेणी में ही पास हो पाया, जिसके कारण दादी ने भी ताना मारने में कसर नहीं छोड़ी।

14. इफ़्फ़न 'टोपी शुक्ला' पाठ का एक महत्वपूर्ण पात्र है। कैसे? विस्तार से समझाइए। [CBSE 2011]

उत्तर : लेखक 'राही मासूम रजा' ने अपनी कहानी को 'टोपी शुक्ला' नाम दिया है। इससे स्पष्ट है कि कहानी का मुख्य पात्र टोपी है। किंतु उन्होंने इफ़्फ़न का भी पर्याप्त वर्णन कहानी में किया है। यदि इफ़्फ़न के बारे में वे न बताते, तो टोपी को समझना मुश्किल था क्योंकि वे दोनों एक-दूसरे की परछाई थे। चौथी कक्षा में थे जब दोनों की दोस्ती हुई। इसके बाद से दोनों की और किसी से दोस्ती नहीं हुई और न ही उन्हें इसकी जरूरत लगती थी। एक-दूसरे के साथ वक्त बिताते थे, अपने मन की सभी बातें दूसरे को कहने में वह सुकून पाते थे। इसलिए ऐसा बिलकुल नहीं कहा जा सकता कि टोपी ही कहानी का मुख्य पात्र है। इफ़्फ़न का अस्तित्व भी उतना ही मायने रखता है। उसके बिना टोपी बिलकुल अकेला है। उसके जीवन की लगभग सभी घटनाएँ और परिस्थितियाँ प्रत्यक्ष या अप्रत्यक्ष रूप से इफ़्फ़न से ही जुड़ी हुई थीं।

15. राम दुलारी की मार से टोपी पर क्या प्रभाव पड़ा? 'टोपी शुक्ला' पाठ के आधार पर लिखिए।

[CBSE Sample Paper 2020]

16. टोपी और इफ़्फ़न की दादी अलग-अलग मजहब के होते हुए भी एक अटूट अनजान रिश्ते से बँधे थे। पाठ के आधार पर इस कथन की पुष्टि कीजिए।

[CBSE Sample Paper 2020]

उत्तर : टोपी के परिवार में उसके भाई थे, माँ-पिताजी थे और दादी थीं। अपनी दादी से उसे कभी लगाव नहीं हुआ क्योंकि वह वक्त-बेवक्त उसे डाँटती रहती थीं। दूसरी ओर अपने दोस्त इफ़्फ़न की दादी टोपी को बहुत अच्छी लगती थीं। वह उनके घर जाता, तो दादी के ही साथ बैठता। उनसे कहानियाँ सुनता। दादी के पल्लू में छिपकर ही वह सुकून पाता था। उनके बार-बार कहने पर भी उसने कभी उनके हाथ से कुछ खाया नहीं था, उनका नाम तक वह नहीं

स्व-अभ्यास प्रश्न। विस्तृत समाधान हेतु यह स्कैन करें।

जानता था। किंतु उनके साथ वक्त बिताना उसे बहुत अच्छा लगता था। वह 72 साल की थीं और टोपी 8 बरस का था, किंतु दोनों के बीच जो गहरा संबंध था उसे कोई समझ नहीं पाता था। शायद दोनों ही अपने-अपने परिवार में अकेले थे और दोनों ने एक-दूसरे के अकेलेपन को दूर कर दिया था। उनके गुजर जाने पर टोपी को इफ़्फ़न का भरा-पूरा घर भी खाली महसूस होता था।

17. 'हरिहर काका' पाठ में हरिहर का मौन धारण कर लेना और 'टोपी शुक्ला' पाठ में टोपी का अकेला पड़ जाना समाज की किस कड़वी सच्चाई को दर्शा रहा है? स्पष्ट कीजिए।

उत्तर : हर उम्र के व्यक्ति को एक साथी की आवश्यकता अवश्य होती है, जिससे वह अपने मन की सभी बातें कर सके। पाठ ' हरिहर काका' में गाँव के भोले-भाले किसान हरिहर काका केवल लेखक से ही अपने मन की सारी बातें कर लेते थे। अपने भाई और महंत, दोनों को उन्होंने अपना समझा किन्तु दोनों से ही धोखा खाया। उस समय लेखक भी उनके पास नहीं थे। ऐसे में हरिहर काका ने मौन धारण कर लिया। इसी प्रकार पाठ 'टोपी शुक्ला' में इफ़्फ़न के चले जाने के बाद टोपी बिलकुल अकेला पड़ गया। एक इफ़्फ़न ही था जिससे वह मन की सारी बातें करता था। इस अकेलेपन का असर यह हुआ कि वह दो बार फेल हो गया और उसका आत्मविश्वास बिलकुल चकनाचूर हो गया।

दोनों ही पाठ इस कड़वी सच्चाई को दर्शा रहे हैं कि आज हर व्यक्ति मशीनी जीवन जीने के लिए मजबूर है, किसी के पास किसी के लिए वक्त नहीं है। ऐसे में हर कोई, कभी न कभी तनाव की स्थिति से गुजरता है, जिसकी छाप हृदय पर हमेशा के लिए रह जाती है।

18. टोपी शुक्ला नवीं कक्षा में दो बार क्यों फेल हो गया था? किसी विद्यार्थी को अपनी कक्षा में सभी विद्यार्थियों के साथ सामंजस्य बिठाने में हम क्या योगदान दे सकते हैं? [Diksha]

उत्तर : टोपी शुक्ला पाठ का मुख्य पात्र टोपी नवीं कक्षा में लगातार दो बार फेल हो गया था। पहली बार उसे परिवार में पढ़ने का माहौल ही नहीं मिला। जब भी वह पढ़ने बैठता तो किसी को कोई काम याद आ जाता या उसका छोटा भाई उसे सताने लगता। दूसरी बार उसे टाइफाइड हो गया और वह पढ़ न सका। ऐसे में उसे अपने विद्यालय में छात्रों और अध्यापकों के ताने सुनने पड़े जिसके कारण परिस्थितियाँ उसके लिए और भी विषम बन गईं। यदि कोई व्यक्ति निराशा की स्थिति में है तो हमारा फर्ज बनता है कि हम उसे दिलासा दें, प्रोत्साहित करें ताकि वह उन परिस्थितियों का सामना डटकर कर सके और जीवन में आगे बढ़ सके। छात्रों को उसे समय-समय पर सहायता देनी चाहिए, उसके साथ अच्छा मित्रवत् व्यवहार करना चाहिए। अध्यापकों को इन छात्रों को जिम्मेदारियाँ सौंपनी चाहिए ताकि वे अपने आप को कमजोर न समझें और उनके साथ सामान्य छात्रों जैसा ही व्यवहार करना चाहिए।

19. टोपी शुक्ला के इफ़्फ़न और उसकी दादी के प्रति स्नेह के क्या कारण थे? किसी के प्रति मित्रता स्थापित करने के लिए हमारे अंदर किन गुणों का होना आवश्यक है?

उत्तर : टोपी शुक्ला एक ऐसे परिवार में पला-बढ़ा था जहाँ हिंदू परंपराओं का पालन होता था। उसकी दोस्ती एक ऐसे लड़के से हुई जो मौलवी परिवार का था। टोपी और उसके दोस्त इफ़्फ़न के बीच गहरी मित्रता हो गई जो जाति-धर्म से कहीं ऊपर थी। इफ़्फ़न उसकी हर बात सुनता-समझता था और उसकी दादी उन दोनों को कहानियाँ सुनातीं, उनके साथ खूब बातें करतीं और यदि कोई उन्हें परेशान करता तो वह बीच-बचाव करके उन्हीं का पक्ष लेतीं। इसलिए टोपी को इफ़्फ़न और उसकी दादी से बहुत लगाव हो गया था।

किसी से गहरी मित्रता के लिए जाति-धर्म का एक होना जरूरी नहीं है, बल्कि मन में सहृदयता, सहानुभूति, प्रेम और भाईचारे की भावना का होना जरूरी है। जिसके हृदय में यह गुण निवास करते हैं, वही किसी का सच्चा दोस्त बन सकता है।

20. Ⓢटोपी शुक्ला का व्यक्तित्व अपने परिवार और विद्यालय की उपज है। किसी बच्चे के संतुलित विकास के लिए परिवार और विद्यालय की क्या भूमिका होनी चाहिए? [Diksha]

Ⓢ स्व-अभ्यास प्रश्न। विस्तृत समाधान हेतु यह स्कैन करें।

वर्णनात्मक प्रश्न

[3 अंक]

1. टोपी ने मुन्नी बाबू के बारे में कौन सा रहस्य छिपाकर रखा था और क्यों? विस्तार से समझाइए

उत्तर एक बार टोपी ने मुन्नी बाबू को रहीम कबाबची की दुकान पर कबाब खाते हुए देख लिया था। इसका ज्ञान होने पर मुन्नी बाबू ने टोपी से यह बात किसी से न कहने को कहा और उसे इकन्नी रिश्वत में दे दिया। फिर भी मुन्नी बाबू को यह बात सताती रही कि कहीं टोपी उसका यह राज दादी के सम्मुख उजागर न कर दे, हालांकि सीधा-सादा होने के कारण टोपी ने किसी से यह बात नहीं कही थी। एक बार जब टोपी इफ्फन से दोस्ती करने के कारण पिट रहा था, तभी मुन्नी बाबू ने उसी बात का इल्ज़ाम टोपी के सिर मढ़ दिया क्योंकि उसे पता था कि टोपी इस बात से और तो पिटेगा, साथ में उसकी सच्चाई पर किसी को विश्वास तक नहीं होगा।

[CBSE Topper 2014]

2. टोपी नवीं कक्षा में दो बार फेल हो गया। एक ही कक्षा में दो-दो बार बैठने से टोपी को किन भावनात्मक चुनौतियों का सामना करना पड़ा होगा? उसकी भावनात्मक परेशानियों को ध्यान में रखते हुए शिक्षा व्यवस्था में आपके विचार से क्या परिवर्तन होने चाहिए? तर्क सहित उत्तर दीजिए।

उत्तर टोपी शुक्ला तीव्र बुद्धि बालक था फिर भी वह नवीं कक्षा में दो बार फेल हुआ। इस कारण वश उसे कई भावनात्मक चुनौतियों का सामना करना पड़ा। कक्षा में उसके सहपाठी उसका उपहास किया करते थे। उसके शिक्षकगण भी उसे बुरा भला कहते थे। उनका टोपी के प्रति रवैया सख्त था। टोपी को समझने वाला कोई नहीं था। वह पूर्णतः अकेला हो गया था। टोपी की भावनात्मक परेशानियों को मद्देनज़र रखते हुए शिक्षा व्यवस्था में निम्न परिवर्तन किए जा सकते हैं।

विद्यार्थियों को परीक्षाओं के आधार पर न आँककर, उनकी प्रतिभा के आधार पर आँका जा सकता है। उन्हें परीक्षाओं में प्राप्त किए गए अंकों के आधार पर उत्तीर्ण या अनुत्तीर्ण घोषित नहीं करना चाहिए। विद्यार्थियों की प्रतिभाओं को उचित प्रोत्साहन देना चाहिए। शिक्षकगणों को बाल मनोविज्ञान को समझना होगा।

[CBSE Topper 2015]

3. पढ़ाई में तेज होने पर भी कक्षा में दो बार फेल हो जाने पर टोपी के साथ घर या विद्यालय में जो व्यवहार हुआ उस पर मानवीय-मूल्यों की दृष्टि से टिप्पणी कीजिए।

उत्तर पाठ 'टोपी शुकला' में टोपी एक मेधावी छात्र होने के बावजूद कक्षा में दो बार फेल हो गया। पहली बार जब वह फेल हुआ तो उसे अपने घरवालों के कटु वचन सुनने पड़े। टोपी की दादी ने उसे अनेक उलाहने दिए एवं अपने से छोटे छात्रों के साथ एक

[CBSE Topper 2017]

ही कक्षा में बैठना टोपी के लिए बहुत ही अपमानजनक था। टोपी पढ़ाई में अच्छा था परंतु जब भी वह पढ़ने बैठता तो उसका बड़ा भाई मुन्नी बाबू उसे कोई काम थमा देता, या फिर इसकी माता उसे बाज़ार सामान लाने हेतु भेज देती। उसका छोटा भाई उसके कॉपियों के जहाज़ बना कर उड़ा देता। इन सभी परेशानियों की वजह से टोपी कक्षा में फेल हो गया और दूसरी बार इसे टायफाइड हो गया था, इस वजह से वह पढ़ न सका और फेल हो गया। दो बार फेल होने के कारण अध्यापक भी उससे कटु वचन कहने लगे एवं उसका उपहास उड़ाने लगे। टोपी भीतर से मर चुका था। उसके कक्षा के छात्र तक उसका मज़ाक बनाते थे। जब टोपी मेहनत करके किसी प्रश्न का जवाब देने का प्रयास करता तो उसे अगले साल उत्तर देने को कह दिया जाता। यह सब उलाहने सुन-सुन कर टोपी बिलकुल मर सा गया था। यह सारे व्यवहार मानवीयता के विरुद्ध हैं। टोपी के अध्यापकों को उसकी सहायता करनी चाहिए थी एवं उसके माता-पिता को उसे लाड़-प्यार से समझाना चाहिए था ताकि वह अकेला न महसूस करे।

[CBSE Topper 2017]

4. इफ्फन और टोपी शुक्ला की मित्रता भारतीय समाज के लिए किस प्रकार प्रेरक है? जीवन मूल्यों की दृष्टि से लगभग 150 शब्दों में उत्तर दीजिए।

उत्तर लेखक मासूम रज़ा द्वारा लिखित पाठ- टोपी शुक्ला में मज़हब की सारी दीवारों को पार किया गया है। इफ्फन एक कट्टर मुसलमान-परिवार का सदस्य था तो टोपी शुक्ला एक कट्टर हिंदू कुटुम्ब का। पर उनकी घनिष्ठ मित्रता में मज़हब की कोई दीवार नहीं थी। टोपी अकसर इफ्फन के घर जाकर उसकी दादी से खूब स्नेहपूर्वक बातें किया करता था। उनके बीच परस्पर प्रेम, सद्भावना एवं स्नेह की अदृश्य डोर थी। दोनों मित्र सदा मिल-जुलकर प्रसन्नता से, बिना किसी लड़ाई-झगड़े के रहते थे।

आज समाज को ऐसे ही शाश्वत संबंधों की आवश्यकता है। धर्म के नाम पर कोई भेद-भाव न हो, हम सब परस्पर प्यार से एक दूसरे का साथ देते हुए रहें। आखिर हम सब उस निराकार ईश्वर की संतानें हैं, हम सब एक ही हैं बस हमारे रीति-रिवाज़ थोड़े भिन्न हैं पर हैं तो हम सब एक ही कुटुम्ब- एक ही वसुधा का हिस्सा! यह पाठ उन सबके लिए प्रेरणादायक है जो हिंदू-मुस्लिम में ज़हर घोल अनेक दंगे करवाते हैं। आज एक ऐसे समाज की आवश्यकता है जहाँ अनेकता में भी एकता हो, और एक-जुट होकर रहे ताकि कोई बाहरी सत्ता हमारे ऊपर राज न कर सके। एकता से ही हमारे देश की प्रगति सम्भव है।

[CBSE Topper 2018]

1

लेखन
(WRITING)

अनुच्छेद लेखन

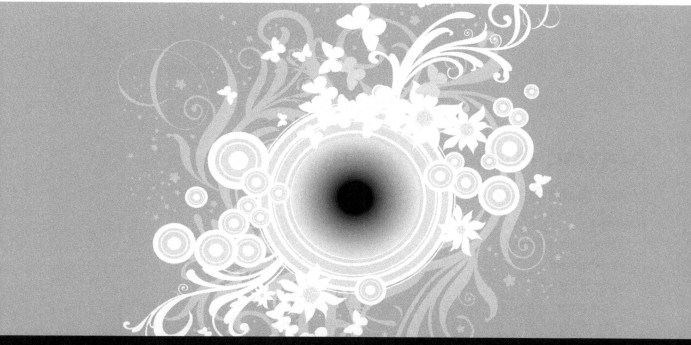

अनुच्छेद को अंग्रेजी में 'Paragraph' कहते हैं। अनुच्छेद लेखन एक ऐसी कला है जिसमें विषय से संबंधित सभी महत्वपूर्ण तथ्यों को ध्यान में रखकर निर्धारित शब्दों में लेखन कार्य किया जाता है। अनुच्छेद लेखन में किसी विषय पर विचार व्यक्त करने होते हैं। विचार व्यक्त करते समय इस बात का ध्यान रखा जाता है कि विषय से संबंधित समस्त तथ्यों का समाहार उसमें हो जाए।

Topic Notes

- अंक विभाजन
- अनुच्छेद लेखन का प्रारूप

किसी एक भाव या विचार को व्यक्त करने के लिए लिखे गए सम्बद्ध और लघु वाक्य-समूह को अनुच्छेद लेखन कहते हैं। दूसरे शब्दों में, किसी घटना, दृश्य अथवा विषय को संक्षिप्त (कम शब्दों में) किन्तु सारगर्भित (अर्थपूर्ण) ढंग से जिस लेखन शैली में प्रस्तुत किया जाता है, उसे अनुच्छेद लेखन कहते हैं। अनुच्छेद की भाषा शैली सजीव एवं प्रभावशाली होनी चाहिए। शब्दों के सही चयन के साथ लोकोक्तियों एवं मुहावरों के समुचित प्रयोग से ही भाषा शैली में उपर्युक्त गुण आ सकते हैं। इसका मुख्य कार्य किसी एक विचार को इस तरह लिखना होता है, जिसके सभी वाक्य एक-दूसरे से बँधे होते हैं। एक भी वाक्य अनावश्यक और बेकार नहीं होना चाहिए। अनुच्छेद अपने-आप में स्वतन्त्र और पूर्ण होते हैं। अनुच्छेद का मुख्य विचार या भाव की कुंजी या तो आरम्भ में रहती है या अन्त में। उच्च कोटि के अनुच्छेद-लेखन में मुख्य विचार अन्त में दिया जाता है।

अनुच्छेद लेखन उच्चतम कला के नमूने होते हैं। किसी भी विषय पर स्वतंत्र रूप से लिखने की कला विकसित करने का अर्थ होता है 'भाषा पर सम्पूर्ण अधिकार, शब्दावली आदि का सहज, सार्थक प्रयोग।' अतः अनुच्छेद गद्य लेखन की वह विधा है, जिसके अंतर्गत किसी निर्धारित विषय पर संक्षेप में वे बातें कही जाती हैं जिनका पाठक के मन पर सीधा-सीधा प्रभाव पड़ता है। परीक्षा में 80-100 शब्दों में अनुच्छेद लिखने के लिए आता है। इसकी अंक योजना इस प्रकार है—

अंक विभाजन	
भूमिका (आरंभ व समापन)	1 अंक
विषय वस्तु	3 अंक
भाषा	1 अंक
कुल अंक	5 अंक

अनुच्छेद लेखन का प्रारूप

भारतीय किसान के कष्ट

संकेत बिंदु :

- अन्नदाता की कठिनाइयाँ
- कठोर दिनचर्या
- सुधार के उपाय

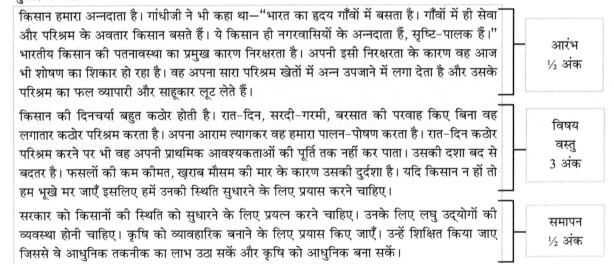

किसान हमारा अन्नदाता है। गांधीजी ने भी कहा था—"भारत का हृदय गाँवों में बसता है। गाँवों में ही सेवा और परिश्रम के अवतार किसान बसते हैं। ये किसान ही नगरवासियों के अन्नदाता हैं, सृष्टि-पालक हैं।" भारतीय किसान की पतनावस्था का प्रमुख कारण निरक्षरता है। अपनी इसी निरक्षरता के कारण वह आज भी शोषण का शिकार हो रहा है। वह अपना सारा परिश्रम खेतों में अन्न उपजाने में लगा देता है और उसके परिश्रम का फल व्यापारी और साहूकार लूट लेते हैं।

आरंभ ½ अंक

किसान की दिनचर्या बहुत कठोर होती है। रात-दिन, सरदी-गरमी, बरसात की परवाह किए बिना वह लगातार कठोर परिश्रम करता है। अपना आराम त्यागकर वह हमारा पालन-पोषण करता है। रात-दिन कठोर परिश्रम करने पर भी वह अपनी प्राथमिक आवश्यकताओं की पूर्ति तक नहीं कर पाता। उसकी दशा बद से बदतर है। फसलों की कम कीमत, ख़राब मौसम की मार के कारण उसकी दुर्दशा है। यदि किसान न हों तो हम भूखे मर जाएँ इसलिए हमें उनकी स्थिति सुधारने के लिए प्रयास करने चाहिए।

विषय वस्तु 3 अंक

सरकार को किसानों की स्थिति को सुधारने के लिए प्रयत्न करने चाहिए। उनके लिए लघु उद्योगों की व्यवस्था होनी चाहिए। कृषि को व्यावहारिक बनाने के लिए प्रयास किए जाएँ। उन्हें शिक्षित किया जाए जिससे वे आधुनिक तकनीक का लाभ उठा सकें और कृषि को आधुनिक बना सकें।

समापन ½ अंक

* भाषिक प्रस्तुतीकरण के लिए 1 अंक निर्धारित है।

🕉 स्मरणीय बिंदु

➡ *सामान्यतः 80-100 शब्दों का अनुच्छेद होना चाहिए।*

➡ *अनुच्छेद एक संक्षिप्त लेख शैली है जिसमें मुख्य विषय पर ही ध्यान केन्द्रित रखना चाहिए।*

➡ *इसमें उदाहरण के लिए कोई स्थान नहीं होता अतः उसकी ओर संकेत करना ही पर्याप्त है।*

➥ सभी वाक्य आपस में सहसंबंधित होने चाहिए।

➥ प्रथम और अंतिम वाक्य सारगर्भित और प्रभावयुक्त होने चाहिए।

➥ भाषा की शुद्धता और शब्दों के चयन पर विशेष ध्यान दिया जाना चाहिए।

➥ विषय के सभी प्रमुख बिन्दुओं का समावेश होना चाहिए।

➥ मुहावरों और लोकोक्तियों के प्रयोग से अनुच्छेद को प्रभावी बनाने का प्रयास करना चाहिए।

उदाहरण 1. मन के हारे हार है, मन के जीते जीत।

- **निराशा अभिशाप**
- **दृष्टिकोण परिवर्तन**
- **सकारात्मक सोच**

मनुष्य का जीवन अनेक प्रकार की विविधताओं से भरा हुआ है। उसके जीवन में सुख है तो दुख भी है, आशा है तो निराशा भी है, सफलता है तो असफलता भी है। जिस प्रकार मौसम बदलता रहता है, उसी प्रकार मनुष्य के जीवन में परिस्थितियाँ भी बदलती रहती हैं। जिस प्रकार इन्द्रधनुष के लिए बारिश और धूप दोनों ही आवश्यक हैं, उसी प्रकार जीवन में सफलता पाने के लिए मनुष्य को खट्टे-मीठे अनुभवों का सामना करना पड़ता है। अत: मनुष्य को निराशा और अवसाद में जीवन नहीं जीना चाहिए। कई बार मनुष्य असफलताओं से घबराकर अपने लक्ष्य को ही छोड़ देता है। असफलता से हारकर मनुष्य को बैठना नहीं चाहिए बल्कि अपने दृष्टिकोण में परिवर्तन लाना चाहिए। जैसे हर रात के बाद नया सवेरा आता है वैसे ही हर असफलता के पीछे सफलता छिपी हुई होती है। जो व्यक्ति हर हाल में आगे बढ़ने की चाह रखता है जिंदगी भी उसी के आगे नतमस्तक होती है। अत: हर बाधा से उबरने के रास्ते खोजते हुए आगे बढ़ते जाओ। अपने जीवन में उन्नति को प्राप्त करने के लिए मनुष्य को अपनी सोच को सकारात्मक रखना होगा। जो व्यक्ति आशावादी और कर्मवीर होता है वही अपने जीवन में सफल होता है। इस प्रकार का व्यक्ति हमेशा लक्ष्य को पाने के लिए प्रयासरत रहता है। इसके लिए आवश्यक है अपने मन को जीतना क्योंकि जब तक मन शिथिल है तब तक मनुष्य कुछ भी करने में सक्षम नहीं है।

उदाहरण 2. स्वास्थ्य की रक्षा

- **आवश्यकता**
- **पोषक भोजन**
- **लाभकारी सुझाव**

'स्वस्थ शरीर में ही स्वस्थ बुद्धि निवास करती है।' यह कथन अक्षरश: सत्य है। वास्तव में स्वास्थ्य से बढ़कर कोई उत्तम धन नहीं है। स्वास्थ्य है तो हम हैं, हमारा अस्तित्व है। दुनिया का कोई भी धन इस स्वास्थ्य रूपी अमूल्य धन का मुकाबला नहीं कर सकता। यदि मनुष्य का स्वास्थ्य सही रहेगा तो उसकी बुद्धि भी समुचित रूप से कार्य करेगी। अच्छे स्वास्थ्य का तो कोई मुकाबला ही नहीं है। स्वास्थ्य सही रहने से शरीर में चुस्ती-फुर्ती आती है, मस्तिष्क सही कार्य करता है और शरीर बलशाली बनता है। जब शरीर बलशाली बनेगा तो हम प्रत्येक कार्य को पूरी लगन और तल्लीनता से करेंगे। स्वस्थ शरीर के लिए आवश्यक है कि हम पोषक भोजन करें। इसके लिए अपने खाने में हरी सब्जियाँ, ताज़ा फल, सलाद, दूध, दही आदि संतुलित आहारों का समावेश करें। भोजन-निर्माण की प्रक्रिया को स्वच्छ और निर्मल रखें। डिब्बाबंद खाद्य पदार्थ, जंक फूड आदि से दूर रहें। व्यक्तिगत स्वच्छता का भी ध्यान रखें और अपने स्वास्थ्य की नियमित जाँच करवाते रहें। इसके साथ-साथ नियमित योग और शारीरिक व्यायाम का अभ्यास करें तथा भरपूर पानी पिएँ। पर्याप्त निद्रा लें तथा ऋतु के अनुसार खान-पान का चुनाव करें। इससे हम शारीरिक, मानसिक और बौद्धिक स्तर पर स्वस्थ रहेंगे और एक स्वस्थ समाज का निर्माण कर सकेंगे। याद रखें कि अच्छा स्वास्थ्य ही जीवन का अमूल्य उपहार है।

वर्णनात्मक प्रश्न

निम्नलिखित संकेत बिन्दुओं के आधार पर लगभग 80 से 100 शब्दों में अनुच्छेद लिखिए—

1. महानगरों में महिलाओं की सुरक्षा

- **जीवन शैली**
- **कामकाजी महिलाओं की समस्या**
- **सुरक्षा में कमियों के कारण व सुझाव**

उत्तर : भारत देश में महिलाओं की सुरक्षा का मुद्दा बेहद महत्वपूर्ण विषय है। हमारा देश हिंदुस्तान सम्पूर्ण विश्व में अपने अलग-अलग रीति-रिवाजों के लिए प्रसिद्ध है। यहाँ प्राचीन काल से ही महिलाओं को समाज में विशेष आदर और सम्मान दिया जाता है। भारतीय संस्कृति में महिलाओं को देवी का दर्ज़ा दिया गया है। अगर हम इक्कीसवीं सदीं की बात करें तो आज महिलाएँ हर क्षेत्र में पुरुषों के साथ कंधे-से-कंधा मिलाकर काम कर रही हैं। वे आज जागरूक हो रही हैं। आज हमारे देश में महानगरों में रहने वाली महिलाएँ अलग-अलग व्यवसायों में लगी हुई हैं और अपना जीवनयापन करने में सक्षम हैं। वे किसी पर निर्भर नहीं हैं और घर से बाहर निकलकर देश की प्रगति में अपना सक्रिय योगदान दे रही हैं। पर खेद का विषय है कि इतनी प्रगति के बाद भी आज महिलाएँ सुरक्षित नहीं है। अपने काम के सिलसिले में उन्हें बाहर भी जाना पड़ता है, कई बार वे रात को देर से घर लौटती हैं। पुरुषों का देर रात तक ऑफिस में काम करना तो आम बात है पर महिलाओं का देर रात घर लौटना चिंता का विषय है क्योंकि आज भी वे सुरक्षित नहीं है। जिस गति से महिलाओं की प्रगति बढ़ रही है उसी गति से देश में अपराध भी बढ़ते जा रहे हैं। अपराधों के बढ़ने का प्रमुख कारण है सुरक्षा व्यवस्था में कमी होना। अत: महिलाएँ सुरक्षित होने का अनुभव ही नहीं कर पातीं। उनके ऊपर अपराध का डर काले साये के समान मँडराता रहता है। किसी महिला को बीच राह में अकेला देखकर अपराधी की हिम्मत भी बढ़ जाती है क्योंकि उसे लगता है कि वह तो अबला नारी है। समाज पीड़ित महिला को हीन दृष्टि से देखता है, सारे लाँछन भी उसी पर लगते हैं। अपराधी को कोई नहीं कहता कि उसकी सोच गलत है, महिला के रहने और काम करने का तरीका नहीं। देश में महिलाओं की सुरक्षा के लिए कानून तो बने हैं पर वे अपराधी को वैसी सज़ा नहीं देते जिसका वह हक़दार है। अत: देश में महिलाओं की सुरक्षा के लिए नागरिकों का जागरूक होना अपेक्षित है।

2. परिश्रम और अभ्यास— सफलता की कुंजी

- **परिश्रम का महत्व**
- **परिश्रम के अनुकरणीय उदाहरण**
- **परिश्रम और अभ्यास से सफलता**

उत्तर : मानव जीवन में परिश्रम का बहुत महत्व है। परिश्रम ही व्यक्ति को छोटे से बड़ा बनाता है। सभी कार्यों की सफलता परिश्रम पर ही निर्भर करती है। दृढ़ संकल्प लेकर कठोर परिश्रम करना ही सफलता का परिचायक है। प्राचीन काल से आधुनिक काल तक ग्रामों, नगरों, मशीनों, शिल्प आदि का विकास परिश्रम से ही संभव हुआ है। परिश्रम के बिना संसार की कल्पना ही नहीं की जा सकती। सफलता परिश्रमी व्यक्ति की अनुचर है। परिश्रम मानव में नवीन उत्साह और उमंग का संचार करता है। जो लोग परिश्रम नहीं करते उनका जीवन सदैव दुख और कष्टों से भरा हुआ रहता है। संसार इस बात का साक्षी है कि जिस राष्ट्र के नागरिक परिश्रमी होते हैं, वह राष्ट्र सदैव उन्नति प्राप्त करता है। जिस प्रकार रस्सी की रगड़ से कुएँ के मज़बूत पत्थर पर भी निशान पड़ जाता है उसी प्रकार निरंतर परिश्रम कठिन से कठिन कार्य को भी सफल बना देता है। महात्मा गांधी, सुभाषचन्द्र बोस, तिलक, चन्द्रशेखर आज़ाद आदि क्रांतिकारियों के अथक परिश्रम के फलस्वरूप ही आज हम स्वतंत्र भारत में साँस ले पा रहे हैं। प्रकृति के कण-कण से हमें परिश्रम और अभ्यास करने की सीख मिलती है। एक छोटी-सी चींटी का जीवन परिश्रम से भरपूर होता है। इसी प्रकार नदियाँ भी दिन-रात अनवरत बहती रहती हैं। जिस प्रकार शेर को बिना परिश्रम के शिकार नहीं मिलता उसी प्रकार मनुष्य को भी बिना परिश्रम के सफलता नहीं मिलती। एक कवि के शब्दों में परिश्रम की महिमा का गुणगान इस प्रकार हुआ है—

"विश्वास करो
यह सबसे बड़ा देवत्व है कि—
तुम पुरुषार्थ करते मनुष्य हो
और मैं स्वरूप पाती मृत्तिका।"

3. परीक्षा से पहले मेरी मनोदशा

- **परीक्षा नाम से भय**
- **परीक्षा की तैयारी**
- **प्रश्न-पत्र देखकर भय दूर हुआ**

उत्तर : परीक्षा वह शब्द है जिसे सुनते ही अच्छे-अच्छों के माथे पर पसीना आ जाता है। परीक्षा का नाम सुनते ही मेरा भी भयभीत होना स्वाभाविक है। ज्यों-ज्यों परीक्षा की घड़ी निकट आती जा रही थी त्यों-त्यों यह घबराहट और भी बढ़ती जा रही थी। जितना भी पढ़ता था घबराहट में सब भूला-सा महसूस हो रहा था। खाने-पीने में भी अरुचि-सी हो रही थी। इस घबराहट में न जाने कब 'जय हनुमान ज्ञान गुण सागर' उच्चरित होने लगता था। यद्यपि मैं अपनी तरफ से परीक्षा का भय भूलने और सभी प्रश्नों के उत्तर दोहराने की तैयारी कर रहा था और जिन प्रश्नों पर तनिक भी आशंका होती तो उन पर निशान लगाकर पिताजी से शाम को हल करवा लेता था पर मन में कहीं न कहीं भय तो था ही। परीक्षा का दिन आखिर आ ही गया। सारी तैयारियों को समेटे मैं परीक्षा भवन में चला गया पर प्रश्न-पत्र हाथ में आने तक मन में तरह-तरह की आशंकाएँ आती-जाती रहीं। मैंने अपनी सीट पर बैठकर आँखें बंद कर लीं। प्रश्न-पत्र मिलने का इंतज़ार करने पर घबराहट के साथ-साथ दिल की धड़कनें तेज़ हो गईं। इसी बीच घंटी बजी। कक्ष निरीक्षक ने पहले हमें उत्तर-पुस्तिकाएँ बाँटी फिर दस मिनट बाद प्रश्न-पत्र दिया। काँपते हाथों से मैंने प्रश्न-पत्र लिया और पढ़ना शुरू किया। शुरू के पन्नों के चारों प्रश्नों को पढ़कर मेरी घबराहट आधी हो गई क्योंकि उनमें से चारों के जवाब मुझे आते थे। पूरा प्रश्न-पत्र पढ़ा। अब मैं प्रसन्न था क्योंकि एक का उत्तर छोड़कर सभी के उत्तर लिख सकता था। मेरी घबराहट छू-मंतर हो चुकी थी। अब मैं लिखने में व्यस्त हो गया।

4. Ⓢदुविधा में दोनों गए, माया मिली न राम।

- **उक्ति का अर्थ**
- **एक लक्ष्य से सफलता संभव**
- **दो लक्ष्यों से दुविधा**
- **दुविधा से शक्तियों का बँटवारा**
- **भ्रम, अपना मत**

5. जंक फूड

- **जंक फूड क्या होता है**
- **युवा पीढ़ी और जंक फूड**
- **जंक फूड खाने के दुष्प्रभाव**

उत्तर : जंक फ़ूड दिखने में तो आकर्षक होता है लेकिन स्वास्थ्य के लिए बिलकुल भी अच्छा नहीं होता है। इसका प्रचलन विश्व में बढ़ता जा रहा है। जंक फूड के अंतर्गत पिज्जा, बर्गर आदि आते हैं जोकि हमारे जीवन का एक अहम हिस्सा बन चुके हैं। पहले लोग कभी-कभी ही बाहर जंक फूड खाने जाया करते थे लेकिन अब ये हमारी दिनचर्या का हिस्सा बन चुके हैं। जंक फूड का सबसे ज्यादा सेवन बच्चों और युवाओं के द्वारा किया जाता है क्योंकि वे पश्चिमी सभ्यता को अपनाने में अपनी शान समझते हैं। दूसरा जंक फूड उन्हें स्वादिष्ट लगते हैं और बहुत ही आकर्षक होते हैं। स्वस्थ जीवन के लिए हर व्यक्ति को संतुलित आहार की जरूरत होती है जिसमें उचित मात्रा में प्रोटीन, विटामिन और मिनरल हो। जंक फूड में प्रोटीन तत्व नहीं होते हैं जोकि स्वास्थ्य के लिए हानिकारक होता है। इससे स्वास्थ्य पर नकारात्मक प्रभाव पड़ता है। जंक फूड की बढ़ती खपत के कारण लोगों में मोटापे की समस्या बढ़ती जा रही है। घर की तरह बाहर का भोजन साफ-स्वच्छ नहीं होता है। वह गली-सड़ी सब्जियों से बनाया जाता है और उसे खाकर हम बीमार पड़ जाते हैं। इसमें कैलेस्ट्रोल की मात्रा बहुत ही ज्यादा होती है जिससे हृदय से जुड़े रोग हो जाते हैं। कभी-कभी जंक फूड खाना ठीक है लेकिन हमें रोज इसका सेवन नहीं करना चाहिए। हमें चाहिए कि हम घर पर ही रंग-बिरंगा और स्वादिष्ट भोजन बनाएँ। घर पर बने आलू के चिप्स आदि खाएँ और हो सके तो पिज्जा आदि बनाने के लिए ताजा सब्ज़ियों का प्रयोग करें। जंक फूड यानि कि फास्ट फूड जोकि बहुत ही प्रचलन में है। हमें इसका सेवन बहुत कम करना चाहिए। माता-पिता को बच्चों को बचपन से ही अच्छे भोजन की आदत डालनी चाहिए। जंक फूड में ज्यादा पैसे भी खर्च होते हैं और साथ ही स्वास्थ्य को भी हानि होती है। हमें अपनी खाने की दिनचर्या बनानी चाहिए जिसमें हफ्ते में एक बार ही जंक फूड होना चाहिए। हमें संतुलित आहार लेना चाहिए क्योंकि जंक फूड सिर्फ मजबूरी में खाया जाता है जब हम कहीं बाहर हों। बाहर आते-जाते समय भी हो सके तो घर से ही भोजन लेकर जाएँ और जंक फूड को छोड़कर शुद्ध भोजन खाने की आदत को अपनाएँ।

Ⓢ स्व-अभ्यास प्रश्न। विस्तृत समाधान हेतु यह स्कैन करें।

6. विद्यालयों की ज़िम्मेदारी— बेहतर नागरिक सोच
   - विद्यालय की आवश्यकता
   - विद्यालय का कर्तव्य
   - विद्यार्थी का दायित्व

उत्तर : बच्चे की प्रथम पाठशाला घर होती है। अपनों के संपर्क में वह घर में बोलना, चलना सीखता है। इसके बाद जब वह विद्यालय जाने की आयु में पहुँचता है, तब माता-पिता उसका दाखिला वहाँ करवाते हैं। विद्यालय का प्रथम कर्तव्य बालक को घर और संसार से जोड़ना है। बालक में उत्तम चरित्र, रुचियों आदि का विकास करने में विद्यालय की अहम भूमिका होती है। उसके अंदर सहयोग, परोपकार, सहनशीलता आदि गुणों का विकास होता है और साथ ही वह अच्छा नागरिक बनता है। एक विद्यालय ही बालक को जीवन की जटिल परिस्थितियों का सामना करने के योग्य बनाता है, उसके अंदर कर्तव्य बोध जगाता है। इस प्रकार अपने अंदर अच्छे गुणों का विकास कर बालक समाज का एक ज़िम्मेदार नागरिक बनता है। राष्ट्र और समाज के प्रति भी एक व्यक्ति के कुछ कर्तव्य होते हैं, जिनका निर्वाह वही कर सकता है जो एक कुशल विद्यार्थी होता है। एक पढ़ा-लिखा व्यक्ति ही अपने अधिकारों और कर्तव्यों के प्रति सजग होता है। यदि मनुष्य को अपने दायित्वों का बोध होता है तो वह समाज, राष्ट्र की उन्नति में सहयोग प्रदान कर सकता है। निरक्षरता सबसे बड़ा अभिशाप है। एक शिक्षित व्यक्ति ही अपनी उन्नत सोच के माध्यम से सफलता की नई ऊँचाइयों को छूता हुआ राष्ट्र को शिखर तक ले जाने में सक्षम होता है।

7. ✍ युवाओं के लिए मतदान का अधिकार
   - मतदान का अधिकार
   - सभ्य समाज की अरुचि
   - मतदान के प्रति जागरूकता
   - अनिवार्य मतदान के लिए प्रयास

8. मीडिया की भूमिका
   - मीडिया का प्रभाव
   - सकारात्मकता और नकारात्मकता
   - अपेक्षाएँ

उत्तर : मीडिया हमारे चारों ओर उपस्थित है और उसके प्रभाव से कोई भी अछूता नहीं है। टीवी में हम जो देखते हैं, रेडियो पर हम जो सुनते हैं, समाचार-पत्रों और पत्रिकाओं में हम जो पढ़ते हैं वह सब मीडिया है। मीडिया हमारा सबसे करीबी है इसलिए उसके प्रभाव से मुक्त नहीं हुआ जा सकता। समाज पर इसका बहुत प्रभाव पड़ता है। मीडिया समाज का निर्माण और पुनर्निर्माण करता है। देश को अंग्रेजों की वर्षों की गुलामी से मुक्ति दिलाने में मीडिया की भूमिका को नकारा नहीं जा सकता। मीडिया का प्रमुख कार्य जनजागरण और समय-समय पर नागरिकों को उनके अधिकारों के प्रति जागरूक कराना है। प्रत्येक सिक्के के दो पहलू के समान ही मीडिया के भी सकारात्मक और नकारात्मक दो पहलू हैं। मीडिया के द्वारा लोगों को शिक्षा मिलती है, बच्चों के ज्ञान में वृद्धि होती है, देश-दुनिया में घटित घटनाओं का बोध हमें होता है। आज हमारे समाचार-पत्र अपराधों की ख़बरों से भरे हुए होते हैं। टीवी पर तो जैसे पैसे कमाना ही लोगों का एकमात्र उद्देश्य रह गया है और वह अश्लीलता दिखाने से भी पीछे नहीं रहते। सोशल मीडिया पर अधिक समय बिताने के कारण बच्चों के दिमाग पर जोर पड़ता है। मीडिया वाले अपनी लोकप्रियता बढ़ाने हेतु सच को छिपा लेते हैं। मीडिया को समाज में जागरूकता उत्पन्न करने वाले साधन के रूप में देखा जाता है इसलिए मीडिया का प्रमुख कर्तव्य है लोगों को सच दिखाना और जनहित के लिए कार्य करना। अत: उन्हें इस प्रकार के कार्यक्रम दिखाने चाहिए जिससे लोगों को कोई प्रेरणा मिल सके और वे कुछ सीख लेकर आगे बढ़ सकें।

9. सफलता की कुंजी— मन की एकाग्रता
   - मन की एकाग्रता क्या और क्यों?
   - सफलता की कुंजी
   - सतत अभ्यास

✍ स्व-अभ्यास प्रश्न। विस्तृत समाधान हेतु यह  स्कैन करें।

उत्तर : मन की एकाग्रता पर ही प्रत्येक व्यक्ति की सफलता निर्भर करती है। यदि व्यक्ति का मन एकाग्र है तो वह अपने सामने आने वाली हर परेशानी को चुटकियों में सुलझा सकता है। अपनी मानसिक और भावनात्मक ऊर्जा को किसी एक काम में लगाना ही एकाग्रता है। एकाग्रता से ही मनुष्य के अंदर किसी एक विषय के प्रति ध्यान केन्द्रित करने की क्षमता का विकास होता है। जीवन में सफलता का मूलमंत्र ही मन की एकाग्रता है। इसके अभाव में व्यक्ति उन्नति ही नहीं कर पाता। यदि मनुष्य का मन एकाग्र रहेगा तो वह अपने सामने आने वाली हर कठिनाई का समाधान करने में सफल रहेगा। व्यक्ति की सुप्त शक्तियों को जागृत कर उसे हर विपरीत परिस्थिति से संघर्ष करने की प्रेरणा हासिल होना भी मन की एकाग्रता का ही परिणाम है इसलिए एकाग्रता को सफलता की प्रथम कुंजी कहा गया है। यदि व्यक्ति पूरी एकाग्रता के साथ अपना कार्य संपन्न करता है तो दुनिया की कोई भी ताकत सफलता को उसके कदम चूमने से नहीं रोक सकती। एकाग्रता के लिए शांत वातावरण और मन की शांति का होना अत्यावश्यक है। विद्यार्थी जीवन में तो मन की एकाग्रता बहुत आवश्यक है क्योंकि विद्यार्थी अपने लक्ष्य को तभी प्राप्त कर सकता है जब उसका मन एकाग्र हो और मन की एकाग्रता के लिए सतत अभ्यास जरूरी है। यदि व्यक्ति अभ्यास नहीं करेगा तो उसे सफलता नहीं मिलेगी। सतत अभ्यास ही मन को एकाग्र करने में सहायक है और इसी पर व्यक्ति की सफलता निर्भर होती है।

10. ✍️बीता समय फिर नहीं लौटता
   - समय का महत्व
   - समय नियोजन
   - समय गँवाने की हानियाँ

11. मनोरंजन का महत्व
   - विविध प्रकार
   - स्वस्थ मनोरंजन ही वास्तविक
   - समयावधि और महत्व

उत्तर : आधुनिकता के इस दौर में मनुष्य एक मशीनी रोबोट के समान निरंतर काम करने में लगा हुआ है। ऐसे में केवल काम ही काम करते-करते उसका जीवन नीरस और उबाऊ होने लगा है। ऐसा प्रतीत होता है कि उसके जीवन के रंग जैसे समाप्त होने को हों। जीवन से इस नीरसता और उबाऊपन को समाप्त करने के लिए मनोरंजन का होना अत्यावश्यक है। ऐसे में उसे इस प्रकार के साधनों की आवश्यकता होती है जो अल्प समय में ही उसके उदास और निराश मन को सुकून और खुशी के कुछ पल मुहैया करवा सकें। शरीर के साथ-साथ अपने मन को प्रसन्न रखने और उसे स्फूर्ति प्रदान करने में मनोरंजन अत्यंत सहायक है। वर्तमान समय में मनोरंजन के लिए अनेक साधन उपलब्ध हैं, जैसे - टेलीविज़न, रेडियो, कवि-सम्मेलन, क्रिकेट, फुटबॉल, कैरम, शतरंज, क्रिकेट, कबड्डी, फुटबॉल, बैडमिंटन आदि। मनोरंजन स्वस्थ होना चाहिए क्योंकि स्वस्थ मनोरंजन ही व्यक्ति के व्यक्तित्व निर्माण में सहायक होता है। मनोरंजन से व्यक्ति तनाव मुक्त हो जाता है और वह तन-मन से भी प्रसन्नता का अनुभव करता है। मनोरंजन में सबसे अहम होता है समय का ध्यान रखना क्योंकि हमेशा मनोरंजन में डूबा रहने वाला व्यक्ति अपने लक्ष्य को प्राप्त नहीं कर पाता है। अत:मनोरंजन के साथ-साथ लक्ष्य प्राप्ति के लिए भी प्रयास करते रहना चाहिए। यदि व्यक्ति समय का पालन नहीं करेगा तो वह अकर्मण्य हो जाएगा। अत: स्पष्ट है कि आज के व्यस्तता भरे जीवन में व्यक्ति को तनाव मुक्त रखने में मनोरंजन का अत्यंत महत्व है। जब व्यक्ति स्वस्थ एवं प्रसन्न रहेगा तब ही वह सफलता की ओर अग्रसर रहेगा।

12. आधुनिक जीवन
   - आवश्यकताओं में वृद्धि
   - अशांति
   - क्या करें?

उत्तर : आज का जीवन पूरी तरह आधुनिक हो गया है। मनुष्य ने स्वयं को इतना आधुनिक बना लिया है कि वह बिना मशीनों के रह ही नहीं सकता। उसकी इसी आधुनिकता ने उसे आज विभिन्न रोगों से ग्रसित कर दिया है। उसकी कार्यशैली इतनी परिवर्तित हो चुकी है कि वह अनजाने ही कमर दर्द, मोटापे, तनाव और अवसाद से घिर गया है। देश की इसी आधुनिकता की देन हैं बेरोजगारी, आतंकवाद, महँगाई और भ्रष्टाचार। मनुष्य ने खुद को आधुनिक तो बना लिया है पर अपनी रूढ़िवादिता को वह पूर्णरूप से भुला नहीं पाया है। आज बच्चों की रचनात्मकता जैसे कहीं खो गई है और वे मोबाइल, इन्टरनेट आदि के गुलाम बन

✍️ स्व-अभ्यास प्रश्न। विस्तृत समाधान हेतु यह ▨ स्कैन करें।

गए हैं। किशोर और युवाओं में बढ़ती हुई आपराधिक प्रवृत्ति के लिए भी कहीं न कहीं यही आधुनिकता दोषी है। अपनी निरंतर बढ़ती हुई आवश्यकताओं की पूर्ति के लिए व्यक्ति अपनी शारीरिक क्षमताओं से बढ़कर प्रयास करता है और उनकी पूर्ति नहीं हो पाने पर अवसाद से घिर जाता है, हतोत्साहित हो जाता है। परिणामस्वरूप वह शारीरिक और मानसिक रूप से रुग्ण हो जाता है। सोशल मीडिया ने तो व्यक्ति को काफी हद तक बदलकर रख दिया है। देर रात तक जागना और सुबह देर तक सोने की वजह से आज का युवा चिड़चिड़ा और अपने भविष्य के प्रति सशंकित रहने लगा है। इससे बचने के लिए आज युवा को जागरूक होना चाहिए। माता-पिता को अपने बच्चों को सहनशीलता, दयालुता, करुणा और सहयोग आदि मानवीय गुणों की शिक्षा देनी चाहिए और उनके साथ ज्यादा-से-ज्यादा समय बिताना चाहिए। इसका यह अर्थ कदापि नहीं कि बच्चों को आधुनिकता से दूर रखा जाए बल्कि उन्हें आधुनिक के साथ-साथ एक अच्छा नागरिक बनने के गुण प्रदान किए जाएँ।

13. स्वच्छता आन्दोलन

- **क्यों?**
- **बदलाव**
- **हमारा उत्तरदायित्व**

उत्तर : स्वच्छता न केवल हमारे घर या सड़क तक के लिए आवश्यक होती है बल्कि देश और राष्ट्र की आवश्यकता होती है। इस अभियान की शुरूआत भारत के प्रधानमंत्री श्री नरेंद्र मोदी जी ने राष्ट्रपिता महात्मा गांधी जी की 145वीं वर्षगांठ के अवसर पर 2 अक्टूबर 2014 को की थी। राष्ट्रपिता महात्मा गांधी ने भारत को एक स्वच्छ भारत बनाने का सपना देखा और इसके लिए कठिन प्रयास किए। इस मिशन का उद्देश्य सभी ग्रामीण और शहरी क्षेत्रों में सफाई कर एक आदर्श देश का उदाहरण प्रस्तुत करना है। इसका उद्देश्य दैनिक जीवन में लोगों की सभी अस्वस्थ आदतों को समाप्त करना है। देश के नागरिकों के भौतिक, मानसिक, सामाजिक और बौद्धिक कल्याण के लिए इसका एहसास होना आवश्यक है। यदि देश स्वस्थ होगा, वहाँ के लोग स्वस्थ होंगे तो उस देश को उन्नति करने से कोई नहीं रोक सकता। आज पूरी दुनिया में देश की छवि ऐसी बनी हुई है कि यहाँ सर्वाधिक अस्वच्छता है। अस्वच्छता से हानियाँ भी कई हैं। इनमें सबसे पहले तो देश के लोगों का स्वास्थ्य ही है। एक समय में विश्वगुरु रहा हमारा देश शायद आज इसलिए अन्य देशों से पिछड़ रहा है क्योंकि हम अपने देश को स्वच्छ नहीं रख पा रहे। अस्वच्छता को रोकने के लिए हमें आगे आना होगा। युवा पीढ़ी को यह बीड़ा उठाना होगा। केवल भाषण देने और कोरी कल्पना करने से देश स्वच्छ नहीं होगा बल्कि इसके लिए सबको मिलजुल कर प्रयास करने होंगे। ग्रामीण इलाकों में गाँववासियों को जागरूक करना होगा। उन्हें साफ़-सफाई का महत्व बताना होगा तभी वे इस दिशा में अपने कदम बढ़ा पाएँगे। कुल मिलाकर सार यही है कि वर्तमान समय में स्वच्छता हमारे लिए एक बड़ी आवश्यकता बन गई है। यह समय परिवर्तन का है और यदि हम स्वच्छता में ही पिछड़ गए तो आर्थिक उन्नति का भी कोई महत्व नहीं।

14. ✍परोपकार

- **अर्थ**
- **आवश्यकता**
- **लाभ**
- **सर्वोत्तम गुण**

15. पुस्तकें पढ़ने की आदत

- **पढ़ने की घटती प्रवृत्ति**
- **कारण और हानि**
- **पढ़ने की आदत से लाभ**

उत्तर : कहा गया है कि पुस्तकें मनुष्य की सच्ची मित्र होती हैं। वे आजीवन उसका साथ निभाती हैं। पुस्तकों से मनुष्य को ज्ञान का एक नया आयाम मिलता है। यही ज्ञान मनुष्य के चरित्र निर्माण में महत्वपूर्ण भूमिका निभाता है। वह जितनी अधिक पुस्तकें पढ़ता है उतनी ही उसकी ज्ञान-पिपासा बढ़ती जाती है। आजकल पढ़ने की यही प्रवृत्ति घटती जा रही है। आजकल सब कुछ इन्टरनेट पर आसानी से मिल जाता है इसलिए आजकल लोग पुस्तकें कम पढ़ते हैं। वे चाहते हैं कि कम समय में ही बिना परिश्रम के उन्हें सब कुछ मिल जाए। बच्चे, युवा इसका ज्यादा उपयोग करते हैं। अनेक बार इन्टरनेट पर बहुत कुछ ऐसा भी सामने आ जाता

✍ स्व-अभ्यास प्रश्न। विस्तृत समाधान हेतु यह स्कैन करें।

है जो हमारे हित के लिए नहीं है। हम यह भूल गए हैं कि पुस्तकें पढ़ने की आदत को अपनाकर हम अन्धकार से प्रकाश की ओर जा सकते हैं। पुस्तकें ही सही मायनों में हमारी सच्ची मित्र, पथ प्रदर्शक और गुरु हैं। इन्हें अपनाकर हम अपने ज्ञान को बढ़ाकर उन्नति के मार्ग तक पहुँच सकते हैं।

16. कंप्यूटर— हमारा मित्र

- **क्या है?**
- **विद्यार्थियों के लिए उपयोग**
- **सुझाव**

उत्तर : विज्ञान ने अनेक नए-नए आविष्कार किए हैं। कंप्यूटर भी ऐसे ही आविष्कार की देन है। कंप्यूटर बेहद ही भरोसेमंद और प्रयोग में भी आसान है। इसने हमारे जीवन को बहुत ही आसान बना दिया है। इसके माध्यम से किसी भी सूचना का पलभर में ही आदान-प्रदान किया जा सकता है। इसने विद्यार्थियों के गृहकार्य को आसान बना दिया है। यह मनोरंजन में भी सहायक है। कंप्यूटर ने कार्यालयों के कार्यों को भी सरल बना दिया है। भारत सरकार ने तो इसे शिक्षा का अनिवार्य अंग बना दिया है। इसके बिना तो जीवन अब असंभव-सा हो गया है। आज इसका प्रयोग हर क्षेत्र में हो रहा है। बैंक, ऑफिस, स्कूल, कॉलेज प्रत्येक स्थान पर आज कंप्यूटर ने हर कार्य को सरल बना दिया है। यह विद्यार्थियों की कौशल वृद्धि में भी सहायक है। जिस प्रकार हर वस्तु के लाभ और हानि होते हैं वैसे ही कंप्यूटर के भी हैं। बच्चे अपना अधिक समय इस पर खेलकर बिताते हैं। इससे उनकी आँखों पर बुरा असर पड़ता है। अत: इसका सीमित उपयोग करना चाहिए।

17. ✎सॉफ्ट स्किल (व्यवहार कौशल)

- **आशय**
- **आवश्यकता**
- **महत्व**

18. यात्राएँ : अनुभव के नए क्षितिज

- **यात्राओं का महत्व**
- **नए-नए स्थानों को जानना**
- **शिक्षाप्रद और मनोरंजक**

उत्तर : यात्राएँ तथा सफ़र बहुत रोमांचित करते हैं। ये हमें नए स्थानों पर जाने तथा नए लोगों से मिलने का अवसर प्रदान करते हैं। जो जानकारी हमें इनसे मिलती है वह सीधी-सटीक तथा कभी न भूलने वाली होती है। हम चीजों की हर बारीकी को समझ लेते हैं। इनसे हमें जो अनुभव प्राप्त होता है वह सर्वोत्तम तथा साफ होता है। इसलिए हमें शिक्षा के लिए यात्रा को अपने जीवन का एक भाग बना लेना चाहिए। नए स्थानों पर यात्रा करने से हमारी परीक्षण शक्ति बढ़ जाती है। जब हम नए स्थान पर जाते हैं तो हम उसे पूर्ण रूप से समझ पाते हैं। हमारे मन में एक ऐसी तस्वीर बन जाती है जिसे हम कभी भी भुला नहीं पाते। जिन स्थानों पर हम नहीं जाते उनके बारे में भी जानने का हमारा रुझान बढ़ जाता है। हम अपनी आँखों तथा दिमाग का पूरा प्रयोग करते हैं। इसके फलस्वरूप हम दिमागी रूप से सतर्क तथा चुस्त बनते हैं। यात्रा हमें नए लोगों से मिलने तथा उनके जीवन जीने के ढंग को जानने में मदद करती है। इस प्रकार ऐसे लोगों से मिलना जो अलग भाषाएँ बोलते हैं तथा अलग-अलग प्रकार के वस्त्र पहनते हैं, बहुत ही खूबसूरत लगता है। हमें नए दोस्त बनाने का अवसर मिलता है। हमें लगता है कि हम मानव नाम के एक बड़े परिवार का हिस्सा हैं। हमारे मन में एक-दूसरे के लिए सांत्वना तथा अपनापन जागता है। यात्रा हमें प्रकृति के समीप लेकर जाती है। हम प्रकृति को हर रूप में देख पाते हैं। हमें बड़े-बड़े ऊँचे पहाड़ देखने को मिलते हैं। खूबसूरती, रंग तथा शांति जोकि इस प्रकृति में शामिल है, हमारी आँखों को आनन्दित कर देते हैं। कुछ समय के लिए हम अपनी रोज की चिन्ताओं को भूल जाते हैं। यात्रा हमारी जिन्दगी में जीवन तथा कला को लेकर आती है। जो भी जानकारी हमें ऐतिहासिक इमारतों, कला तथा चीजों के बारे में है वह केवल किताबी तथा अपूर्ण है। किन्तु यात्रा हमें सीधे हाथ जानकारी प्रदान करती है। हमें यह पता चलता है कि जीवन रोमांचपूर्ण है। इस प्रकार यात्रा शिक्षण तथा मनोरंजन दोनों प्रदान करती हैं।

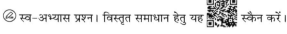

✎ स्व-अभ्यास प्रश्न। विस्तृत समाधान हेतु यह स्कैन करें।

वर्णनात्मक प्रश्न

1. दिए गए संकेत बिन्दुओं के आधार पर किसी एक विषय पर लगभग 80-100 शब्दों में एक अनुच्छेद लिखिए।

परोपकार

- आवश्यकता
- लाभ
- जीवन में कितना सम्भव

उत्तर

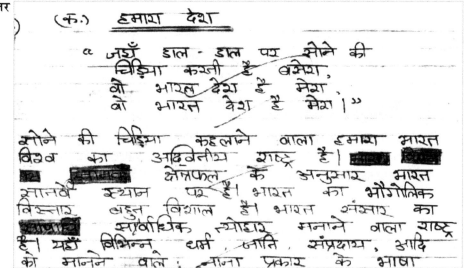

परोपकार शब्द दो शब्दों के मेल से बना है — 'पर' और 'उपकार', जिसका अर्थी है, न दूसरों का उपकार या दूसरों की सहायता। मनुष्य सामाजिक और विनयशील प्राणी है, जिसे सहानुभूति लेने तथा देने, दोनों की आवश्यकता होती है। दूसरों की सहायता को ही परोपकार कहते हैं, तथा ऐसा करने वाला मनुष्य श्रेष्ठ होता है क्योंकि परोपकार ही श्रेष्ठतम मानवीय गुण है। इस गुण के बिना मनुष्य पशु-तुल्य होता है। परोपकार करने से कोई हानि नहीं होती, वरन् लाभ अनेक होते हैं। इससे मानवीय सौहार्द का विकास होता है तथा उपकार करने और उपकृत — दोनों के संबंध को और मज़बूत करता है। इससे न केवल उपकार पाने वाल व्यक्ति धन्य होता है, बल्कि उपकार करने वाले के हृदय में भी दया और इनसानियत की लहर दौड़ जाती है। परन्तु आज के कलयुग में परोपकार जितना आवश्यक है, व उतना अनावश्यक भी। समाज में कई ऐसे लोग पाए जा सकते हैं जो उपकार-प्राप्ति की आड़ में रहते हुए अनचाहा फ़ायदा भी उठा लेते हैं। हमें परोपकारी तो रहना चाहिए, परन्तु ऐसे लोगों को भी ध्यान में रखना चाहिए और सही निर्णय लेते हुए कदम उठाना चाहिए। अंत में इस महान गुण के विषय में यही कहा जा सकता है कि — "परहित सरिस धरम नहीं भाई।"

[CBSE Topper 2014]

2. दिए गए संकेत बिन्दुओं के आधार पर किसी एक विषय पर लगभग 80-100 शब्दों में एक अनुच्छेद लिखिए।

हमारा देश

- भौगोलिक विस्तार
- समाज और संस्कृति
- आज का बदलता रूप

उत्तर

(क.) हमारा देश

जहाँ डाल-डाल पर सोने की
चिड़िया करती है बसेरा,
वो भारत देश है मेरा,
वो भारत देश है मेरा।

सोने की चिड़िया कहलाने वाला हमारा भारत विश्व का अद्वितीय राष्ट्र है। क्षेत्रफल के अनुसार भारत सातवें स्थान पर है। भारत का भौगोलिक विस्तार बहुत विशाल है। भारत संसार का सर्वाधिक त्योहार मनाने वाला राष्ट्र है। यहाँ विभिन्न धर्म, जाति, संप्रदाय, आदि को मानने वाले, नाना प्रकार के भाषा

[CBSE Topper 2015]

बोलने वाले नागरिक वास करते हैं। भारत का इतिहास, वेद-पुराण, दर्शनीय स्थल, विभिन्न व्यंजन, आदि विश्व-विख्यात हैं। विदेशी भारत की संस्कृति को देख आश्चर्यचकित रह जाते हैं। परंतु यह भी एक कठोर सत्य है कि वर्तमान में भारत की सामाजिक स्थिति ठीक नहीं है। चोरी, ठगी, भ्रष्टाचार, घरेलू हिंसा, नारियों का तिरस्कार, प्रदूषण, आदि कुरूतियों ने भारतीय समाज पर आक्रमण कर दिया है। यदि इस स्थिति को बदला न गया तो भारत की छवि बिगड़ जाएगी। अतः कर्तव्यनिष्ठ नागरिक होने के नाते यह हमारा कर्तव्य है कि हम भारत को विश्व फलक तक पहुँचाएँ। [CBSE Topper 2015]

3. दिए गए संकेत बिन्दुओं के आधार पर किसी एक विषय पर लगभग 100 शब्दों में एक अनुच्छेद लिखिए।
जीवन में श्रम की महत्ता

- श्रम के विभिन्न रूप
- प्रगति का मूलमंत्र
- श्रम के आदर्श

उत्तर

जीवन में श्रम की महत्ता

मनुष्य सदा प्रगति-पथ पर आगे बढ़ना चाहता है। इसके लिए जीवन में एक अति-महत्त्वपूर्ण अंग की आवश्यकता है - श्रम। हम श्रम से ही सफलता प्राप्त कर सकते हैं। श्रम के विभिन्न रूप हैं। कुछ लोग मानसिक श्रम करते हैं जिससे वे बुद्धि का विकास करते हैं। अन्य लोग परिश्रम करके अपने ~~लक्ष्य~~ लक्ष्य को प्राप्त करते हैं। अपने लक्ष्य की प्राप्ति के लिए केवल एक ही मूल मंत्र - परिश्रम। कठोर साधना के पश्चात ही महान लोग प्रसिद्ध हुए हैं। इससे अनुशासन और अभ्यास भी जुड़े हुए हैं। श्रम के महत्त्व को समझते हुए हमें भी अपार श्रम करना चाहिए। [CBSE Topper 2016]

4. निम्नलिखित में से किसी एक विषय पर लगभग 80-100 शब्दों में एक अनुच्छेद लिखिए।
मन के हारे हार है मन के जीते जीत

- निराशा अभिशाप
- दृष्टिकोण परिवर्तन
- सकारात्मक सोच

उत्तर

मन के हारे हार हैं मन के जीते जीत

संघर्ष ज़िंदगी का पर्याय है। सबके जीवन में अनेक कठिनाइयाँ बाधा बनकर खड़ी होती हैं जिन्हें हमें अपनी मेहनत, लगन एवं साहस से पार कर सकते हैं। हम सब को कभी न कभी त्रासद परिस्थितियों की दरिया में बहना पड़ता है पर तट पर वही पहुँचते हैं जो अपने मन को मज़बूत कर ~~बेतहाशा~~ बेतहाशा परिश्रम करते हैं, कभी घुटने नहीं टेकते, हताश नहीं होते। बस आगे बढ़ते ही जाते हैं। जबतक हमारा मन हार न माने तब तक हमारा शरीर भी हार नहीं मानता। निराश होकर रुदन करना विलाप करना व्यर्थ है, आवश्यकता है अपना दृष्टिकोण बदलने की। अगर मन में आस्था और लगन हो तो पहाड़ों को भी हिलाया जा सकता है। हमें अपनी सोच को सदैव सकारात्मक रखते हुए इस विश्व के ~~लिए~~ में एक नया इतिहास रचना है। हमारा मन ही तो है जो हम पर राज करता

है। यदि यह सदैव सकारात्मक एवं साहसी रहेगा तो हमें चरमोत्कर्ष का आनंद चखाएगा परंतु यदि यह हार मान कर मुरझा गया तो वही हमारा जीवन व्यर्थ हो जाएगा। मसलन एक युवती की टाँगे टूट गई थी पर उसने हार नहीं मानी, वही महिला अपनी एक टाँग के सहारे एवरेस्ट के शिखर पर पहुँची और भारत का झंडा लहराया। ऐसा ही साहसी मन हो तो ज़िंदगी में कोई भी काम मुश्किल नहीं! इसलिए मन के हारे हार है, मन के जीते जीत।

5. निम्नलिखित विषयों में किसी एक पर संकेत बिन्दुओं के आधार पर लगभग 100 शब्दों में अनुच्छेद लिखिए।

कम्प्यूटर हमारा मित्र

- क्या है
- विद्यार्थियों के लिए उपयोग
- सुझाव

उत्तर

कंप्यूटर हमारा मित्र

विज्ञान के क्षेत्र में ना जाने कितना विकास हो चुका है। आए दिन नए-नए उपकरण। ऐसा ही एक उपयोगी यंत्र है कंप्यूटर। कंप्यूटर ने हमारे जीवन को कितना सरल बना दिया है। अब छात्र अपना गृहकार्य कंप्यूटर के सहायता से जल्द-से-जल्द कर पाते है। कंप्यूटर मनोरंजन में भी सहायक होता है। हम कंप्यूटर पर गाने सुन सकते हैं, कंप्यूटर ने कार्यालयों में कार्य करना बेहद सरल बना दिया है।

अस्पतालों में, बैंक में, स्कूलों में आदि अनेक जगहों पर भी कंप्यूटर ने जादू कर रखा है। अब तो कंप्यूटर के बिना जीवन बिल्कुल असंभव सा लगता है।

टीकिट बुक करना, नई-नई चीजें सीखना आदि सभी कार्य झट से हो जाया करती है।

परंतु हर वस्तु की लाभ और हानि दोनों होते हैं। इसलिए कंप्यूटर का भी अधिक प्रयोग हमारे सेहत के लिए हानिकारक है।

बच्चे कंप्यूटर पर खेला करते हैं परंतु अधिक तक खेलने पर आँखों में विकार आ जाया करते हैं।

अंत में यह कहना उचित है कि कंप्यूटर हमारा बहुत ही अच्छा मित्र तब ही बन सकता है जब हम उसका उचित उपयोग करें।

2

पत्र लेखन

लिखित अभिव्यक्ति में पत्र लेखन सबसे सशक्त माध्यम है। आज का युग इन्टरनेट का युग है। आज इन्टरनेट ने अपना वर्चस्व संसार भर में कायम किया हुआ है। इस कारण आज पत्र लेखन में कमी आ गई है और पत्र लेखन का स्थान ई–मेल ने ले लिया है। सरकारी हों या व्यक्तिगत, आज सभी कार्य ई–मेल के माध्यम से ही संपन्न होते हैं। मानव ने आज चाहे कितनी भी उन्नति कर ली हो पर पत्र लेखन में पाठक और लेखक के मध्य जो मधुर और आत्मीय सम्बन्ध बन जाता है वह ई–मेल के माध्यम से संभव नहीं है।

Topic Notes

- अंक विभाजन
- पत्र के अंग
- पत्र की विशेषताएँ
- पत्र के प्रकार
- औपचारिक पत्र

लिखित अभिव्यक्ति में पत्र लेखन का स्थान अति महत्वपूर्ण है। अपनी बात को दूसरों तक पहुँचाने का सशक्त माध्यम यही है। पत्र लेखन का मानव जीवन में एक महत्वपूर्ण स्थान है। यह मानव को समाज से जोड़े रखने में सहायक है। पत्र लेखन की परंपरा अति प्राचीन है। इसके लेखन की शैली भिन्न-भिन्न हो सकती है। पत्र लिखते समय शब्दों पर विशेष ध्यान देना आवश्यक है क्योंकि पत्र में लिखे हुए शब्दों का प्राप्तकर्ता पर बहुत असर पड़ता है। इसकी अंक योजना इस प्रकार है—

अंक विभाजन	
आरंभ व समापन की औपचारिकताएँ	1 अंक
विषय-वस्तु	3 अंक
भाषा की शुद्धता	1 अंक
कुल अंक	5 अंक

पत्र के अंग

प्रेषक का पता व दिनांक

पत्र के आरंभ में बाईं ओर प्रेषक अपना पता लिखता है और उसके नीचे दिनांक लिखता है। परीक्षा में पूछे गए पत्रों में विद्यार्थियों को औपचारिक और अनौपचारिक दोनों ही पत्रों में नाम का उल्लेख न करते हुए 'परीक्षा भवन' या 'छात्रावास' लिखना होता है। औपचारिक पत्रों में 'विषय' का उल्लेख अत्यंत ही संक्षिप्तता में किया जाना चाहिए। अनौपचारिक पत्रों में विषय नहीं लिखा जाता।

संबोधन

दिनांक के ठीक नीचे पत्र पाने वाले के लिए संबोधन लिखा जाता है। औपचारिक पत्रों में 'मान्यवर', 'महोदय' आदि शब्दों का प्रयोग संबोधन के लिए किया जाता है। अनौपचारिक पत्रों में ये संबोधन इस प्रकार के हो सकते हैं—

(1) छोटों के लिए : प्रिय, प्रियवर, प्रिय अनुज, अनुजा, भाई, बहन, पुत्र ...आदि।

(2) बराबर वालों के लिए : प्रिय मित्र, प्रिय सखा, प्रिय बंधू, प्रिय सखी (नाम) आदि।

(3) बड़ों के लिए : पूजनीय, पूज्य, आदरणीय आदि।

अभिवादन

औपचारिक पत्रों में इसका प्रयोग नहीं होता है। अनौपचारिक पत्रों में इसके निम्नलिखित प्रकार हैं—

(1) छोटों के लिए : शुभाशीर्वाद, शुभाशीष, आशीर्वाद, स्नेहाशीष, प्रसन्न रहो आदि।

(2) बराबर वालों के लिए : मधुर स्मृतियाँ, नमस्कार, सादर नमस्ते आदि।

(3) बड़ों के लिए : सादर प्रणाम, चरण स्पर्श आदि।

पत्र की विषय वस्तु

लेखक प्रापक से जो कहना चाहता है वही बात स्पष्ट शब्दों में लिखनी चाहिए।

पत्र का समापन

औपचारिक पत्रों में पूरे पत्र का निष्कर्ष इस भाग में लिखा जाता है और इसके पश्चात् 'धन्यवाद' लिखा जाता है। अनौपचारिक पत्रों में पत्र की समाप्ति पर पत्र पाने वाले से पत्र का उत्तर देने का आग्रह करते हुए पत्र को समाप्त करना चाहिए।

स्वनिर्देश

औपचारिक पत्रों में 'भवदीय', 'उत्तरापेक्षी', 'प्रार्थी' आदि लिखा जाना चाहिए और इसके बाद प्रेषक का नाम लिखा जाना चाहिए। परीक्षा के लिए पत्र लिखते समय यहाँ नाम के स्थान पर 'क.ख.ग.' या 'अ.ब.स.' लिखा जाना चाहिए। अनौपचारिक पत्र पाने वाले के साथ अपने सम्बन्ध का उल्लेख करना इसके अंतर्गत आता है। इसे भी तीन भागों में विभाजित क्या गया है—

(1) छोटों के लिए : तुम्हारा शुभेच्छु, शुभचिंतक, शुभाकांक्षी आदि।

(2) बराबर वालों के लिए : आपका, तुम्हारा प्रिय, अभिन्न हृदय, अभिन्न मित्र आदि।

(3) बड़ों के लिए : आपका प्रिय, विनीत, स्नेहपात्र आदि।

पत्र की विशेषताएँ

- **सुबोधता :** पत्र लेखन करते समय आलंकारिक भाषा के प्रयोग से बचना चाहिए।
- **संक्षिप्तता :** पत्र लेखन करते समय एक ही बात को बार-बार दोहराना नहीं चाहिए।
- **क्रमबद्धता :** पत्र में प्रेषक, दिनांक, प्रेषती का पता आदि यथास्थान लिखे हुए होने चाहिए।
- **विनम्रता :** शिष्ट और संयत भाषा के प्रयोग के साथ-साथ विनम्र शब्दों का प्रयोग पत्र लेखन में करना चाहिए।
- **प्रभावशीलता :** पत्र सुन्दर लिपि में स्वच्छता से लिखा हुआ होना चाहिए।

स्मरणीय बिंदु

- पत्र लेखन में सरल और छोटे वाक्यों का प्रयोग करना चाहिए।
- पत्र में इधर-उधर की बातें न लिखकर आवश्यक बात ही लिखनी चाहिए।
- पत्र के विभिन्न भाग समान होने चाहिए।
- पत्र लेखन में शब्द सीमा का ध्यान रखा जाना चाहिए।
- व्यक्तिगत पत्र आत्मीयतापूर्ण होने चाहिए।
- पत्र के वाक्यों में सम्बद्धता होनी चाहिए।
- पत्र की भाषा पाने वाले के मानसिक स्तर के अनुरूप होनी चाहिए।

पत्र के प्रकार

I. औपचारिक पत्र

II. अनौपचारिक पत्र

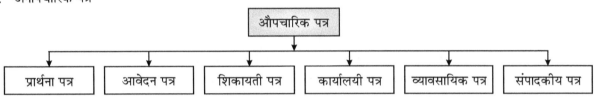

I. औपचारिक पत्र

ये पत्र उन लोगों को लिखे जाते हैं, जिनके साथ हमारा व्यक्तिगत सम्बन्ध नहीं होता। इसमें तथ्यों और सूचनाओं को अधिक महत्व दिया जाता है।

1. प्रार्थना पत्र

ये पत्र विद्यालय के प्रधानाचार्य, शिक्षक अथवा किसी संस्था प्रधान को लिखे जाते हैं। इस प्रकार के पत्रों में अभिवादन के लिए कोई स्थान नहीं होता है। चूँकि ये गणमान्य व्यक्तियों को लिखे जाते हैं इसलिए इसकी भाषा शिष्टाचारी और शालीन होती है।

प्रारूप

> प्राचार्य
>
> विद्यालय का नाम
>
> स्थान
>
> दिनांक :
>
> **विषय :**
>
> आदरसूचक संबोधन

मुख्य बात (सविनय निवेदन है कि) ....
....
....
अत: कृपया ....
सधन्यवाद
आपका आज्ञाकारी
नाम :
कक्षा :

उदाहरण : **आपके विद्यालय में पीने के पानी की समुचित व्यवस्था नहीं है। प्रधानाचार्य से इस समस्या का हल करने की प्रार्थना करते हुए पत्र लिखिए।**

प्राचार्य,
गगनदीप पब्लिक स्कूल,
गाँधी नगर,
जयपुर-302015

दिनांक : 5 मार्च 20XX

विषय : पीने के पानी की समुचित व्यवस्था हेतु

महोदय,

सविनय निवेदन है कि मैं दसवीं कक्षा में अध्ययनरत हूँ। इस पत्र के माध्यम से मैं आपका ध्यान विद्यालय में पीने के पानी की अव्यवस्था की ओर दिलाना चाहता हूँ। विद्यालय में पीने के पानी की समुचित व्यवस्था नहीं है। जो नल लगे हुए हैं, उनमें से अधिकांश में तो पानी ही नहीं आता और कुछ नल टूटे हुए हैं। तीसरी मंज़िल तक पानी पहुँच नहीं पाता, जिसकी वजह से विद्यार्थियों को नीचे आना पड़ता है। भोजनावकाश तक लगभग सभी विद्यार्थियों के पास घर से लाया हुआ पानी समाप्त हो जाता है। नलों में पानी न आने के कारण विद्यार्थियों को प्यासा ही रहना पड़ता है जो उनके स्वास्थ्य के लिए अनुचित है।
आपसे विनती है कि आप इस ओर ध्यान देंगे और इस समस्या को दूर करने के लिए समुचित कदम उठाएँगे।
सधन्यवाद

आपका आज्ञाकारी

क.ख.ग.

कक्षा : दसवीं 'अ'

वर्णनात्मक प्रश्न

1. कक्षा में अनजाने हो गए अभद्र व्यवहार के लिए कक्षा अध्यापक से क्षमा-याचना करते हुए पत्र लिखिए। [CBSE 2019]

उत्तर : सेवा में,
कक्षाध्यापक महोदय,
हंसराज पब्लिक स्कूल,
इंदौर।

दिनांक : 4 जुलाई 20XX

विषय : क्षमा याचना हेतु

महोदय,

सविनय निवेदन है कि गत सप्ताह जब आप कक्षा में हिंदी व्याकरण पढ़ा रहे थे तो मैंने अकारण ही आपसे बहसबाजी शुरू कर दी थी। इस वजह से कक्षा के सभी विद्यार्थी न तो पढ़ पाए और न ही आप उचित रूप से पढ़ा पाए। आपके द्वारा समझाने पर भी मैं अपने व्यवहार पर शर्मिंदा नहीं हुआ और कागज़ के हवाई जहाज बनाकर अपने मित्रों पर फेंकता रहा। अब मुझे अपने व्यवहार पर बहुत लज्जा महसूस हो रही है। इसके लिए मैं आपसे हाथ जोड़कर माफ़ी माँगता हूँ। मैं आपको विश्वास दिलाता हूँ कि भविष्य में मेरी ओर से कभी इस प्रकार के व्यवहार को दोहराया नहीं जाएगा।
आशा करता हूँ कि आप मुझे क्षमा करेंगे।
सधन्यवाद

क्षमाप्रार्थी

क.ख.ग.

कक्षा : दसवीं 'ब'

2. अपने विद्यालय के प्रधानाचार्य को चरित्र प्रमाण-पत्र प्रदान करने के लिए प्रार्थना-पत्र लिखिए।

उत्तर : सेवा में,
प्रधानाचार्य महोदय,
सर्वशिक्षा निकेतन,
मनसा नगर, पाली।

दिनांक : 2 जुलाई 20XX

विषय : चरित्र प्रमाण-पत्र लेने हेतु

महोदय,

सविनय निवेदन है कि मैंने आपके विद्यालय से गत वर्ष दसवीं कक्षा उत्तीर्ण की थी। मेरे पिता का स्थानांतरण जोधपुर हो गया है। मैं अपने परिवार के साथ वहाँ जा रहा हूँ। वहाँ ग्यारहवीं कक्षा में प्रवेश लेने के लिए मुझे चरित्र प्रमाण-पत्र की आवश्यकता है। मैं आपके विद्यालय में छात्र परिषद का उपप्रमुख रह चुका हूँ तथा विद्यालय में आयोजित हुईं अनेक प्रतियोगिताओं में कई प्रमाण-पत्र जीत चुका हूँ।
अत: आपसे अनुरोध है कि मेरी शैक्षणिक योग्यताओं का उल्लेख करते हुए मुझे मेरा चरित्र प्रमाण-पत्र प्रदान करें। आपकी बड़ी कृपा होगी।
सधन्यवाद

आपका आज्ञाकारी

क.ख.ग.

3. अपने विद्यालय के प्रधानाचार्य को प्रार्थना पत्र लिखकर निवेदन कीजिए कि अधिक-से-अधिक खेल का सामान विद्यालय में उपलब्ध कराया जाए।

उत्तर : सेवा में,
प्रधानाचार्य महोदय,
संगम पब्लिक स्कूल,
बंगलोर।

दिनांक : 4 अक्टूबर 20XX

विषय : खेल का सामान मँगवाने हेतु प्रार्थना पत्र

महोदय,

निवेदन है कि हमारे विद्यालय में समुचित खेल सामग्री का अभाव होने के कारण विभिन्न खेलों में विद्यार्थी पिछड़ते जा रहे हैं।

जो सामान है वह भी सबके लिए नहीं हो पाता जिससे वे अभ्यास नहीं कर पाते। इसकी वजह से हमारा विद्यालय अन्य विद्यालयों से विभिन्न खेल प्रतियोगिताओं में पिछड़ता जा रहा है। हमारी कक्षा में कुछ छात्र ऐसे हैं जिनकी खेलों में विशेष रुचि है पर साधनों के अभाव के कारण वे कुछ भी करने में असमर्थ हैं।

अतः मेरा आपसे निवेदन है कि आप विद्यालय में पर्याप्त खेल सामग्री उपलब्ध करवाएँ जिससे हमारे विद्यालय के विद्यार्थी विभिन्न खेलों में जीत हासिल कर विद्यालय का नाम रोशन कर सकें। हम सब विद्यार्थी आपके आभारी रहेंगे।

सधन्यवाद

आपका आज्ञाकारी शिष्य

क.ख.ग.

कक्षा : दसवीं 'स'

4. **Ⓐप्रधानाचार्य को पत्र लिखिए जिसमें अपने घर की आर्थिक स्थिति का संक्षिप्त विवरण देते हुए शुल्क-मुक्ति के लिए प्रार्थना की गई हो।**

2. आवेदन पत्र

ये पत्र किसी संस्था प्रधान के लिए किसी पद के आवेदन हेतु लिखे जाते हैं। अनुभव पत्र प्राप्त करने के लिए भी ये पत्र ही लिखे जाते हैं। इनमें अभिवादन नहीं किया जाता है। इनकी भाषा शालीनता से पूर्ण होती है।

प्रारूप

पता
दिनांक:
अधिकारी के पद का नाम
संस्था का नाम व पता
विषय :
संबोधन
संक्षिप्त विषय वस्तु ....
....
स्ववृत्त ....
....
समापन ....
भवदीय / भवदीया
हस्ताक्षर व नाम

उदाहरण : **सर्वसेवा कंपनी में अकाउंटेंट की आवश्यकता है। उस पद के लिए आवेदन पत्र लिखिए।**

123, कुम्भा नगर,
अपार्टमेंट विला,
नागौर-312001

दिनांक : 5 अप्रैल 20XX

सेवा में,
श्रीमान प्रबंधक महोदय,
सर्वसेवा कंपनी,
अजमेर रोड,
नागौर, राजस्थान।

विषय : अकाउंटेंट पद हेतु आवेदन पत्र

Ⓐ स्व-अभ्यास प्रश्न। विस्तृत समाधान हेतु यह स्कैन करें।

महोदय,

कुछ सूत्रों के माध्यम से मुझे पता चला है कि आपकी कंपनी में अकाउंटेंट की आवश्यकता है। मैं इस पद के लिए आवेदन करना चाहता हूँ। मेरी शैक्षणिक योग्यता और अनुभव का विवरण इस प्रकार है—

शैक्षणिक योग्यता

देवी अहिल्या विश्वविद्यालय से बी. कॉम.(2012)

देवी अहिल्या विश्वविद्यालय से एम.कॉम. (2014)

मार्केटिंग में डिप्लोमा

बी.कॉम. में प्रथम स्थान

अनुभव

सोमाय कंपनी में अकाउंटेंट के पद पर 4 वर्ष का अनुभव

मरुधरा कंपनी में जूनियर अकाउंटेंट के पद पर 3 वर्ष का अनुभव

अत: श्रीमान मैं आपसे निवेदन करता हूँ कि मुझे अकाउंटेंट पद पर नियुक्त करें। मैं आपको यह विश्वास दिलाता हूँ कि पूरी ईमानदारी, निष्ठा से मैं आपको अपने कार्य से संतुष्ट करूँगा और कंपनी के प्रति सदा निष्ठावान रहूँगा।

भवदीय

क.ख.ग.

मो. 9412XXXXX2

वर्णनात्मक प्रश्न

1. राशन कार्ड बनवाने के लिए अपने परिवार के सदस्यों का विवरण देते हुए क्षेत्रीय खाद्य अधिकारी को आवेदन पत्र लिखिए।

उत्तर : परीक्षा भवन

कानपुर।

दिनांक: 25 जुलाई 20XX

सेवा में,

क्षेत्रीय खाद्य अधिकारी,

खाद्य विभाग,

कानपुर।

विषय : राशन कार्ड बनवाने के सन्दर्भ में

महोदय,

निवेदन है कि मैं गाँधी नगर का निवासी हूँ। मुझे अपने तथा अपने परिवार के सदस्यों का राशन कार्ड बनवाना है। मेरे परिवार में 6 सदस्य हैं, जिनका विवरण निम्नलिखित है—

नाम	उम्र	जन्म-तिथि
राम कुमार गुप्ता	60 वर्ष	06-07-1945
शीला गुप्ता	55 वर्ष	03-04-1950
मालिनी गुप्ता	40 वर्ष	05-05-1965
मिलिंद गुप्ता	45 वर्ष	03-08-1960
तुषिता गुप्ता	25 वर्ष	08-03-1980
आकाश गुप्ता	18 वर्ष	02-02-1987

अत: आपसे अनुरोध है कि आप मेरे और मेरे परिवार के सदस्यों का राशन कार्ड बनवाने की कृपा करें। मैं आपका अत्यंत आभारी रहूँगा।

सधन्यवाद

प्रार्थी

राम कुमार गुप्ता

2. आप अपने कार्यालय में प्रूफरीडर के पद पर कार्यरत हैं, वहाँ से अनुभव प्रमाण-पत्र लेने के लिए आवेदन-पत्र लिखिए।

उत्तर : 42, सुभाष नगर,
बीकानेर।

दिनांक : 8 अप्रैल, 20XX

सेवा में,

श्रीमान व्यवस्थापक महोदय,
दैनिक जागरण,
नयापुरा, बीकानेर।

विषय : अनुभव प्रमाण-पत्र लेने हेतु आवेदन-पत्र

महोदय,

मैं आपके प्रतिष्ठित संस्थान में प्रूफरीडर के पद पर मार्च 20XX से कार्यरत हूँ। मैंने गत दिनों साहित्य अकादमी, दिल्ली में प्रूफ रीडर के पद हेतु आवेदन किया था। कल मेरे पास वहाँ से 'निमन्त्रण-पत्र' (कॉल लैटर) आया है। पत्र में मुझसे मेरी शैक्षिक योग्यताओं के प्रमाण-पत्रों की मूल प्रति एवं पिछले कार्यों का अनुभव प्रमाण-पत्र लेकर 15 अप्रैल, 20XX को साहित्य अकादमी के दफ्तर में रिपोर्ट करने को कहा गया है।

मैंने अपनी शैक्षिक योग्यताओं की मूल प्रति तो सँभाल कर रख ली, किन्तु मेरे पास अनुभव प्रमाण-पत्र नहीं हैं। अत: आपसे निवेदन है कि आप मुझे 15 अप्रैल, 20XX से पहले मेरा अनुभव प्रमाण-पत्र देकर मुझे अनुगृहीत करें।

सधन्यवाद

भवदीय

क.ख.ग.

एम्प्लॉई कोड : 1256

3. ✎शारीरिक रूप से स्वस्थ न होने की स्थिति से अवगत कराते हुए शिक्षा निर्देशक को स्थानान्तरण कराने हेतु पत्र लिखिए।

4. शहनाज हर्बल कॉस्मैटिक्स प्रा. लि., में सेल्समैन के पद के लिए आवेदन-पत्र लिखिए।

उत्तर : छात्रावास
कोलकाता।

दिनांक : 12 जुलाई, 20XX

सेवा में,

श्रीमान प्रबन्धक,
शहनाज हर्बल कॉस्मैटिक्स प्रा. लि.,
वॉल स्ट्रीट,
कोलकाता।

विषय: सेल्समैन के पद के लिए आवेदन-पत्र

महोदय,

मुझे दिनांक 30 जून, 20XX के अंग्रेजी दैनिक 'टाइम्स ऑफ इण्डिया' में प्रकाशित विज्ञापन द्वारा ज्ञात हुआ कि आपकी फर्म में

✎ स्व-अभ्यास प्रश्न। विस्तृत समाधान हेतु यह स्कैन करें।

सेल्समैन के कई पद रिक्त हैं। मैं इस पद के लिए आवेदन करना चाहता हूँ। मेरी शैक्षिक योग्यताओं एवं कार्यानुभवों का विवरण इस प्रकार है—

(1) बीएससी (बायोलॉजी)।

(2) सेल्स एवं मार्केटिंग में एक वर्षीय डिप्लोमा।

(3) 'केयर योरसेल्फ' फर्म में कॉस्मैटिक उत्पादों की बिक्री का डेढ़ वर्ष का अनुभव।

मेरी हिन्दी एवं अंग्रेज़ी दोनों भाषाओं पर मजबूत पकड़ है। अपने ग्राहक के साथ किस तरह पेश आना है, यह मैं बखूबी जानता हूँ। मुझे विश्वास है कि आप मुझे सेवा का एक अवसर अवश्य देंगे।

सधन्यवाद

भवदीय

क.ख.ग.

मो. न. 9452XXXXXX

3. शिकायती पत्र

ये पत्र किसी विशेष घटना या समस्या की शिकायत करने हेतु संबंधित अधिकारी को लिखे जाते हैं। इसका प्रारूप कुछ-कुछ प्रार्थना पत्र से मिलता-जुलता होता है। इसमें शिष्टतापूर्ण भाषा का प्रयोग किया जाता है।

प्रारूप

प्रेषक का पता

दिनांक :

शिकायती सुनने वाले का नाम तथा पद

कार्यालय का नाम

विषय :

संबोधन

मुख्य बात (निवेदन है कि ....

....

....

अत: कृपया ....।

सधन्यवाद।

स्वनिर्देश

नाम :

उदाहरण : **देर रात तक लाउडस्पीकर बजने पर रोक लगाने के लिए सोसाइटी अध्यक्ष को पत्र लिखिए।**

सेवा में,

श्रीमान वरिष्ठ सोसायटी अध्यक्ष,

स्वरूप सोसाइटी, भोपाल।

दिनांक : 4/02/20XX

विषय : देर रात तक लाउडस्पीकर का इस्तेमाल करने पर शिकायत पत्र

महोदय,

निवेदन है कि मैं स्वरूप सोसायटी में रहने वाला ब्लॉक- बी का सदस्य हूँ। आज कल सोसाइटी के पार्क में देर रात में कई घंटों तक बहुत जोरों से लाउडस्पीकर बजाया जा रहा है। ऐसा करना सार्वजनिक हित के विरुद्ध है, जिससे मेरे परिवार के सदस्यों और इस फ्लोर के कई सदस्यों को काफी परेशानियाँ हो रही हैं। हम सब सदस्यों ने उन्हें विनम्रतापूर्वक समझाने का प्रयास भी किया लेकिन फिर भी उन लोगों ने ऐसा करना नहीं छोड़ा। मैं आपको बताना चाहता हूँ कि इस सोसाइटी में रहने वाले बुजुर्गों को इससे काफी परेशानी का सामना करना पड़ रहा है। वे ढंग से सो नहीं पाते। बच्चों की परीक्षाएँ चल रही हैं। देर रात तक लाउडस्पीकर बजने के कारण वे पढ़ाई पर ध्यान केन्द्रित नहीं कर पाते। ब्लॉक- बी में रहने वाले सभी सदस्यों को इस परेशानी का सामना करना

पड़ रहा है। अत: मैं सभी लोगों की तरफ से आपसे निवेदन करता हूँ कि आप इस परेशानी को जल्दी से जल्दी सुलझाने का प्रयास करें। आपसे सहयोग की अपेक्षा है।

सधन्यवाद

प्रार्थी

क.ख.ग.

स्वरूप सोसायटी

'ब्लॉक- बी'

वर्णनात्मक प्रश्न

1. अपने क्षेत्र में बढ़ते हुए अपराधों की रोकथाम के लिए थानाध्यक्ष को पत्र लिखकर निवेदन कीजिए। **[CBSE 2019]**

उत्तर : सेक्टर-77

मनोरमा पैनोरमा,

गाजियाबाद।

दिनांक : 20 अप्रैल 20XX

थानाध्यक्ष महोदय,

सेक्टर-77

गाजियाबाद।

विषय : अपराधों की रोकथाम हेतु

महोदय,

मैं गाजियाबाद के सेक्टर-77 का एक जागरूक नागरिक हूँ। मैं इस पत्र के माध्यम से आपका ध्यान हमारी कॉलोनी में बढ़ते हुए अपराध की ओर आकर्षित करना चाहता हूँ। हमारी कॉलोनी अपनी शांतिप्रियता के लिए प्रसिद्ध है पर आजकल यहाँ पर अपराधों का बोलबाला है। राह चलते पर्स छीनना, गले से चेन छीनना, बेबात सड़क चलते बच्चों को पीटना आदि तो आम बात हो गई है। अभी पिछले सप्ताह ही पार्क में घूमने के लिए जाती हुई तीन महिलाओं की चेन खींच ली गई। इस कॉलोनी के निवासी स्वयं को असुरक्षित महसूस करने लगे हैं। डर के मारे लोगों ने घर से बाहर निकलना बंद कर दिया है।

अत: आपसे निवेदन है कि आप हमारी कॉलोनी में मुस्तैदी से गश्त करवाएँ जिससे अपराधियों को पकड़ कर दंडित किया जा सके और हर नागरिक स्वयं को सुरक्षित महसूस कर सके।

सधन्यवाद

प्रार्थी

अ.ब.स.

2. जब-तब बिजली आपूर्ति ठप्प हो जाने से हो रही कठिनाई को दूर करने के अपेक्षित उपाय करने के लिए बिजली-बोर्ड अधिकारी को पत्र लिखिए। **[CBSE 2018]**

उत्तर : परीक्षा भवन

जोधपुर।

दिनांक: 18 अगस्त 20XX

सेवा में,

अधिकारी महोदय,

जोधपुर विद्युत वितरण निगम लिमिटेड,

जोधपुर।

विषय: बिजली की अनियमिताओं हेतु शिकायती पत्र

महोदय,

नम्र निवेदन है कि मैं इस पत्र के माध्यम से आपका ध्यान हमारी कॉलोनी में बिजली की अनियमितता की ओर आकर्षित करना चाहता हूँ। पिछले कुछ दिनों से इस क्षेत्र में बिजली तो जैसे आँख-मिचौली खेल रही है। पूरी-पूरी रात बिजली गायब रहती है और दिन में भी कई बार चली जाती है। एक तो इतनी गर्मी और ऊपर से हर घंटे बिजली की लुका-छिपी। परीक्षा भी सिर पर है। न हम दिन में सुकून से पढ़ पाते हैं और न ही रात में। मोमबत्ती की रोशनी में आँखों में दर्द होने लगता है। हमने एक बार पहले भी आपके कार्यालय में इसकी शिकायत दर्ज करवाई थी पर कोई सकारात्मक कार्यवाही नहीं हुई। अत: आपसे निवेदन है कि आप इस ओर ध्यान देते हुए शीघ्र ही उचित कदम उठाएँ।

सधन्यवाद

प्रार्थी

क.ख.ग.

3. आपके नाम से प्रेषित एक हज़ार रुपए के मनीआर्डर की प्राप्ति न होने की शिकायत पत्र अधीक्षक, डाक विभाग को लिखिए।

उत्तर : 74, प्रतीक विस्टेरिया,

नोएडा-201304

दिनांक: 12 अगस्त 20XX

सेवा में,

अधीक्षक महोदय,

डाक विभाग,

नोएडा।

विषय : मनीआर्डर न मिलने की बाबत

महोदय,

निवेदन है कि मैं प्रतीक विस्टेरिया का निवासी हूँ। पिछले सप्ताह की 6 तारीख को मेरे पिताजी, जो आगरा में रह रहे हैं, ने मुझे रु. 5000 का मनीआर्डर भेजा था। ये मुझे आज तक नहीं मिला। मैंने अपने क्षेत्र के डाकिए से भी इस विषय में बात की थी पर उसने भी ढंग से उत्तर नहीं दिया। मेरा आपसे निवेदन है कि आप इस संदर्भ में पूरी जाँच-पड़ताल कर मुझे मेरा मनीआर्डर दिलवाने की कृपा करें। मैं आपका आभारी रहूँगा।

सधन्यवाद

भवदीय

क.ख.ग

4. स्वास्थ्य विभाग के लापरवाह रवैये के कारण खाद्य पदार्थों में मिलावट की समस्या गंभीर होती जा रही है। स्वास्थ्य विभाग के निदेशक के नाम इस समस्या की शिकायत करते हुए समाज सेवी विजय कुमार झा के नाम से पत्र लिखिए।

उत्तर : परीक्षा भवन

नई दिल्ली।

दिनांक: 4 मार्च 20XX

सेवा में,

निदेशक महोदय,

स्वास्थ्य विभाग,

नई दिल्ली।

विषय : खाद्य पदार्थों में मिलावट की समस्या की शिकायत हेतु

महोदय,

इस पत्र के माध्यम से मैं आपका ध्यान इन दिनों खाद्य पदार्थों में बढ़ती हुई मिलावट जैसी गंभीर समस्या की ओर दिलाना चाहता हूँ। खाद्य पदार्थों में मिलावट तो आज आम बात हो गई है। दूध-घी-तेल तो असली आ ही नहीं रहा है। मिठाइयों में मिलावट का धंधा तो त्योहारों के अवसर पर चरम पर पहुँच जाता है। आज न तो सब्जी शुद्ध है और न ही मसाले। दूध में मिलावट तो न जाने कितने मासूमों की हत्या कर चुकी है। शुद्ध पनीर मिलना तो अब एक सपना-सा ही होकर रह गया है।

आपसे मेरा निवेदन है कि इस तरह के लोगों पर कड़ी नज़र रखी जाए तथा उनके खिलाफ सख्त कदम उठाया जाए जिससे इस पर रोक लगाई जा सके।

सधन्यवाद

भवदीय

विजय कुमार झा

अध्यक्ष

शांति सेवा संस्थान

5. ⓔआपकी कॉलोनी में बाहर के कुछ नवयुवक आकर बहुत हो-हल्ला करते हैं, जिससे कॉलोनी की शांति भंग होती है। शांति व्यवस्था बनाए रखने के लिए पुलिस आयुक्त को पत्र लिखकर अनुरोध कीजिए।

4. कार्यालयी पत्र

विभिन्न सरकारी-गैर सरकारी कार्यालयों में इन पत्रों के माध्यम से ही कार्य संपन्न किए जाते हैं। इसकी भाषा शिष्ट और सभ्य होती है।

प्रारूप

प्रेषक का पता
दिनांक :
कार्यालय के अधिकारी का नाम तथा पद
कार्यालय का नाम
विषय :
संबोधन
मुख्य बात (निवेदन है कि ....
....
....
अत: कृपया .... ।)
सधन्यवाद
स्वनिर्देश
नाम :

उदाहरण : **बस में छूट गए सामान को आपके घर सुरक्षित रूप से पहुँचाने वाले बस कंडक्टर की प्रशंसा करते हुए उसे पुरस्कृत करने के लिए परिवहन अध्यक्ष को एक पत्र लिखिए।**

मुख्य प्रबंधक,

बीकानेर परिवहन निगम,

सिन्धी कैंप, बीकानेर।

दिनांक : 12 अगस्त 20XX

विषय: बस कंडक्टर की ईमानदारी की सराहना हेतु पत्र

ⓔ स्व-अभ्यास प्रश्न। विस्तृत समाधान हेतु यह ▨ स्कैन करें।

महोदय,

इस पत्र के माध्यम से मैं आपका ध्यान आप ही के विभाग के एक कर्तव्यनिष्ठ और ईमानदार बस कंडक्टर की ओर आकर्षित करना चाहता हूँ और आपसे यह आशा करता हूँ कि आप उसे सम्मानित करेंगे।

पिछले सोमवार को मैं बड़गाँव से बड़ा बाज़ार बस न. RJ-24-2425 से यात्रा कर रहा था। बस में उस समय बहुत भीड़ थी। मुझे एक इंटरव्यू के लिए चेतक सर्किल जाना था। बस से उतरते समय जल्दबाज़ी में मेरा बैग बस में ही छूट गया था। उसमें मेरा आधार कार्ड, पेन कार्ड, शैक्षणिक प्रमाण पत्र आदि आवश्यक दस्तावेज़ थे। कल जब मैं घर आया तो उस बस का कंडक्टर मेरे बैग के साथ घर पर मौजूद था। उसे देखकर मेरे हर्ष की सीमा न रही। उसकी जितनी ही प्रशंसा की जाए उतना ही कम है। मैं आपसे निवेदन करता हूँ कि आप उस कंडक्टर को सम्मानित करे।

भवदीय

क.ख.ग.

वर्णनात्मक प्रश्न

1. विद्यालय से घर जाते समय बस में आपके आवश्यक पत्र, प्रमाण-पत्र आदि से भरा बैग छूट गया है। खोए हुए सामान की प्राप्ति के लिए परिवहन अधिकारी को सूचित करते हुए पत्र लिखिए।

उत्तर : 27, मोहिनी नगर,

सरकारी रोड,

बीकानेर-334001

दिनांक: 23 नवंबर 20XX

मुख्य प्रबंधक,

बीकानेर परिवहन निगम,

सिन्धी कैंप, बीकानेर।

विषय : बैग प्राप्त करने हेतु

महोदय,

नम्र निवेदन है कि मैं दिनांक 21 नवंबर 20XX को हमारे विद्यालय के लिए नियुक्त बस आर. जे. 2123 से विद्यालय जा रहा था। उस दिन मुझे विद्यालय का शुल्क और कुछ प्रमाण पत्र जमा करवाने थे। बस से नीचे उतरते समय जल्दबाज़ी में मेरा बैग सीट पर ही छूट गया। वह काले रंग का है और उसमें तीन हज़ार रूपए तथा मेरे अन्य प्रमाण पत्र थे। इनके अभाव में मैं न तो अपना विद्यालय शुल्क ही जमा करवाया पाया और न ही अपने कक्षाध्यापक को अपने प्रमाण-पत्र दे पाया।

मेरा आपसे निवेदन है कि यदि आप मेरा बैग सही पते पर भिजवा दे तो मैं आपका अत्यंत आभारी रहूँगा।

सधन्यवाद

भवदीय

क.ख.ग.

2. अपने बैंक के प्रबंधक को पत्र लिखकर अपने आधार कार्ड को बैंक खाते से जोड़ने का अनुरोध कीजिए।

उत्तर : परीक्षा भवन

जयपुर।

दिनांक: 2 जनवरी 20XX

सेवा में,

प्रबंधक महोदय,

एक्सिस बैंक,

महावीर नगर शाखा, जयपुर।

विषय : आधार कार्ड को बैंक खाते से जोड़ने हेतु

महोदय,

नम्र निवेदन है कि मैं 23, महावीर नगर का निवासी हूँ। मेरा बचत खाता आपके बैंक में है जिसका न. 234547298123 है। मैं अपना आधार कार्ड अपने बैंक खाते से जोड़ना चाहता हूँ। अत: आपसे विनती है कि आप मेरे आधार कार्ड को मेरे खाते से जोड़ने की कृपा करें। आपकी इस सेवा के लिए मैं आपका सदा आभारी रहूँगा।

धन्यवाद सहित

विनीत

क.ख.ग.

3. ✍️यात्रा करते समय मेट्रो में छूट गए अपने बैग और मोबाइल को मेट्रो कर्मचारी द्वारा आपको वापस भेज दिए जाने पर उसकी ईमानदारी की प्रशंसा करते हुए प्रबंधक को पत्र लिखिए।

4. अपने घर पर टेलीफोन के कनेक्शन को पुन: लेने के लिए दूरसंचार अधिकारी को पत्र लिखिए।

उत्तर : एस वी 34, मॉडल टाउन,

मालवीय नगर,

जयपुर।

दिनांक : 3 जुलाई 20XX

सेवा में,

अधिकारी महोदय,

राजस्थान दूरसंचार विभाग,

मालवीय नगर, जयपुर।

विषय : टेलीफोन कनेक्शन पुन: लगवाने हेतु

महोदय,

निवेदन है कि मैं नौकरी के सिलसिले में जोधपुर शहर में रह रहा था। इस बीच टेलीफोन का बिल समय से नहीं भरा गया। दूरसंचार विभाग में संपर्क करने पर पता लगा कि कनेक्शन काट दिया गया है। अब मेरा स्थानान्तरण पुन: जयपुर हो गया है और जनसंपर्क स्थापित करने हेतु मुझे पुन: फोन के कनेक्शन की आवश्यकता है। मैंने पुराने बिल के साथ-साथ पेनल्टी भी जमा करवा दी है। इस पत्र के साथ मैं अपने द्वारा जमा करवाई गई बिल की रसीद भी प्रेषित कर रहा हूँ।

अत: आपसे विनम्र निवेदन है कि आप मेरी असुविधा को समझते हुए मेरा टेलीफोन का कनेक्शन पुन: जुड़वाने की व्यवस्था करें। मैं आपका आभारी रहूँगा।

धन्यवाद सहित

क.ख.ग.

5. व्यावसायिक पत्र

इस प्रकार के पत्र व्यवसाय से संबंधित होते हैं। कहीं से सामान मँगवाने, उसकी शिकायत या उसकी जानकारी जैसी सूचनाएँ व्यावसायिक पत्रों के माध्यम से दी जाती हैं। अत: इसमें ऐसी भाषा का प्रयोग होता है जो आकर्षक होने के साथ-साथ स्पष्ट भी हो, ताकि उसमें छिपा हुआ सन्देश पूर्णत: स्पष्ट हो सके।

प्रारूप

प्रेषक का नाम
पता
दिनांक :
प्रापक का नाम

✍️ स्व-अभ्यास प्रश्न। विस्तृत समाधान हेतु यह ▦ स्कैन करें।

विषयवस्तु का उल्लेख ....

....

धन्यवाद सहित

प्रेषक का पता

उदाहरण : पुस्तकें मँगवाने हेतु पुस्तक विक्रेता को पत्र लिखिए।

शॉप न. 35,

चाँदनी चौक, दिल्ली।

दिनांक : 4/03/20XX

व्यवस्थापक महोदय,

मोती डूंगरी रोड,

नई दिल्ली।

विषय : पुस्तकें मँगवाने हेतु पत्र

महोदय,

निवेदन है कि नीचे लिखी हुई पुस्तकें उचित कमीशन काट कर मेरे पते पर वी.पी.पी. द्वारा भिजवाने की कृपा करें। सभी पुस्तकें नवीन संस्करण की होनी चाहिए। पुस्तकों की सूची इस प्रकार है—

पुस्तक का नाम	प्रति
रामचरितमानस	12 प्रतियाँ
श्रीमद्भागवत	16 प्रतियाँ
गीता	20 प्रतियाँ
बाल दर्शन	20 प्रतियाँ
नारी दर्शन	15 प्रतियाँ

मुझे पुस्तकें प्राप्त होते ही उनका भुगतान कर दिया जाएगा।

धन्यवाद सहित

भवदीय

क.ख.ग.

मो. 9423XXXX45

वर्णनात्मक प्रश्न

1. नेशनल बुक ट्रस्ट के प्रबंधक को पत्र लिखकर हिंदी में प्रकाशित नवीनतम बाल साहित्य की पुस्तकें भेजने हेतु अनुरोध कीजिए।

उत्तर : परीक्षा भवन

राजकीय उच्च माध्यमिक विद्यालय,

गंगापुर।

दिनांक : 20 जुलाई 20XX

सेवा में,

प्रबंधक महोदय,

नेशनल बुक ट्रस्ट,

नई दिल्ली।

विषय : हिंदी में प्रकाशित नवीनतम बाल साहित्य की पुस्तकें भेजने हेतु

महोदय,

निवेदन है कि हमारे विद्यालय के पुस्तकालय में आपके द्वारा प्रकाशित बाल साहित्य की नवीनतम पुस्तकें नहीं हैं। कृपया आप सभी पुस्तकों की 10-10 प्रतियाँ भिजवाने की कृपा करें। सभी पुस्तकों हेतु अग्रिम राशि रु. 500 भेज रहा हूँ। शेष राशि पार्सल मिलते ही अदा कर दी जाएगी।

धन्यवाद

प्रार्थी

क.ख.ग.

2. **अपने क्षेत्र में सार्वजनिक पुस्तकालय खुलवाने की आवश्यकता समझाते हुए दिल्ली के शिक्षा मंत्री के नाम एक पत्र लिखिए।**

उत्तर : 287 यूनिक बिल्डिंग,
महावीर नगर,
जयपुर।

दिनांक : 8 फरवरी 20XX

शिक्षा मंत्री,
शिक्षा मंत्रालय,
राजस्थान सरकार, जयपुर।

विषय : सार्वजनिक पुस्तकालय खुलवाने हेतु

महोदय,

इस पत्र के माध्यम से मैं आपका ध्यान हमारे क्षेत्र की ओर दिलाना चाहता हूँ। यहाँ अभी तक कोई सार्वजनिक पुस्तकालय नहीं है इसलिए इस क्षेत्र के निवासियों को पुस्तकें पढ़ने के लिए करीब 15 किलोमीटर दूर जाना पड़ता है। दूरी के कारण कुछ लोगों ने तो वहाँ जाना भी छोड़ दिया है। पुस्तकें हमारी मित्र हैं और उनसे हमारे ज्ञानकोष में वृद्धि होती है। हमने इससे पहले भी संबद्ध अधिकारियों को कई पत्र लिखे हैं पर कोई भी कार्यवाही नहीं हुई। अत: आपसे अनुरोध है कि आप इस ओर ध्यान देते हुए आधुनिक सुविधाओं और नवीन पुस्तकों से युक्त पुस्तकालय खुलवाने की व्यवस्था करवाएँ।

भवदीय

क.ख.ग.

3. **✎ग्राहकों को नकद खरीद पर छूट देने की सूचना देते हुए पत्र लिखिए।**

4. **बिजली के बल्बों के ऑर्डर के निरस्तीकरण की सूचना देते हुए पत्र लिखिए।**

उत्तर : रामनिवास कॉन्ट्रेक्टर्स,
धौरीमन्न,
बाड़मेर।

दिनांक : 25 मार्च, 20XX

सेवा में,
रोशनी इलैक्ट्रिकल सप्लायर्स,
नेहरू प्लेस,
नई दिल्ली।

विषय : ऑर्डर निरस्त करवाने हेतु

महोदय,

हमने आपको 2500 बिजली के बल्बों का ऑर्डर दिया था, जिनकी आपूर्ति इस माह के अन्तिम सप्ताह में होनी है, परन्तु हमें खेद

✎ स्व-अभ्यास प्रश्न। विस्तृत समाधान हेतु यह स्कैन करें।

के साथ आपको यह कहना पड़ रहा है कि बल्बों का यह ऑर्डर निरस्त कर दिया जाए।

दरअसल, हमें इस आर्डर को निरस्त करवाने के लिए विवश होना पड़ रहा है, क्योंकि उक्त 100 वाट के 2500 बल्ब स्थानीय नगर निगम में आपूर्ति हेतु मँगवाए जा रहे थे परन्तु नगर निगम ने आन्तरिक बजट की समस्या के चलते कुछ समय के लिए इस आपूर्ति पर रोक लगा दी है।

इस प्रकार इस ऑर्डर को निरस्त करवाना हमारी विवशता थी, परन्तु जैसे ही नगर निगम में बजट सम्बन्धी समस्या का समाधान हो जाएगा, हम आपसे इस माल की आपूर्ति हेतु पुनः निवेदन करेंगे।

आपको हुई असुविधा के लिए हमें खेद है।

धन्यवाद

भवदीय

क.ख.ग.

6. सम्पादकीय पत्र

किसी सूचना या रचना को समाचार-पत्र अथवा किसी पत्र-पत्रिका में छपवाने के लिए जो पत्र लिखे जाते हैं, वे इस श्रेणी में आते हैं। ये संपादक को संबोधित करके लिखे जाते हैं। इनकी भाषा आम जन पर प्रभाव डालती है।

प्रारूप

सम्पादक

कार्यालय का नाम

स्थान

दिनांक :

विषय

संबोधन

पत्र छापने का अनुरोध ....

....

मुख्य विषय ....

धन्यवाद सहित।

स्वनिर्देश

नाम / हस्ताक्षर

नोट : अपने विद्यालय में प्रार्थना पत्र के अतिरिक्त अन्य पत्रों में प्रेषक का पता 'भवदीय' के पश्चात् भी लिखा जा सकता है।

उदाहरण : **देश में बढ़ रही कन्या-भ्रूण हत्या पर चिंता व्यक्त करते हुए किसी प्रतिष्ठित समाचार-पत्र के सम्पादक को पत्र लिखिए।**

142, पटेल नगर,
नई दिल्ली-110008
दिनांक : 15-3-20XX

सेवा में,

सम्पादक महोदय,

दैनिक भास्कर कार्यालय,

जयपुर-302001

विषय : कन्या भ्रूण हत्या की बढ़ती प्रवृत्ति के सन्दर्भ में

महोदय,

मैं आपके समाचार पत्र का नियमित पाठक रहा हूँ। आपके लोकप्रिय समाचार-पत्र के माध्यम से मैं देश में बढ़ रही कन्या भ्रूण हत्या की प्रवृत्ति की ओर ध्यान आकर्षित करना चाहती हूँ। यह समाज का दुर्भाग्य है कि अनेक लोग गर्भ में ही लिंग परीक्षण करवाकर कन्या भ्रूण होने की स्थिति में गर्भ में ही कन्या भ्रूण की हत्या करवा देते है। ऐसा करने वाले केवल गरीब या अशिक्षित लोग ही नहीं होते, बल्कि समाज का पढ़ा-लिखा एवं धनी तबका भी इसमें बराबरी का हिस्सेदार है। समाज का यह दृष्टिकोण अत्यन्त रूढ़िवादी एवं पिछड़ा है, जिसे किसी भी स्थिति में बढ़ावा नहीं मिलना चाहिए। समाज के बौद्धिक एवं तार्किक लोगों का कर्तव्य है कि वे सरकार एवं प्रशासन के साथ मिलकर कन्या-भ्रूण हत्या का समर्थन करने वाले लोगों के विरुद्ध कठोर कार्यवाही करें, जिससे समाज का विकास सम्भव हो सके।

आशा है कि आप मेरे इस पत्र को अपने समाचार-पत्र में स्थान देंगे जिससे इसे पढ़कर लोगों में जागरूकता आए।

धन्यवाद

विनीत

क.ख.ग.

वर्णनात्मक प्रश्न

1. आए दिन बस चालकों की असावधानी के कारण हो रही दुर्घटनाओं पर चिंता व्यक्त करते हुए किसी समाचार पत्र के संपादक को पत्र लिखिए।   [CBSE 2017]

उत्तर : छात्रावास

जयपुर।

दिनांक : 26 मई 20XX

मुख्य संपादक,

हिंदुस्तान टाइम्स,

जयपुर।

विषय : सड़क दुर्घटना रोकने के सुझाव हेतु पत्र

महोदय,

मैं आपके समाचार-पत्र का नियमित पाठक रहा हूँ। इस पत्र के माध्यम से मैं प्रशासन का ध्यान हमारी कॉलोनी में बढ़ती हुई सड़क दुर्घटनाओं की ओर आकर्षित करना चाहता हूँ। हमारी कॉलोनी की मुख्य सड़क नेशनल हाईवे से जुड़ती है जिससे आए दिन यहाँ सड़क दुर्घटनाएँ होती रहती हैं। बस चालक इतनी तेज़ बस चलाते हैं कि सड़क पार करना भी मुश्किल हो जाता है। बच्चों और बूढ़ों का तो सड़क पर निकलना ही बंद है और वे घर पर ही रहने को मजबूर हैं। आशा है आप मेरे इस पत्र को अपने समाचार-पत्र में स्थान देंगे जिससे संबद्ध अधिकारी इसे पढ़कर उचित कार्यवाही करें।

अत: आपसे निवेदन है कि आप प्रशासन का ध्यान इस ओर दिलाकर यहाँ पर गति अवरोधक लगवा दें।

धन्यवाद

भवदीय

क.ख.ग.

2. ⊛देश में लड़कियों की घटती संख्या पर चिंता प्रकट करते हुए 'दैनिक जागरण' नामक दैनिक समाचार पत्र के संपादक के नाम पत्र लिखिए।

3. 'आदर्श महिला मोर्चा' नामक संगठन ने महिलाओं के उत्थान के लिए सराहनीय कार्य किया है। इस संगठन की संचालिका की प्रशंसा करते हुए भास्कर टाइम्स के संपादक महोदय को पत्र लिखिए।

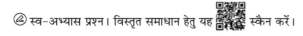

⊛ स्व-अभ्यास प्रश्न। विस्तृत समाधान हेतु यह 🔲 स्कैन करें।

उत्तर : परीक्षा भवन

दिनांक: 10 जुलाई 20XX

संपादक महोदय,

भास्कर टाइम्स,

वैशाली नगर,

जयपुर।

विषय : आदर्श महिला मोर्चा की संचालिका को पुरस्कृत किए जाने के संबंध में

महोदय,

इस पत्र के माध्यम से मैं आपका ध्यान 'आदर्श महिला मोर्चा' नाम के एक महिला संगठन की ओर दिलाना चाहता हूँ। इस संगठन ने महिलाओं के उत्थान के लिए अनेक प्रशंसनीय कार्य किए हैं। संगठन ने अनेक बेरोजगार महिलाओं को रोज़गार दिलवा कर उनका आत्मविश्वास बढ़ाया है। अनेक बेसहारा महिलाओं को आश्रय दिलवा कर उन्हें आत्मनिर्भर बनाया है।

इस संगठन की संचालिका ने समाज में अपनी दृढ़ इच्छाशक्ति और कर्मठता का सच्चा उदाहरण दिया है जिसके लिए जिलाधिकारी महोदय द्वारा उन्हें पुरस्कृत किया गया है।

अत: आपसे अनुरोध है कि आप उनके उल्लेखनीय कार्यों का अपने समाचार पत्र में उल्लेख कीजिए जिससे और महिलाएँ इस क्षेत्र में आगे आएँ।

धन्यवाद

प्रार्थी

क.ख.ग.

4. पटाखों से होने वाले प्रदूषण के प्रति ध्यान आकर्षित करते हुए संपादक के नाम पत्र लिखिए।

उत्तर : परीक्षा भवन

जोधपुर ।

दिनांक : 12 अक्टूबर 20XX

संपादक महोदय,

इंडिया टाइम्स,

जोधपुर।

विषय : पटाखों से होने वाले प्रदूषण के प्रति ध्यान आकर्षित करने हेतु।

महोदय,

मैं यह पत्र पटाखों से होने वाले प्रदूषण की ओर ध्यान आकर्षित करने हेतु लिख रहा हूँ। पंद्रह दिन बाद दीपावली है और अब सब दीपावली की तैयारियों में व्यस्त हैं। इस बार हमारे कॉलोनी के बच्चों ने मिलकर एक बड़ा ही महत्वपूर्ण कदम उठाया है। पटाखों से होने वाले प्रदूषण और नुकसान से सबको अवगत कराने हेतु हमने एक नुक्कड़ नाटक का आयोजन किया। हमारी कॉलोनी के सभी लोगों ने इसका भरपूर आनंद उठाया और साथ ही इस बार पटाखे न चलाने का संकल्प लिया ।

हम सब जानते हैं कि पिछली दीपावली पर पटाखों के प्रदूषण ने हवा को कितना विषाक्त बना दिया था और लोग रोगग्रस्त हो गए थे। आशा करता हूँ कि आप मेरे इस पत्र को अपने समाचार-पत्र में स्थान देंगे जिससे लोग इसे पढ़कर जागरूक होंगे।

धन्यवाद

भवदीय

क.ख.ग.

वर्णनात्मक प्रश्न

1. जल बोर्ड द्वारा दूषित जल की आपूर्ति के कारण जन-सामान्य को हो रही कठिनाइयों की ओर ध्यान आकृष्ट करते हुए अध्यक्ष, जल बोर्ड को एक पत्र लिखिए।

उत्तर

सेवा में,
अध्यक्ष,
जल बोर्ड,
क ख ग नगर निगम,
कखग नगर।

~~विष~~ दिनांक – ५-३-२०१५

विषय – दूषित जल की आपूर्ति के कारण जन-सामान्य को हो रही कठिनाई।

मान्यवर,
सविनय निवेदन है कि
पिछले कुछ दिनों से हमारे इलाके में दूषित जल की आपूर्ति के कारण हमें बहुत परेशानियों का सामना करना पड़ रहा है। दूषित जल के कारण हम अपने दैनिक कार्यों को करने में कठिनाई ~~का~~ अनुभव करते हैं तथा हमारे मोहल्ले के कुछ बच्चे रोगग्रस्त भी हो चुके ~~गए~~ हैं। टाईफॉइड और जॉंडिज़ जैसे भयंकर रोगों के होने पर भी जब हमने अधिकारियों को इस बारे में पत्र लिखा, तब उनके कानों जूँ तक नहीं रेंगी।
आशा करती हूँ कि आप उचित कार्यानुष्ठान ग्रहण करते हुए हमें इस नर्क तुल्य जीवन से शीघ्र ही उद्धार करेंगे
सधन्यवाद।
भवदीया,

[CBSE Topper 2014]

2. विद्यालय के गेट पर मध्यवकाश के समय ठेले और रेहड़ी वालों द्वारा जंक फूड बेचे जाने की शिकायत करते हुए प्रधानाचार्य को पत्र लिखकर उन्हें रोकने का अनुरोध कीजिए।

उत्तर

सेवा में,
प्रधानाचार्य
दिल्ली पब्लिक स्कूल
मेरठ
दिनांक- 10 मार्च 2017
विषय:- ठेले और रेहड़ी वालों द्वारा जंक फूड बेचे जाने की शिकायत हेतु।

महोदय,
सविनय निवेदन है कि मैं ~~कक्षा~~ आपके स्कूल की कक्षा ~~10(B) की~~ 10 (बी) की छात्रा हूँ। इस पत्र द्वारा मैं आपका ध्यान विद्यालय के गेट पर बिक रहे जंक फूड की ~~ओर~~ ~~आकर्षित~~ आकर्षित करना चाहती हूँ। मध्यावकाश के समय, स्कूल के गेट पर ठेले वाले ~~एवं~~ एवं रेहड़ी वाले जंक फूड बेचा करते हैं, इस की वजह से अनेक छात्र बीमार पड़ रहे हैं। मैं आपसे निवेदन करती हूँ की आप जल्द से जल्द कोई कठोर कदम ~~लेवें~~ लें ताकि और छात्र इस जंक ~~फूड~~ फूड की वजह से बीमार ना हों।
धन्यवाद।
आपकी आज्ञाकारी शिष्या
शिवानी ठाकुर

[CBSE Topper 2017]

3

सूचना लेखन

सूचना का अर्थ होता है, कोई जानकारी। सूचना के अंतर्गत कोई बात, समाचार, संदेश आता है, जो किसी व्यक्ति या व्यक्ति के समूह को बताना होता है, ताकि उस खबर को वह जान सके।

Topic Notes

- अंक विभाजन
- सूचना लेखन की परिभाषा
- सूचना लेखन के उद्देश्य
- सूचना के प्रकार

सूचना कम शब्दों में औपचारिक शैली में लिखी गई संक्षिप्त जानकारी होती है। किसी विशेष सूचना को सार्वजनिक करना 'सूचना-लेखन' कहलाता है।

दूसरे शब्दों में, "दिनांक और स्थान के साथ भविष्य में होने वाले कार्यक्रमों आदि के विषय में दी गई लिखित जानकारी सूचना कहलाती है।"

सरल शब्दों में, "संबंधित व्यक्तियों को विशेष जानकारी देना ही सूचना-लेखन कहलाता है।"

अंक विभाजन	
औपचारिकताएँ	1 अंक
विषय-सामग्री	3 अंक
सटीक शब्दों तथा वाक्यों का चयन एवं भाषा की शुद्धता	1 अंक
कुल अंक	5 अंक

सूचना लेखन की परिभाषा

जे. बेकर के अनुसार, ''उन तथ्यों को सूचना कहते हैं जो किसी विषय से संबंध रखते हैं।''

हॉफमैन के अनुसार, "सूचना वक्तव्यों, तथ्यों और आकृतियों का संकलन होता है।"

सूचना लेखन के उद्देश्य

- सभी को एक साथ सामूहिक रूप से सूचना देना।
- आगामी घटना या कार्यक्रम के विषय में पूर्व-सूचना देना।

प्रारूप

```
.......... संस्था का नाम ..........
                सूचना
दिनांक :            .......... सूचना का विषय ..........

सूचना को लिखें ...........................................................................
..........................................................................................
सूचना देने वाले व्यक्ति के हस्ताक्षर, उसका नाम

सूचना देने वाले व्यक्ति का पद
```

🕉 स्मरणीय बिंदु

➥ सूचना प्रायः तीन या चार वाक्यों में लिखी जानी चाहिए।

➥ सूचना पूर्ण और आसानी से समझ में आने वाली होनी चाहिए।

➥ सूचना सरल शब्दों में लिखी जानी चाहिए।

➥ सूचना की भाषा प्रभावपूर्ण और शिष्ट शैली में लिखी जानी चाहिए।

➥ सूचना की लिखावट पठनीय होनी चाहिए।

➥ सूचना देने वाले का नाम या स्थान विशेष की जानकारी अवश्य होनी चाहिए।

➥ जिस विशिष्ट व्यक्तित्व के द्वारा सूचना जारी की जा रही है, उसके हस्ताक्षर, उसकी पदवी तथा नाम अवश्य लिखा जाना चाहिए।

➥ शब्द-सीमा का पूरा ध्यान रखा जाना चाहिए।

सूचना के प्रकार

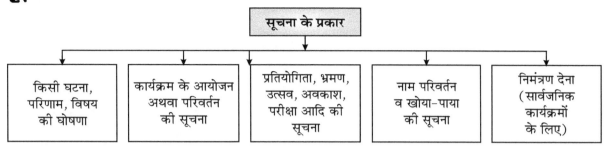

सूचना के प्रकार				
किसी घटना, परिणाम, विषय की घोषणा	कार्यक्रम के आयोजन अथवा परिवर्तन की सूचना	प्रतियोगिता, भ्रमण, उत्सव, अवकाश, परीक्षा आदि की सूचना	नाम परिवर्तन व खोया-पाया की सूचना	निमंत्रण देना (सार्वजनिक कार्यक्रमों के लिए)

1. घटना, परिणाम, विषय की घोषणा

इस प्रकार की सूचना हेतु हमें निम्न बातों का ध्यान रखना चाहिए–

सर्वप्रथम विषय को स्पष्ट कर दें; घटना हेतु सूचित करने व सहायता हेतु कार्य करने के निर्देश मूलत: स्पष्ट होने चाहिए ताकि पाठक को किसी प्रकार की असुविधा का सामना न हो।

आवश्यक बिंदु : घटना का वर्णन, निश्चित धन राशि, विस्तृत जानकारी हेतु वेबसाइट

उदाहरण : विद्यालय के प्रधानाचार्या की ओर से बिहार में घटित बाढ़-पीड़ितों की सहायता हेतु 'प्रधानमंत्री-राहत कोष' में धन देने के विषय में अध्यापकों एवं छात्रों के लिए सूचना लिखिए।

सालवान पब्लिक स्कूल, दिल्ली

सूचना

दिनांक : 12 मई, 2021   **बाढ़-पीड़ितों के सहायतार्थ**

सभी अध्यापकों व छात्रों को सूचित किया जाता है कि 10 अप्रैल, 2021 को बिहार में आई भयंकर बाढ़ के कारण लाखों लोग बेघर हो गए हैं, रोजगार समाप्त हो गए हैं। आप सबके सहयोग की आशा है। यथासंभव अपना योगदान धनराशि के रूप में 'प्रधानमंत्री-राहत कोष' में जमा करें, जिससे उनकी स्थिति में सुधार लाने हेतु राहत पहुँचाने का कार्य आरंभ किया जा सके। विस्तृत जानकारी के लिए www.biharfloodhelpline.com देखें।

हस्ताक्षर

क.ख.ग

प्रधानाचार्या

वर्णनात्मक प्रश्न

1. विद्यालय के सचिव की ओर से 'समय-प्रबंधन' विषय पर आयोजित कार्यशाला के लिए 40-50 शब्दों में सूचना तैयार कीजिए।   **[CBSE 2020]**

उत्तर :

सनातन धर्म स्कूल, लुधियाना

सूचना

दिनांक : 20 फरवरी, 20XX   **समय-प्रबंधन विषय पर आयोजित कार्यशाला**

सभी विद्यार्थियों को सूचित किया जाता कि सनातन धर्म स्कूल की ओर से 'समय-प्रबंधन' विषय पर आगामी 16 मार्च तक कार्यशाला आयोजित की जा रही है। कार्यशाला का समय प्रात: दस बजे से दोपहर एक बजे तक रहेगा। इच्छुक छात्र कक्षा-अध्यापिका को अपना नाम लिखवा दें।

हस्ताक्षर

तेजिंदर कुमार

सचिव

---

2. विद्यालय के हेडबॉय की ओर से 'कक्षा दसवीं के परिणाम' की घोषणा हेतु विद्यार्थियों को सूचित करते हुए सूचना लिखें। **[CBSE 2014, 12]**

उत्तर :

केंद्रीय विद्यालय, गुरुग्राम

सूचना

दिनांक : 10 अप्रैल, 2020 **दसवीं के परीक्षा परिणाम**

विद्यालय का हेडबॉय होने के नाते मैं आप सभी छात्रों को सूचित करता हूँ कि आगामी 20 जून को कक्षा दसवीं के बोर्ड परीक्षा परिणाम घोषित होने जा रहे हैं। सभी छात्र अपने अनुक्रमांक के साथ तैयार रहें। सभी को परीक्षा परिणाम हेतु शुभकामनाएँ।

हस्ताक्षर

राहुल वैद्य

स्कूल हेडबॉय

3. विद्यालय के विभागाध्यक्ष होने के नाते कक्षा ग्यारहवीं के छात्रों हेतु विषय चयनित परिचर्चा की सूचना तैयार करें।

उत्तर :

केंद्रीय विद्यालय, आगरा

सूचना

दिनांक : 10 मार्च, 2021 **कक्षा ग्यारहवीं में विषय चयन**

विभागाध्यक्ष होने के नाते मैं सभी छात्रों को सूचित करती हूँ कि आगामी 10 जून से विद्यालय में कक्षा ग्यारहवीं के विषय चयनित हेतु परिचर्चा आरम्भ होने जा रही है। सभी छात्रों व अभिभावकों से निवेदन है कि छात्र की योग्यतानुसार ही विषय का चयन करने में सहयता करे। सभी छात्र अपनी कक्षा-अध्यापिका से संपर्क करें।

हस्ताक्षर

सुमिता हाज़रा

विद्यालय विभागाध्यक्ष

2. कार्यक्रम के आयोजन अथवा परिवर्तन की सूचना

इस प्रकार की सूचना हेतु हमें निम्न बातों का ध्यान रखना चाहिए-

इस प्रकार की सूचना हेतु कार्यक्रम के आयोजन की तिथि अथवा दिनांक में यदि कोई परिवर्तन हो तो उसे स्पष्ट कर दिया जाना चाहिए ताकि किसी भी प्रकार का संशय न रहे ।

आवश्यक बिंदु : उद्देश्य/अवसर की जानकारी, दिनांक, समय/अवधि, स्थान

उदाहरण : **स्कूल में हास्य कवि सम्मेलन के आयोजन हेतु सूचना लिखिए।**

सती पब्लिक स्कूल

बनकोट, उत्तर प्रदेश

सूचना

दिनांक : 09 जनवरी, 2020 **हास्य कवि सम्मेलन का आयोजन**

आप सभी विद्यार्थियों को यह जानकर अति प्रसन्नता होगी कि हमारे विद्यालय में कक्षा 9 से कक्षा 12 तक के विद्यार्थियों के लिए एक 'हास्य कवि सम्मेलन' का आयोजन किया जा रहा है। जिसमें शहर के अन्य स्कूलों के विद्यार्थियों को भी आमंत्रित किया गया है। कार्यक्रम इस प्रकार है-

दिनांक : 15 जनवरी, 2020

समय : 4 : 30 सांय

स्थान : सती पब्लिक स्कूल परिसर

कार्यक्रम में भाग लेने के इच्छुक सभी विद्यार्थियों से अनुरोध है कि वे अतिशीघ्र 'सांस्कृतिक विभाग' के सचिव से संपर्क करें।

हस्ताक्षर

हिमांशु गर्ग

विभागाध्यक्ष, सांस्कृतिक विभाग

वर्णनात्मक प्रश्न

1. आप हिंदी छात्र परिषद् के सचिव प्रगन्य हैं। आगामी सांस्कृतिक संध्या के विषय में अनुभागीय दीवार पट्टिका के लिए 25-30 शब्दों में सूचना तैयार करें। **[CBSE 2018]**

उत्तर :

केंद्रीय विद्यालय, दिल्ली

सूचना

दिनांक : 2 मार्च, 20XX **आगामी सांस्कृतिक संध्या**

विद्यालय के सभी छात्रों को सूचित किया जाता है कि मार्च माह में विद्यालय में सांस्कृतिक संध्या का आयोजन किया जा रहा है। इसमें सांस्कृतिक गीत-संगीत व नृत्य का आयोजन भी किया गया है। इस कार्यक्रम में भाग लेने के इच्छुक छात्र संगीत अध्यापिका को अपना नाम लिखवा दें।

हस्ताक्षर

प्रगन्य

सचिव, हिंदी छात्र परिषद्

2. हरेला मिलन समारोह के आयोजन की सूचना लिखिए। **[CBSE 2018]**

उत्तर :

आस्था सोसाइटी

झाकट, हरिद्वार

सूचना

दिनांक : 01 मई, 2020 **हरेला मिलन समारोह का आयोजन**

आस्था सोसायटी के सभी गणमान्य सदस्यों को सूचित किया जाता है कि विगत वर्षों की तरह इस वर्ष भी सोसाइटी ने 'हरेला मिलन समारोह' को आयोजित करने का निर्णय लिया है जिसमें सोसाइटी के आसपास तथा सोसाइटी के अंदर फूलों और फलों के पौधों को लगाया जाएगा।

दिनांक : 10 मई, 2020

कार्यक्रम : पौधों का रोपण के बाद जलपान

स्थान : आस्था सोसाइटी

सोसाइटी के सभी लोगों से अनुरोध है कि अधिक से अधिक संख्या में आकर पौधारोपण के कार्य में हाथ बढ़ाएँ।

हस्ताक्षर

भावेश आर्य

सदस्य, आस्था सोसाइटी

3. आप स्कूल में आयोजित वाद-विवाद प्रतियोगिता के लिए हिंदी विभाग संयोजक की ओर से 25-30 शब्दों में सूचना लिखिए। **[CBSE 2019]**

उत्तर :

बाल भारती स्कूल, बनारस

सूचना

दिनांक : 26 जुलाई, 20XX **वाद-विवाद प्रतियोगिता**

सभी छात्रों को सूचित किया जाता है कि बाल भारती पब्लिक स्कूल में वाद-विवाद प्रतियोगिता का आयोजन किया जा रहा है। आयोजन संबंधी जानकारी इस प्रकार है–

दिनांक : 15 अगस्त, 20XX

समय : प्रातः 9 बजे

स्थान : स्कूल सभागार

प्रतिभाग : 8 से 10 बच्चे

इच्छुक विद्यार्थी अपना नाम 30 जुलाई, 20XX तक सांस्कृतिक परिषद् के सचित को दें।

हस्ताक्षर

कपिल शर्मा
संयोजक, हिंदी विभाग

4. 12वें अंतर्राष्ट्रीय पुस्तक मेले का आयोजन प्रगति मैदान में किया जा रहा है। अपने स्कूल के विद्यार्थियों को इसकी जानकारी देते हुए सूचना-पत्र लिखिए।

3. प्रतियोगिता, भ्रमण, उत्सव, अवकाश, परीक्षा आदि की सूचना

इस प्रकार की सूचना हेतु पाठक को उत्सव, अवकाश, प्रतियोगिता एवं भ्रमण की आवश्यक जानकारी दी जाती है।

आवश्यक बिंदु : अवसर की जानकारी, स्थान, उद्देश्य, जागरूकता, अपील, दिनांक/समय, आमंत्रण, शुरुआत/अंत, विशिष्ट निर्देश (जैसे-क्या करें और क्या न करें, संपर्क करने का समय आदि।)

उदाहरण : **आप नाट्यकला परिषद् के सचिव हैं। स्कूल ने अंतः विद्यालय नाटक प्रतियोगिता का आयोजन किया है। अपने स्कूल के विद्यार्थियों को इसकी जानकारी देते हुए एक सूचना-पत्र लिखिए।** **[CBSE 2017]**

हैपी स्कूल, दरियागंज, नई दिल्ली

सूचना

दिनांक : 20 जनवरी, 20XX **अंतः स्कूल नाटक प्रतियोगिता**

स्कूल के द्वारा आयोजित अंतः स्कूल प्रतियोगिता के लिए आप सभी आमंत्रित हैं।

स्व-अभ्यास प्रश्न। विस्तृत समाधान हेतु यह स्कैन करें।

दिनांक : 5 फरवरी, 20XX

समय : प्रातः 10 बजे

स्थान : स्कूल सभागार

प्रतिभागियों की संख्या : 10

प्रविष्टियाँ प्राप्त करने की अंतिम तिथि : 30 जनवरी, 20XX

दोपहर 2 : 00 बजे तक

हस्ताक्षर

रवि खन्ना/ऋतु कालरा

सचिव

नाट्य कला परिषद्

वर्णनात्मक प्रश्न

1. आपका स्कूल ग्रीष्मावकाश में दिल्ली से गोवा की यात्रा का आयोजन कर रहा है। इस यात्रा से संबंधित सूचना-पत्र लिखिए। [CBSE 2017, 16]

उत्तर :

लोटस वेली स्कूल, नई दिल्ली
सूचना

दिनांक : 15 अप्रैल, 20XX   **दिल्ली-गोवा यात्रा आयोजन**

सभी विद्यार्थियों को सूचित किया जाता है कि हमारा स्कूल दिल्ली से गोवा की यात्रा का आयोजन कर रहा है। यात्रा से संबंधित जानकारी इस प्रकार है–

दिनांक : 20 मई से 30 मई तक।

मूल्य : 12,000/-रुपए प्रति विद्यार्थी

योजना : प्रचलित स्थानों पर जाना, समुद्री यात्रा का आनंद, अन्य आकर्षक एवं मनोरंजक गतिविधियाँ।

इच्छुक विद्यार्थी 20 अप्रैल तक अपने नाम कक्षा अध्यापिका को दे दें।

हस्ताक्षर

नमन शर्मा

अध्यक्ष

विद्यार्थी परिषद्

2. आपके विद्यालय के वार्षिक उत्सव में नाटक मंचन हेतु इच्छुक छात्रों को जानकारी देने हेतु एक सूचना तैयार कीजिए। [CBSE 2019]

उत्तर :

डी.ए.वी. पब्लिक स्कूल
सूचना

दिनांक : 03 अगस्त, 2019   **नाटक मंचन का आयोजन**

इस विद्यालय के सभी छात्रों को सूचित किया जाता है कि विद्यालय के वार्षिक उत्सव में नाटक मंचन किया जाएगा। जो

भी छात्र नाटक में अभिनय करने के इच्छुक हों, वे 03 अगस्त, 2019 को अंतिम दो कक्षा (Period) में स्क्रीन टेस्ट हेतु विद्यालय के सभागार में उपस्थित रहें।

हस्ताक्षर

अवनी शर्मा

छात्र सचिव

3. ⊚आप बाल भारती पब्लिक स्कूल, दिल्ली के हिंदी साहित्य परिषद् के अध्यक्ष हैं। आपके स्कूल में होने वाली 'इंटर हाउस हिंदी प्रतियोगिता' के बारे में स्कूल के विद्यार्थियों को जानकारी देने के लिए एक सूचना-पत्र तैयार कीजिए।

4. विद्यालय की सांस्कृतिक संस्था 'रंगमंच की सचिव' 'लतिका' की ओर से 'स्वरपरीक्षा' के लिए इच्छुक विद्यार्थियों को यथासमय उपस्थित रहने की सूचना लगभग 25-30 शब्दों में लिखिए। समय और स्थान का भी उल्लेख कीजिए।

[CBSE 2018]

उत्तर :

सरस्वती विद्या मंदिर, गुड़गाँव

सूचना

गायन कार्यक्रम हेतु 'स्वरपरीक्षा'

दिनांक : 25 जुलाई, 2019

विद्यालय की सांस्कृतिक संस्था 'रंगमंच' द्वारा आप सभी विद्यार्थियों को सूचित किया जाता है कि 3 अगस्त, 2019 को गायन कार्यक्रम हेतु 'स्वरपरीक्षा' विद्यालय सभागार में दोपहर 1 : 00 बजे आयोजित की जाएगी। इच्छुक छात्र समय पर पहुँच जाएँ।

हस्ताक्षर

लतिका

'रंगमंच' सचिव

5. ⊚आपके स्कूल ने कश्मीर की सुंदरवादियों की सैर का आयोजन किया है। विद्यार्थियों तक इसकी जानकारी देने के लिए एक सूचना-पत्र तैयार कीजिए।

4. नाम परिवर्तन व खोया-पाया की सूचना

इस प्रकार की सूचना में गुम हुए व्यक्ति की पूर्ण जानकारी व अपना पूर्ण पता देना चाहिए ताकि सूचना सही समय व सही स्थान तक पहुँचाई जा सके।

आवश्यक बिंदु : वस्तु खोया/पाया, दिनांक, समय, स्थान, कोई पहचान चिह्न (रंग, आकार, सामग्री), किसे संपर्क किया जाए कब और कहाँ।

आवश्यक बिंदु : नाम, पता, आवास, कंपनी, बैंक खाता आदि बदलने संबंधी सूचनाओं में निम्न बिंदुओं का होना आवश्यक है—

- बदला हुआ नाम, पता, कंपनी आदि
- संबोधित किए जाने वाले व्यक्ति/संस्था का उल्लेख
- बदलने का कारण
- माता-पिता का नाम

उदाहरण : आप शांति विद्या निकेतन, प्रशांत विहार, दिल्ली की छात्रा खुशी मेहरा हैं। विद्यालय में आपका परीक्षा प्रवेश-पत्र गुम हो गया है। इस विषय पर 20 से 30 शब्दों में सूचना लिखें।

[CBSE 2016]

शांति विद्या निकेतन, प्रशांत विहार, दिल्ली

सूचना

परीक्षा प्रवेश-पत्र गुम हो जाना

दिनांक : 03 अगस्त, 2019

⊚स्व-अभ्यास प्रश्न। विस्तृत समाधान हेतु यह ▦ स्कैन करें।

सभी को यह सूचित किया जाता है कि 22/07/2019 को विद्यालय के खेल परिसर में मेरा परीक्षा प्रवेश-पत्र गुम हो गया है। इस पर मेरी फोटो के साथ मेरा अनुक्रमांक 2367528 है। यदि यह किसी को भी मिले तो मुझे लौटाने की कृपा करें।

हस्ताक्षर

खुशी मेहरा

कक्षा 10A

वर्णनात्मक प्रश्न

1. आप केंद्रीय विद्यालय, मुनिरका, नई दिल्ली के छात्र विवेक उपाध्याय हैं। आपको खेल के मैदान में एक कलाई-घड़ी गिरी हुई मिली थी। इस संबंध में 20-30 शब्दों में एक सूचना लिखिए। [CBSE 2017]

उत्तर :

केन्द्रीय विद्यालय, मुनिरका, नई दिल्ली

सूचना

दिनांक : 6 जुलाई, 20XX **कलाई-घड़ी प्राप्त होने संबंधी सूचना**

सभी को यह सूचित किया जाता है कि 5 जुलाई, 20XX को विद्यालय के खेल के मैदान में मुझे एक कलाई-घड़ी गिरी हुई मिली थी, जिसे मैंने प्रधानाचार्य के पास जमा कर दिया है। यह घड़ी जिसकी भी है, वह इसकी पहचान बताकर प्रधानाचार्य कक्ष में उनसे इसे प्राप्त कर सकता है।

हस्ताक्षर

विवेक उपाध्याय (छात्र)

कक्षा-9A

2. आपने अपना नाम अभिलाषा से बदलकर प्रांजल कर लिया है। अपने विद्यालय के सभी विद्यार्थियों को 20-30 शब्दों में इसकी सूचना दीजिए। [CBSE 2016, 14]

उत्तर :

केंद्रीय विद्यालय, द्वारका, नई दिल्ली

सूचना

दिनांक : 17 सितंबर, 20XX **नाम बदलने की सूचना**

सभी विद्यार्थियों को सूचित किया जाता है कि मैंने अर्थात् कक्षा दसवीं की छात्रा कु. अभिलाषा, सुपुत्री श्रीमती एवं श्रीमान विनय कपूर, निवासी-B ब्लॉक, सेक्टर-10, द्वारका, नई दिल्ली ने प्रशासनिक कारणों से अपना नाम अभिलाषा से बदलकर 'प्रांजल' रख लिया है। भविष्य में 'प्रांजल' नाम का प्रयोग ही मान्य होगा।

हस्ताक्षर

प्रांजल

कक्षा-दसवी 'अ'

3. ✎बैग की गुमशुदगी की सार्वजनिक सूचना तैयार कीजिए ।

✎ स्व-अभ्यास प्रश्न। विस्तृत समाधान हेतु यह [QR] स्कैन करें।

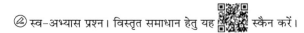

4. गुमशुदा लड़की की तलाश के लिए अखबार में छपा सूचना-पत्र। **[CBSE Sample Paper 2020]**

उत्तर :

सूचना

गुमशुदा लड़की की तलाश

सर्वसाधारण को सूचित किया जाता है कि पुलिस को एक गुमशुदा लड़की की तलाश है जिसका पता है - अजायब खान निवासी, 161/40 पार शास्त्री अपार्टमेंट, दरियागंज, नई दिल्ली, उम्र- सात साल, कद- 3 फुट 3 इंच, चेहरा-गोल, रंग-गोरा, शरीर- सामान्य, आँखें-काली, बाल-काले व छोटे, लाल रंग की जैकेट और काले-लाल रंग के प्रिंटेड पजामे और पैरों में हरे रंग की प्लास्टिक की हवाई चप्पल पहने हुए है, यह दिनांक 02-07-20XX को हैप्पी स्कूल, दरियागंज क्षेत्र से लापता है। इससे संबंधित कोई भी जानकारी मिलते ही निम्न पते पर सूचित करें—

इंस्पेक्टर/ ए एच टी यू/ दरियागंज/ नई दिल्ली

ई मेल abe@cde.in.com

फैक्स : 01123956738

दूरभाष : 9811100011

01123863421

5. निमंत्रण देना (सार्वजानिक कार्यक्रमों के लिए)

इस प्रकार की सूचना में कार्यक्रम हेतु निमंत्रण बनाया जाता है, जिसमें कार्यक्रम की जानकारी आदि दी हो।

आवश्यक बिंदु : उद्देश्य/ कार्यक्रमों की जानकारी, दिनांक समय/अवधि, स्थान

उदाहरण : **आप अपने विद्यालय में सांस्कृतिक सचिव हैं। विद्यालय में होने वाली 'कविता-प्रतियोगिता में भाग लेने के लिए आमंत्रण हेतु 25-30 शब्दों में एक सूचना तैयार कीजिए।** **[CBSE 2019]**

अ. ब. स. विद्यालय, अ. ब. स. नगर

सूचना

दिनांक : 02 अगस्त, 20XX **कविता-प्रतियोगिता**

विद्यालय के सभी कक्षा 6 से 10 तक के विद्यार्थियों को सूचित किया जाता है कि 'हिंदी विभाग' की ओर से दिनांक 02 सितम्बर, 20XX को विद्यालय के सभागार में कवि श्रेष्ठ श्री दिनकर की स्मृति में एक 'कविता-प्रतियोगिता' का आयोजन किया जा रहा है। सभी इच्छुक प्रतिभागियों को सूचित किया जाता है कि प्रतियोगिता की तिथि से दो दिन पूर्व अपना नाम अधोहस्ताक्षरी के पास जमा अवश्य करवा दें।

हस्ताक्षर

सांस्कृतिक सचिव

अ. ब. स.

वर्णनात्मक प्रश्न

1. आप बाल भारती पब्लिक स्कूल, दिल्ली के हिंदी साहित्य परिषद् के अध्यक्ष हैं। आपके स्कूल में होने वाली 'इंटर हाउस हिंदी प्रतियोगिता' के बारे में स्कूल के विद्यार्थियों को आमंत्रित करते हुए एक सूचना-पत्र तैयार कीजिए।

[CBSE 2019]

उत्तर :

बाल भारती पब्लिक स्कूल, दिल्ली

हिंदी साहित्य परिषद्

सूचना

दिनांक : 12 सितंबर, 20XX **अंतः हाउस प्रतियोगिता**

'हिंदी साहित्य परिषद्' निम्न प्रतियोगिताओं के लिए प्रतिभागियों का नाम आमंत्रित करती है जिसका आयोजन स्कूल सभागार में 2 अक्टूबर से किया जाएगा।

1. वाद-विवाद प्रतियोगिता 2 अक्टूबर, 20XX प्रात: 11 बजे

2. आशुतोष प्रतियोगिता 3 अक्टूबर, 20XX प्रात: 12 बजे

3. गीत-अभिनीत प्रतियोगिता 4 अक्टूबर, 20XX प्रात: 11 बजे

इन प्रतियोगिताओं के लिए प्रत्येक हाउस से दो-दो प्रतिभागी आमंत्रित हैं। प्रतिभागियों का नाम देने की अंतिम तिथि 27 अक्टूबर है।

देवेश शुक्ला
अध्यक्ष
हिंदी साहित्य परिषद्

2. विद्यालय की छुट्टियों के दिनों में प्रातःकाल में योग की अभ्यास कक्षाओं हेतु छात्रों को आमंत्रित करते हुए सूचना तैयार करें।

उत्तर :

शिक्षा-निकेतन विद्यालय, दिल्ली

सूचना

दिनांक : 20 सितंबर, 20XX **योग कक्षाओं का आयोजन**

सभी छात्रों को सूचित किया जाता है कि विद्यालय की ओर से बड़े दिनों की छुट्टियों में 25 दिसंबर से 31 दिसंबर तक प्रतिदिन प्रात: विद्यालय के प्रांगण में योग की कक्षाओं का आयोजन किया जा रहा है।

इच्छुक छात्र अपना नाम योग-अध्यापिका को लिखवा दें।

हस्ताक्षर
अलका शर्मा
योग अध्यक्ष

3. आप अपने विद्यालय की छात्र संस्था के सचिव हैं तथा विद्यालय में आयोजित 'चित्रकला प्रतियोगिता ' में छात्रों को आमंत्रित करते हुए सूचना तैयार कीजिए। [CBSE 2020]

उत्तर :

बाल भारती विद्यालय, आगरा

सूचना

दिनांक : 14 नवंबर, 20XX **चित्रकला प्रतियोगिता**

सभी छात्रों को सूचित किया जाता है कि हमारे विद्यालय की ओर से बाल दिवस के अवसर पर 'चित्रकला प्रतियोगिता' का आयोजन किया जा रहा है। मैं छात्र संस्था का सचिव होने के नाते आप सब छात्रों को इस प्रतियोगिता में भाग लेने हेतु आमंत्रित करता हूँ। आप भाग लेकर अपनी कला का प्रदर्शन करें। इच्छुक छात्र चित्रकला-अध्यापक को अपना नाम लिखवा दें।

हस्ताक्षर
यश कपिल
सचिव (छात्र संस्था)

4. ✍विद्यालय पत्रिका के लिए रचनाएँ आमंत्रित करते हुए एक सूचना-पत्र लिखिए।

✍ स्व-अभ्यास प्रश्न। विस्तृत समाधान हेतु यह स्कैन करें।

वर्णनात्मक प्रश्न

1. आपके विद्यालय में एक सप्ताह के लिए 'नेत्र-चिकित्सा' शिविर लगाया जा रहा है, जिसमें निःशुल्क नेत्र-परीक्षण किया जाएगा। स्थानीय जनता की सूचना के लिए **30** शब्दों में एक सूचना पत्रक लिखिए।

उत्तर

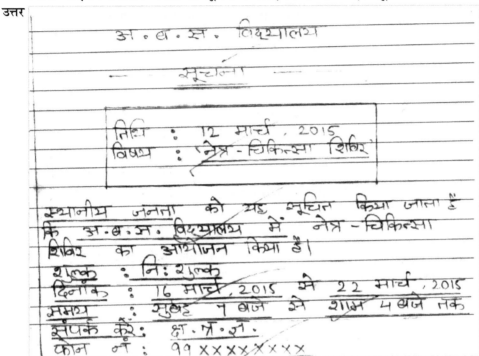

अ. ब. स. विद्यालय

सूचना

तिथि : 12 मार्च, 2015
विषय : 'नेत्र-चिकित्सा शिविर'

स्थानीय जनता को यह सूचित किया जाता है कि अ. ब. स. विद्यालय में नेत्र-चिकित्सा शिविर का आयोजन किया है।

शुल्क : निःशुल्क
दिनांक : 16 मार्च, 2015 से 22 मार्च, 2015
समय : सुबह 7 बजे से शाम 4 बजे तक
संपर्क करें : क्ष. त्र. ज्ञ.
फोन नं : 99XXXXXXXX

[CBSE Topper 2015]

2. मुहल्ले के पास पार्क में योग की कक्षाएँ लगने और लाभ उठाने की सूचना लगभग **30** शब्दों में लिखिए।

उत्तर

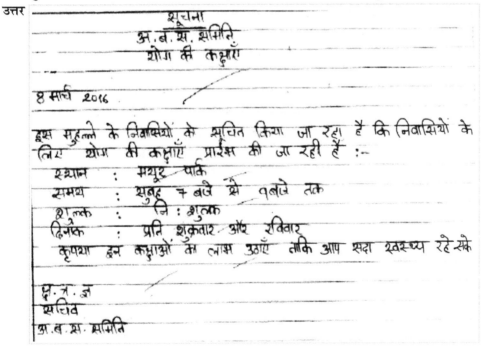

सूचना
अ. ब. स. समिति
योग की कक्षाएँ

8 मार्च 2016

इस मुहल्ले के निवासियों को सूचित किया जा रहा है कि निवासियों के लिए योग की कक्षाएँ प्रारंभ की जा रही हैं :-

स्थान : मयूर पार्क
समय : सुबह 7 बजे से 9 बजे तक
शुल्क : निःशुल्क
दिनांक : प्रति शुक्रवार और रविवार

कृपया इन कक्षाओं का लाभ उठाएँ ताकि आप सदा स्वस्थ्य रहे सके

क्ष. त्र. ज्ञ
सचिव
अ. ब. स. समिति

[CBSE Topper 2016]

4 विज्ञापन लेखन

आज विज्ञापन व्यवसाय का एक प्रमुख अंग बन चुका है। विज्ञापन के बिना व्यवसाय की कल्पना करना भी असंभव है। हर व्यापारी अपने उत्पाद की विशेषताएँ, प्राप्ति और स्थान के बारे में ग्राहक को जानकारी देना चाहता है। इसके लिए विज्ञापन ही सशक्त माध्यम है। आज विज्ञापन के माध्यम से उत्पाद के बाज़ार में आने से पहले ही उसके बारे में ग्राहक के मन में जिज्ञासा उत्पन्न कर दी जाती है। इसका परिणाम यह होता है कि उत्पाद के बाज़ार में आने पर लोग उसे खरीदने के लिए उत्सुक रहते हैं।

Topic Notes

- अंक विभाजन
- विज्ञापन का अर्थ
- विज्ञापन के उद्देश्य
- विज्ञापन लेखन की विशेषताएँ
- विज्ञान के प्रकार
- विज्ञापन लेखन के तत्व
- विज्ञापन का प्रारूप

आज का युग विज्ञापन का युग है। विज्ञापन एक ऐसी कला है जिसके माध्यम से उत्पादक अपने सामान की गुणवत्ता, सूचना, जानकारी और कीर्ति को जन-जन तक पहुँचाता है। वर्तमान में तो व्यापार ही विज्ञापनों पर निर्भर है। पाठ्यक्रम में विज्ञापन के लिए 5 अंक निर्धारित किए गए हैं।

अंक विभाजन	
रचनात्मक प्रस्तुति/प्रारूप	2 अंक
विषय-वस्तु	2 अंक
भाषा की शुद्धता	1 अंक
कुल अंक	5 अंक

विज्ञापन का अर्थ

किसी भी वस्तु या सेवा की बिक्री को प्रचलित करने हेतु उसकी सूचना जन-जन तक संचारित करना ही विज्ञापन कहलाता है। इसके माध्यम से उपभोक्ताओं तक उत्पाद संबंधी दृश्य अथवा श्रव्य सूचनाएँ पहुँचाई जाती हैं। आज विज्ञापन लेखन एक व्यवसाय बन गया है जिसने उन्नति की अपार संभावनाओं के द्वार खोल दिए हैं। यदि विज्ञापन ज्यादा से ज्यादा लोगों को सामान खरीदने के लिए प्रोत्साहित करेगा, तो बिक्री खुद-ब-खुद बढ़ जाएगी। ऐसी स्थिति में निर्माता उस वस्तु विशेष के मूल्य में कमी कर सकता है, जिससे उसका लाभ उसके उपभोक्ता को मिल सकेगा। अत: यह कहा जा सकता है कि एक प्रभावी उत्पाद वही है, जो क्रेता और विक्रेता दोनों को ही आर्थिक लाभ पहुँचाता है।

विज्ञापन के उद्देश्य

- नवीन उत्पाद अथवा सेवा की सूचना जन-जन तक पहुँचाना।
- उत्पाद के प्रति जनता के मन में रुचि एवं विश्वास जागृत करना।
- किसी उत्पाद की श्रेष्ठता और गुणवत्ता की ओर लोगों का ध्यान आकर्षित करना।
- उपभोक्ताओं के मन पर प्रभाव डालना।
- उपभोक्ताओं की माँग में वृद्धि करना।
- उत्पाद खरीदने के लिए उपभोक्ताओं को प्रेरित करना।
- बाज़ार में उत्पाद कंपनियों को स्थिरता प्रदान करना।

विज्ञापन लेखन की विशेषताएँ

- विज्ञापन देखने में आकर्षक हो।
- विज्ञापन की भाषा ऐसी होनी चाहिए जो साधारण मनुष्य भी पढ़कर समझ सके।
- विज्ञापित वस्तु की विशेषता और महत्व को विज्ञापन में बताना चाहिए।
- आवश्यकतानुसार स्लोगन (नारा) का प्रयोग करना चाहिए।
- विज्ञापन की भाषा जितनी सरल होगी, वे उतने ही संप्रेषणीयता से युक्त होंगे।
- विज्ञापन में संक्षिप्तता का होना आवश्यक है।
- विज्ञापन की अभिव्यक्ति इस प्रकार की होनी चाहिए जो ग्राहक के मन में उत्पाद के प्रति विश्वास जगा सके।
- विज्ञापन लेखन में भाषा की संगतता होनी चाहिए।
- विज्ञापन में आश्चर्य और चमत्कार उत्पन्न होने वाली भाषा का प्रयोग होना चाहिए जिससे विज्ञापन ग्राहक को आकर्षित कर सके।
- विज्ञापित वस्तु का चित्र देना भी श्रेयस्कर होगा।
- विज्ञापन लेखन में पूर्णता का होना अनिवार्य है।
- विज्ञापित वस्तु के गुण तथ्यपूर्ण होने चाहिए।

विज्ञापन के प्रकार

विज्ञापन

- राष्ट्रीय विज्ञापन
- औद्योगिक विज्ञापन
- जनकल्याण संबंधी विज्ञापन
- स्थानीय विज्ञापन
- वर्गीकृत विज्ञापन
- सूचनाप्रद विज्ञापन

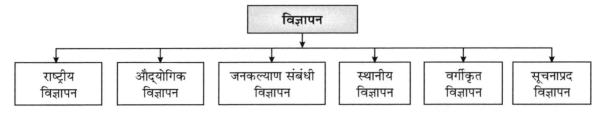

1. राष्ट्रीय विज्ञापन

इस तरह के विज्ञापन विक्रेता कम्पनी द्वारा अपने उत्पाद का प्रचार पूरे देश में करने के लिए बनाए जाते हैं। इस तरह की वस्तुओं की बिक्री पूरे देश में की जाती है। कई बार एक ही राष्ट्रीय विज्ञापन कई भाषाओं में बनाया जाता है। जैसे—बड़ी कम्पनियों के मोबाइल फोन, फ्रिज, एसी, टीवी या किसी खाद्य उत्पाद आदि से संबंधित ।

2. औद्योगिक विज्ञापन

औद्योगिक विज्ञापन सामान्य जनमानस के लिए नहीं होते हैं। इस तरह के विज्ञापन उद्योग-धंधों से संबंधित वस्तुओं जैसे कच्चे माल, उपकरणों, कलपुर्ज़ों या पार्ट्स आदि की बिक्री के उद्देश्य से बनाए जाते हैं। जो औद्योगिक क्षेत्र में काम करने वाली कम्पनियों के लिए होते हैं।

3. जनकल्याण संबंधी विज्ञापन

जनकल्याण से संबंधित सूचनाओं को लोगों तक पहुँचाने के लिए जनकल्याण संबंधित विज्ञापनों का सहारा लिया जाता है जैसे रक्तदान, एड्स या टीबी की बीमारी का इलाज संबंधी, कन्या भ्रूण हत्या को रोकने, बेटी पढ़ाओ बेटी बचाओ अभियान, स्कूल चलो अभियान, प्रदूषण की समस्या, स्वच्छ भारत अभियान आदि। यह सरकारी, अर्द्ध सरकारी व स्वयंसेवी संस्थाओं द्वारा दिए जाते हैं।

4. स्थानीय विज्ञापन

इस तरह के विज्ञापन स्थानीय स्तर या किसी क्षेत्र विशेष में वस्तुओं की बिक्री बढ़ाने के लिए दिए जाते हैं। इन्हें स्थानीय लोगों की पसंद को ध्यान में रखकर बनाया जाता है। ये छोटे क्षेत्र में किसी वस्तु के प्रचार-प्रसार के लिए होते हैं। इनका प्रचार-प्रसार स्थानीय समाचार-पत्रों, क्षेत्रीय टीवी, केबल नेटवर्क, बैनर, पोस्टर आदि के द्वारा किया जाता है।

5. वर्गीकृत विज्ञापन

वर्गीकृत विज्ञापन जैसे किराये के लिए घर या दफ्तर, नौकरी/रोजगार, वैवाहिक, पुराने सामान की बिक्री (कार, फर्नीचर आदि) आदि से संबंधित होते हैं। इनका प्रचार-प्रसार स्थानीय समाचार-पत्रों, क्षेत्रीय टीवी, केबल नेटवर्क, बैनर, पोस्टर आदि के द्वारा किया जाता है। टेक्नोलॉजी के इस युग में अब वर्गीकृत विज्ञापन ऑनलाइन भी दिए जाते हैं ।

6. सूचनाप्रद विज्ञापन

सूचनाप्रद विज्ञापन किसी विशेष सूचना को लोगों तक पहुँचाने के लिए बनाए जाते हैं। ताकि लोगों में जागरूकता पैदा हो। इस तरह के विज्ञापन सामूहिक विकास, सद्भावना, वन्य प्राणी रक्षा, यातायात सुरक्षा नियमों आदि से संबंधित होते हैं।

विज्ञापन लेखन के तत्व

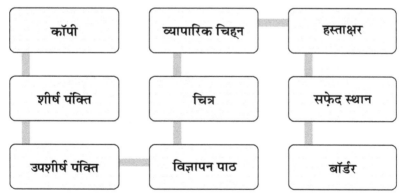

कॉपी

किसी विज्ञापन में लिखी जाने वाली सारी सामग्री को ही कॉपी कहते हैं। अत: शेष सभी तत्व कॉपी के ही भाग हैं। अच्छी कॉपी संक्षिप्त और स्पष्ट होती है, जिससे उपभोक्ता को वह आसानी से समझ आ सके। कॉपी के केंद्र में आने वाले मूल विचार को कॉपी अपील कहते हैं। इसे पढ़कर ही ग्राहक उत्पाद के प्रति आकर्षित होता है, जैसे :

"नया नवेला एल. जी. फ्रिज,
सर्वोत्तम है यह फ्रिज।"

शीर्ष पंक्ति

शीर्ष पंक्ति एक शब्द से लेकर एक वाक्य तक हो सकती है और इसे बड़े-बड़े अक्षरों में मुद्रित किया जाता है क्योंकि पाठक की नज़र सबसे पहले इसी पर पड़ती है। अत: यह इतनी अधिक प्रभावी होनी चाहिए कि पाठक को पूरा विज्ञापन पढ़ने की आवश्यकता ही महसूस न हो। जैसे :

"अब लाइए विम बार, लगभग आधी कीमत में।"

उपशीर्ष पंक्ति

ये शीर्ष पंक्तियों की पूरक होती है। इनका मुद्रित आकार शीर्ष पंक्ति से छोटा और विज्ञापन की अन्य सामग्री से बड़ा होता है। ये शीर्ष पंक्ति के कार्य को आगे बढ़ाती हैं। जैसे :

"बचाइए रु. 500 तक" शीर्ष पंक्ति

"आप बस अपना आई फोन आज ही बुक करवाइए।" उपशीर्ष पंक्ति

विज्ञापन पाठ

विज्ञापन पाठ के माध्यम से उत्पाद के विषय में पूरी जानकारी मिलती है और यह पाठक के मन पर अपना प्रभाव डालता है। उत्पाद को क्यों और कैसे खरीदा जाए, इसकी जानकारी यहाँ मिलती है।

चित्र

चित्र विज्ञापन को लोकप्रिय और आकर्षक तो बनाते ही हैं साथ ही भाषा की कमी को पूरा कर देते हैं।

व्यापारिक चिह्न

ये ट्रेडमार्क होते हैं। इन्हें निर्माता कंपनी अपनी पहचान के लिए प्रयोग में लाती है। ये हर कंपनी की निजी संपत्ति होते हैं।

हस्ताक्षर

कोई भी कंपनी अपने उत्पाद को नकली उत्पादकों से बचाने के लिए इसका उपयोग करती है।

सफ़ेद स्थान

किसी भी विज्ञापन में सफ़ेद स्थान के कंट्रास्ट में चित्र उभरकर आते हैं।

बॉर्डर

विज्ञापन को आकर्षक बनाने के लिए उसके चारों ओर बॉर्डर बनाए जाते हैं। ये कलात्मक भी हो सकते हैं।

विज्ञापन का प्रारूप

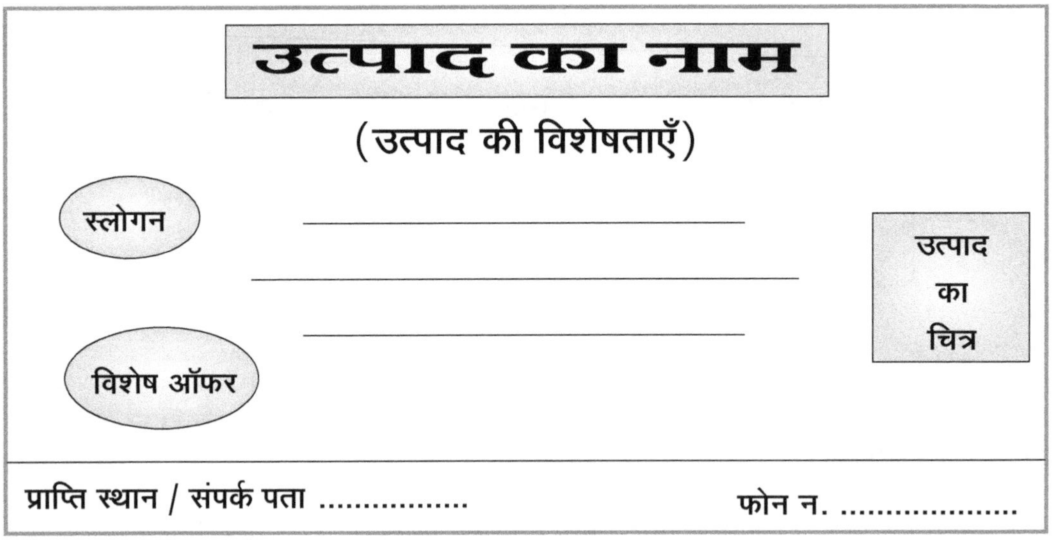

ॐ स्मरणीय बिंदु

➥ विज्ञापित वस्तु का नाम सबसे पहले लिखा होना चाहिए।

➥ विषय का स्पष्टीकरण होना चाहिए।

➥ प्रसंगानुसार कोई स्लोगन अथवा काव्यात्मक पंक्तियाँ लिखी हुई होनी चाहिए।

➥ विज्ञापन में संपर्क पता या दूरभाष का नंबर अवश्य लिखा होना चाहिए।

➥ विज्ञापन 25-50 शब्दों में लिखे जाते हैं। अत: शब्द सीमा का ध्यान रखना चाहिए।

➥ विशेष गुणों को रेखांकित करना चाहिए या मोटे अक्षरों में लिखना चाहिए।

➥ विज्ञापन पहली ही दृष्टि में आकर्षक होना चाहिए।

उदाहरण 1. घरेलू आटा चक्की की विशेषताओं को बताते हुए एक विज्ञापन 25-50 शब्दों में लिखिए।

सक्षम घरेलू आटा चक्की

आज ही घर पर लाइए नयन आटा चक्की और शुद्ध और पवित्र आटा खाइए।

- पूरी शुद्धता का वादा
- तीन आकर्षक रंगों में उपलब्ध
- न धोने का झंझट न पोंछने का
- कीमत मात्र ₹ 1500
- दो वर्ष की वारंटी के साथ

संपर्क सूत्र : 94565×××××

उदाहरण 2. मासिक पत्रिका 'दीपालिका' के लिए एक विज्ञापन तैयार कीजिए।

मासिक पत्रिका

दीपालिका

दिवाली विशेषांक : मार्च 2021   मूल्य : 30 रु. मात्र

➤ विशेष आकर्षण ◄

- ➤ लक्ष्मी पूजन की तैयारी कैसे की जाए
- ➤ जलेबी और मठरी कैसे बनाएँ
- ➤ आलू के विशेष पकवान
- ➤ कैसे बनाएँ रंगीन दीपक
- ➤ रंगोली के आकर्षक डिज़ाइन

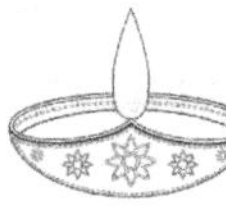

अपनी प्रति आज ही सुरक्षित करवाएँ।

वर्णनात्मक प्रश्न

1. 'रोशनी मोमबत्ती' बनाने वाली कंपनी के लिए 25-50 शब्दों में आकर्षक विज्ञापन तैयार कीजिए।

उत्तर :

रोशनी मोमबत्ती

रोशनी लाओ घर में उजियारा फैलाओ

विशेष आकर्षण :

- देर तक चले
- ज्यादा चले
- कम धुएँ वाली
- आकर्षक रंगों में उपलब्ध

एक पैकेट के
दाम में
दो पैकेट ले जाइए
और घर को
रोशन बनाइए।

सभी प्रमुख स्टोर्स पर उपलब्ध

2. 'सर्वशिक्षा अभियान' के तहत 'वयस्क साक्षरता मिशन 2020' के लिए 25-50 शब्दों में एक आकर्षक विज्ञापन तैयार कीजिए।

उत्तर :

शिक्षा के अवसर बढ़ाओ, युवाओं को साक्षर बनाओ

शिक्षा मंत्रालय द्वारा वयस्क शिक्षा अभियान के अंतर्गत 12 से 16 वर्ष की आयु के किशोर–किशोरियों को मुफ्त शिक्षा प्रदान की जा रही है।

आओ और इस अवसर का लाभ उठाओ और
युवाओं को साक्षर बनाओ।

शिक्षा मंत्रालय द्वारा
जनहित में जारी

3. ✎गांधी जयंती के अवसर पर खादी आश्रम में विशेष छूट दी गई है। इस आशय का एक विज्ञापन तैयार कीजिए।

✎ स्व-अभ्यास प्रश्न। विस्तृत समाधान हेतु यह स्कैन करें।

4. आप एक पुरानी कार बेचना चाहते हैं। कार का विवरण देते हुए 25-50 शब्दों में विज्ञापन तैयार कीजिए।

उत्तर :

बिकाऊ है ! बिकाऊ है !

- मारुति आल्टो मॉडल 2015
- केवल 5000 किमी. तक चली हुई
- बेहतर इंजन
- स्टीरियो सिस्टम के साथ
- पॉवर स्टीयरिंग के साथ
- कीमत मात्र 2 लाख

आइए और अपनी कार का सपना पूरा कीजिए।

इच्छुक व्यक्ति संपर्क करें : 45235××××2

5. पर्यावरण के प्रति जागरूकता बढ़ाने के लिए लगभग 25-50 शब्दों में एक विज्ञापन तैयार कीजिए।

उत्तर :

पर्यावरण विभाग द्वारा जनहित में जारी

मानव उठो अब तो जागो,
यूँ न समय तुम व्यर्थ गँवाओ।
धरा पर पेड़ लगाओ,
इसे हरी-भरी बनाओ।
हरियाली फैले चहुँ ओर,
पक्षी करें उन पर शोर।
बादल बरसाएँ अमृत कण,
मन नाचे बनकर मोर।

6. किसी दर्दनाशक तेल का विज्ञापन तैयार कीजिए।

7. हेयर ऑयल के लिए 25-50 शब्दों में एक विज्ञापन तैयार कीजिए।

उत्तर :

पर्ल हेयर ऑयल

- वर्षों की रिसर्च का परिणाम
- आँवला, शिकाकाई आदि जड़ी बूटियों से युक्त
- बालों को काला, घना, लम्बा बनाए
- चिपचिपाहट रहित

पर्ल हेयर ऑयल लगाइए और रेशम से चमकते बाल पाइए।

सभी प्रमुख आयुर्वेदिक स्टोर्स पर उपलब्ध

स्व-अभ्यास प्रश्न। विस्तृत समाधान हेतु यह स्कैन करें।

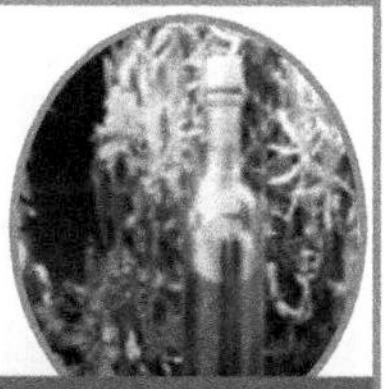

8. आपके शहर में एक नया वाटर पार्क खुला है, जिसमें रोमांचक झूलों, मनोरंजक खेलों और खान-पान की व्यवस्था है। इसके लिए एक विज्ञापन का आलेख लगभग 50 शब्दों में तैयार कीजिए।

उत्तर :

लिलिपुट वाटर पार्क

प्रति व्यक्ति टिकट
₹ 250/-

निःशुल्क

5 वर्ष तक के बच्चे का प्रवेश

प्रमुख आकर्षण :

- विभिन्न प्रकार के पानी के झूले
- रोमांच से भरपूर नए–नए खेल
- स्वादिष्ट और लज़ीज़ व्यंजनों का आनंद लीजिए

संपर्क सूत्र : लिलिपुट वाटर पार्क, दिल्ली रोड
मो. 941XXXXX43

9. ✏️ रुमेज़ा मोबाइल कंपनी के लिए विज्ञापन तैयार कीजिए।

10. हाथ की घड़ी के लिए एक विज्ञापन तैयार कीजिए।

उत्तर :

रोशील्ड घड़ी कंपनी

हाथ की घड़ी के अधिकृत विक्रेता

- हाथ की घड़ियों की खूबसूरत रेंज
- विभिन्न रंगों में उपलब्ध
- आकर्षक मॉडल
- मशीन की 5 वर्ष की गारंटी के साथ

पता : दुकान नं. 12, चौड़ा रास्ता, अजमेर
मो. : 23467XXXX2

✏️ स्व-अभ्यास प्रश्न। विस्तृत समाधान हेतु यह स्कैन करें।

11. आपके पिता अपना पुराना मकान बेचना चाहते हैं। मकान का विवरण देते हुए लगभग 50 शब्दों में एक विज्ञापन तैयार कीजिए।

उत्तर :

बिकाऊ है

अजमेर रोड पर तीन मंजिला मकान बिकाऊ है।

➤ मकान के बीचोंबीच एक स्विमिंग पूल है।
➤ आगे छोटा–सा बगीचा है।
➤ हर मंजिल पर चार कमरे, रसोई और एक स्टोर रूम है।
➤ मकान की कीमत मात्र 40 लाख रुपए।

मकान लेने के इच्छुक इस नं. पर संपर्क करें
941XXXX781

12. ⊛अपनी पुरानी पुस्तकें गरीब विद्यार्थियों में निःशुल्क वितरण करने के लिए एक विज्ञापन लिखिए।

13. विद्यालय की कलाविथी में कुछ चित्र बिक्री के लिए उपलब्ध हैं। इसके लिए एक विज्ञापन लगभग 50 शब्दों में तैयार कीजिए।

[CBSE 2018]

उत्तर :

(अंबिका पब्लिक स्कूल)

विद्यालय की कलाविथी में चित्र प्रदर्शनी का आयोजन किया जा रहा है। विद्यार्थियों के उत्साहवर्धन के लिए आप सपरिवार इसका आनंद उठाएँ तथा मनपसंद चित्र खरीदें।

स्थान : विद्यालय सभागार

समय :
सुबह 10 बजे से शाम 6 बजे तक

⊛ स्व-अभ्यास प्रश्न। विस्तृत समाधान हेतु यह 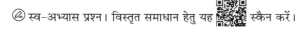 स्कैन करें।

14. विद्यालय के रंगायन द्वारा प्रस्तुत नाटक के बारे में नाम, दिन, समय, टिकट-घर आदि की सूचना देते हुए एक विज्ञापन तैयार कीजिए।   [CBSE 2017]

उत्तर :

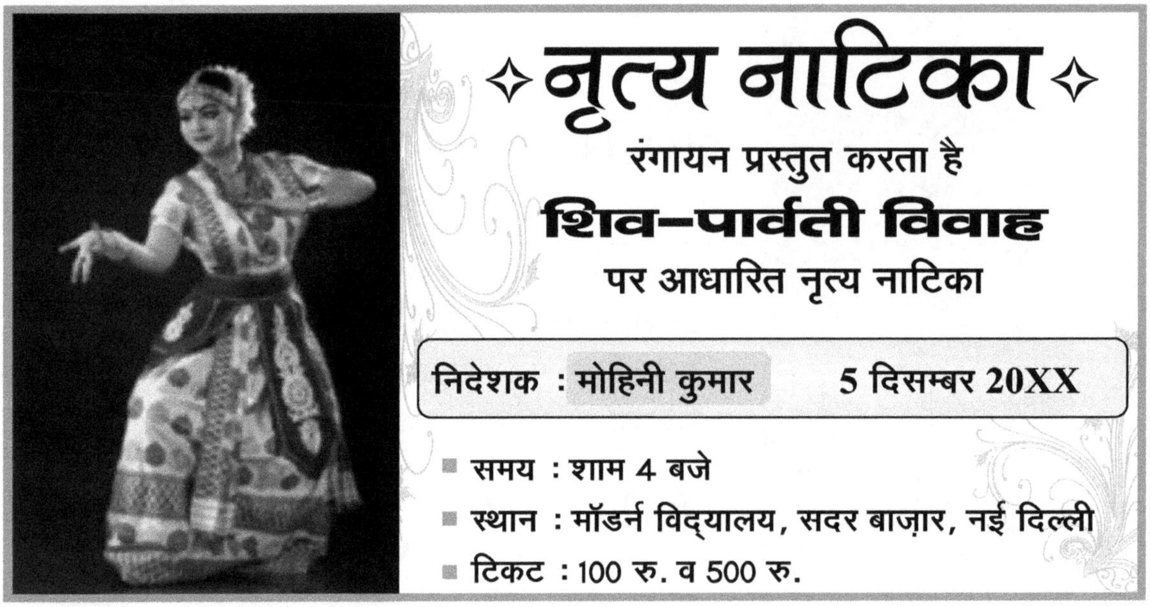

❖ नृत्य नाटिका ❖
रंगायन प्रस्तुत करता है
शिव–पार्वती विवाह
पर आधारित नृत्य नाटिका

निदेशक : मोहिनी कुमार   5 दिसम्बर 20XX

- समय : शाम 4 बजे
- स्थान : मॉडर्न विद्यालय, सदर बाज़ार, नई दिल्ली
- टिकट : 100 रु. व 500 रु.

15. आप अपने पिताजी के नाम पर एक विद्यालय की शुरुआत करने जा रहे हैं। उसका विज्ञापन लगभग 25-50 शब्दों में तैयार कीजिए।   [CBSE 2016]

उत्तर :

सुशर्मा पब्लिक स्कूल
सभी कक्षाओं में प्रवेश प्रारंभ है।

प्रवेश के लिए फॉर्म हमारी वेबसाइट पर उपलब्ध

- सीमित सीट
- प्रशिक्षित अध्यापक
- सभी कक्षाएँ स्मार्टबोर्ड युक्त
- वातानुकूलित कक्षाएँ
- खेलकूद में अव्वल

www.sps.com

प्रवेश
पहले आओ पहले पाओ
के आधार पर

16. एक आइसक्रीम का विज्ञापन तैयार कीजिए।   [CBSE 2015]

उत्तर :

समर कूल आइसक्रीम
गर्मी में दे ठंडक का एहसास, जब
समर कूल आइसक्रीम
हो साथ ऑरेंज, मैंगो, स्ट्रॉबेरी,
केसर–पिस्ता सहित दस फ्लेवर में उपलब्ध

सभी प्रमुख कन्फेकशनरी शॉप्स पर उपलब्ध

एक फैमिली पैक के साथ
एक फैमिली पैक
बिलकुल मुफ्त
जल्दी कीजिए
ऑफर सीमित समय
के लिए

17. ✍नगर में होने वाले दशहरा मेला के अवसर पर स्वयंसेवी युवकों की आवश्यकता का एक विज्ञापन तैयार कीजिए।

18. पूजा अगरबत्ती का एक विज्ञापन लगभग 50 शब्दों में लिखिए।

उत्तर :

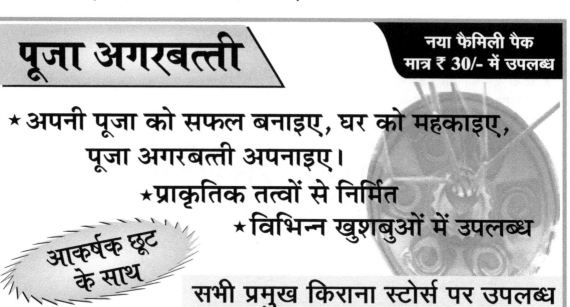

19. होली के अवसर पर आयोजित 'हास्य-व्यंग्य कवि सम्मलेन' का एक विज्ञापन तैयार कीजिए।

उत्तर :

अखिल भारतीय हास्य-व्यंग्य कवि सम्मेलन
अखिल भारतीय हास्य-व्यंग्य कवि सम्मेलन की ओर से होली के अवसर पर रंगीली पिचकारियों से सजी एक शाम गुलाल के नाम। हास्य-व्यंग्य कवियों के व्यंग्य बाण और हसगुल्लों का आनंद लीजिए।
प्रवेश निःशुल्क
मुख्य अतिथि
सुरेन्द्र शर्मा
विशिष्ट अतिथि
कवि विश्वास
समय 2 मार्च को शाम 5 बजे से
स्थान सेक्टर 12, मनन अपार्टमेंट

✍ स्व-अभ्यास प्रश्न। विस्तृत समाधान हेतु यह स्कैन करें।

वर्णनात्मक प्रश्न

1. हिन्दी पुस्तकों की प्रदर्शनी में आधे मूल्य पर बिक रही महत्वपूर्ण पुस्तकों को खरीदकर लाभ उठाने के लिए लगभग 25 शब्दों में एक विज्ञापन लिखिए।

उत्तर

[CBSE Topper 2015]

2. विद्यालय में बनी मोमबत्तियों की बिक्री के लिए एक विज्ञापन लगभग 25 शब्दों में तैयार कीजिए।

उत्तर

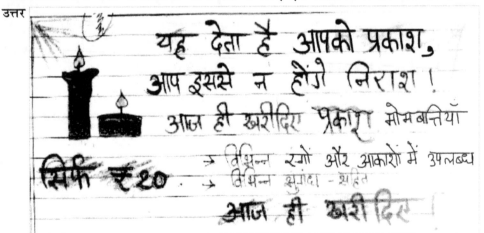

[CBSE Topper 2016]

5

लघु कथा लेखन

लघु कथाएँ सीमित शब्दों में गहन अभिव्यंजना करती हैं। पाठकों के अंतर्मन तक पहुँचकर अपना संदेश उन तक पहुँचाना ही लघु कथा का मुख्य उद्देश्य होता है। पाठकों को प्रभावित व संतुष्ट करना ही लघु कथा लेखन का वास्तविक उद्देश्य होता है।

Topic Notes

- ☐ अंक विभाजन
- ☐ संदेश लेखन का प्रारूप
- ☐ संदेश लेखन के तत्व
- ☐ संदेश लेखन के प्रकार
- ☐ औपचारिक संदेश
- ☐ अनौपचारिक संदेश

लघु कथा साहित्य की प्रचलित और लोकप्रिय विधा है। लघु का अर्थ होता है—'संक्षिप्त' परन्तु संक्षिप्त होने के बावजूद भी पाठकों पर इसका प्रभाव दीर्घकाल तक बना रहता है। इस प्रकार लघु कथा 'गागर में सागर' भरने वाली अनुपम विधा है। लघु कथा कल्पना प्रधान कृति है परन्तु इसकी प्रेरणा प्राय: अपने इर्द-गिर्द की वास्तविकताओं और घटनाओं से भी मिल जाती है। नई शिक्षा पद्धति के अनुसार कहानी लेखन हेतु **अंक-योजना** इस प्रकार है—

कहानी लेखन (लघु कथा लेखन) कक्षा 10वीं के लेखन कौशल के भाग-इ में पूछा जाने वाला प्रश्न है। यह प्रश्न 5 अंकों के लिए पूछा जाता है। इस प्रश्न में आपको विकल्प दिए जाते हैं और आपको अपनी इच्छा से कोई एक विकल्प चुनकर लिखना होता है। इस प्रश्न की शब्द सीमा सीमित रखी जाती है जो 100 से 120 शब्दों की होती है।

लघु कथा लेखन की परिभाषा

जीवन की किसी एक घटना के रोचक वर्णन को 'कथा' कहते हैं।

कथा सुनने, पढ़ने और लिखने की एक लम्बी परम्परा हर देश में रही है क्योंकि यह सबके लिए मनोरंजक होती है। बच्चों को कथा सुनने का बहुत चाव होता है। दादी और नानी की कथाएँ प्रसिद्ध हैं। इन कथाओं का उद्देश्य मुख्यत: मनोरंजन होता है किन्तु इनसे कुछ-न-कुछ शिक्षा भी मिलती है। कथा लिखना एक कला है। हर कथा-लेखक अपने ढंग से कथा लिखकर उसमें विशेषता पैदा कर देता है। वह अपनी कल्पना और वर्णन-शक्ति से कथा के कथानक, पात्र या वातावरण को प्रभावशाली बना देता है।

"लघुकथा 'गागर में सागर' भर देने वाली विधा है। लघुकथा एक साथ लघु भी है और कथा भी। यह न लघुता को छोड़ सकती है और न कथा को ही।"

—भारत-दर्शन

लघु कथा की विशेषताएँ

- **कथानक :** लघु कथा के कथानक में घटनाओं के विस्तार का आभाव होता है। कथा के अंत में विस्मयकारी मोड़ कथा को एक नया आयाम प्रदान करता है।
- **पात्र-योजना :** लघु कथा में पात्रों की संख्या एक-दो तक ही सीमित होती है। कथा के पात्र प्रभावशाली होते हैं, जिससे उनका प्रभाव दीर्घकाल तक पाठक के मानस पटल पर अंकित रहता है।
- **कल्पना की उड़ान :** लघु कथा में यथार्थ के साथ-साथ काल्पनिक अभिव्यक्ति भी हो सकती है। लघु कथा में राजा, रानी, पशु-पक्षी आदि काल्पनिक पात्र भी हो सकते हैं और काल्पनिक घटनाएँ भी।
- **संक्षिप्तता :** लघु कथा का सारा कलेवर उसकी लघुता में निहित होता है। अत: 'संकेतात्मकता' लघु कथा की शैली का विशिष्ट गुण है। शैली की दृष्टि से लघु कथा गद्य के समान सुगठित होती है।
- **उपदेशात्मकता :** उपदेशात्मकता लघु कथा का विशिष्ट गुण है; लघु कथा में कोई न कोई उपदेश अवश्य होना चाहिए।

लघु कथा के तत्व

लघुकथा के तीन तत्व (1) क्षणिक घटना, (2) संक्षिप्त कथन, (3) तीक्ष्ण प्रभाव हैं। इनमें से कोई एक भी कमजोर हो तो लघुकथा प्रभावहीन होगी।

स्मरणीय बिंदु

➥ दी गई रूपरेखा अथवा संकेतों के आधार पर ही कथा का विस्तार करना चाहिए।

➥ कथा में विभिन्न घटनाओं और प्रसंगों को संतुलित विस्तार देना चाहिए। किसी प्रसंग को न बहुत अधिक संक्षिप्त लिखना चाहिए, न अनावश्यक रूप से बहुत अधिक बढ़ाना चाहिए।

➥ कथा का आरम्भ आकर्षक होना चाहिए ताकि कथा पढ़ने वाले का मन उसे पढ़ने में लगा रहे।

➥ कथा की भाषा सरल, स्वाभाविक तथा प्रभावशाली होनी चाहिए। उसमें बहुत अधिक कठिन शब्द तथा लम्बे वाक्य नहीं होने चाहिए।

➥ कथा को उपयुक्त एवं आकर्षक शीर्षक देना चाहिए।

➥ कथा को प्रभावशाली और रोचक बनाने के लिए मुहावरों व लोकोक्तियों का प्रयोग भी किया जा सकता है।

➥ कथा हमेशा भूतकाल में ही लिखी जानी चाहिए।

➥ कथा का अंत सहज ढंग से होना चाहिए।

➥ अंत में कथा से मिलने वाली सीख स्पष्ट व संक्षिप्त होनी चाहिए।

लघु कथा लेखन की विधियाँ

निम्नलिखित विधियों से लघुकथा लिखने का अभ्यास करें—

- संकेत बिंदुओं के आधार पर लघुकथा
- चित्रों के आधार पर लघुकथा
- शीर्षक के आधार पर लघुकथा

1. संकेत-बिंदुओं के आधार पर लघुकथा

रूपरेखा या दिए गए संकेतों के आधार पर कथा लिखना कठिन भी है, सरल भी। लेकिन इस प्रकार की कथा लिखने के लिए कल्पना से अधिक काम लेना पड़ता है। ऐसी कथा लिखने में वे ही छात्र अपनी क्षमता का परिचय दे सकते हैं, जिनमें सर्जनात्मक और कल्पनात्मक शक्ति अधिक होती है। इसके लिए छात्र को संवेदनशील और कल्पनाप्रवण होना चाहिए।

उदाहरण : दिए गए संकेत बिंदुओं के आधार पर लघुकथा लिखिए और उससे मिलने वाली शिक्षा तथा शीर्षक भी लिखिए—

संकेत बिंदु : बारिश का अभाव..., एक भेड़िया..., चरागाह में भेड़ों का झुंड..., सारा पानी भी पी जाना..., भेड़ें वहाँ से भाग गईं...

भेड़िए की योजना

एक बार पूरे देश में सूखा पड़ गया। बारिश के अभाव में सभी नदी-नाले सूख गए। कहीं पर भी अन्न का एक दाना नहीं उपजा। बहुत से जानवर भूख और प्यास से मर गए। पास ही के जंगल में एक भेड़िया रहता था। उस दिन वह अत्यधिक भूखा था। भोजन न मिलने की वजह से वह बहुत दुबला हो गया था।

एक दिन उसने जंगल के पास स्थित चरागाह में भेड़ों का झुंड देखा। चरवाहा उस समय वहाँ पर नहीं था। वह अपनी भेड़ों के लिए पीने के पानी की बाल्टियाँ भी छोड़कर गया था। भेड़ों को देखकर भेड़िया खुश हो गया और सोचने लगा, "मैं इन सब भेड़ों को मारकर खा जाऊँगा और सारा पानी भी पी जाऊँगा।" फिर वह उनसे बोला, "दोस्तों, मैं अत्यधिक बीमार हूँ और चलने-फिरने में असमर्थ हूँ। क्या तुम में से कोई मुझे पीने के लिए थोड़ा पानी दे सकता है।" उसे देखकर भेड़ें सतर्क हो गईं। तब उनमें से एक भेड़ बोली, "क्या तुम हमें बेवकूफ समझते हो? हम तुम्हारे पास तुम्हारा भोजन बनने के लिए हरगिज नहीं आएँगे।" इतना कहकर भेड़ें वहाँ से भाग गईं। इस प्रकार भेड़ों की सतर्कता के कारण भेड़िए की योजना असफल हो गई और बेचारा भेड़िया बस हाथ मलता ही रह गया।

शिक्षा : *बुद्धि सबसे बड़ा धन है।*

वर्णनात्मक प्रश्न

1. दिए गए संकेत बिंदुओं के आधार पर लघुकथा लिखिए और उससे मिलने वाली शिक्षा तथा शीर्षक भी लिखिए—

संकेत बिंदु : दो भाई घर में अकेले..., फाइल में आतंकियों की जानकारी..., आतंकियों का घर में घुसना..., फाइल खोजना..., कमरे में बंद..., आतंकी गिरफ्तार...।

उत्तर :
चतुर अर्जुन

एक दिन अर्जुन और उसका छोटा भाई करण दोनों घर में अकेले थे। उनके पिताजी एक पुलिस अधिकारी थे। वे एक लाल रंग की फाइल घर लाए थे। उसमें सभी कुख्यात आतंकवादियों के बारे में जानकारी संग्रहित थी।

अर्जुन जानता था कि पापा ने वह फाइल एक अलमारी में सुरक्षित रखी हुई है। अर्जुन और करण खेल रहे थे कि तभी दो आतंकवादी उनके घर में घुस आए और बोले, "लाल फाइल कहाँ है?" अर्जुन बड़ा चालाक था।

वह बोला, "शयनकक्ष की अलमारी में ऊपर रखी हुई है। मैं वहाँ तक नहीं पहुँच सकता।" दोनों आतंकवादी लाल फाइल को हासिल करने के लिए उस कमरे में गए। जब वे अलमारी में फाइल ढूँढ रहे थे, तब अर्जुन ने धीरे-से उस कमरे का दरवाजा बाहर से बंद कर दिया और पिताजी को भी फोन कर दिया। जल्दी ही उसके पिताजी पुलिस लेकर वहाँ पहुँच गए।

दोनों आतंकवादियों को गिरफ्तार कर लिया गया। इस प्रकार अर्जुन ने अपनी चतुराई से दोनों आतंकवादियों को पकड़वा दिया। सभी ने उसकी खूब सराहना की।

शिक्षा : *मुसीबत में भी सचेत रहना चाहिए।*

2. **दिए गए संकेत बिंदुओं के आधार पर लघुकथा लिखिए और उससे मिलने वाली शिक्षा तथा शीर्षक भी लिखिए—**

संकेत बिंदु : पालतू चिड़िया, ताजा पानी और दाना..., चालाक बिल्ली डॉक्टर का वेश धारण कर वहाँ पहुँची..., स्वास्थ्य परीक्षण..., बिल्ली की चाल को तुरंत समझ गई..., दुश्मन बिल्ली..., मायूस होकर बिल्ली वहाँ से चली गई...।

उत्तर :

चालाक चिड़िया

एक व्यक्ति ने अपनी पालतू चिड़ियों के लिए एक बड़ा-सा पिंजरा बनाया। उस पिंजरे के अंदर सभी चिड़ियाँ आराम से रह सकती थीं। वह व्यक्ति प्रतिदिन उन चिड़ियों को ताजा पानी और दाना देता।

एक दिन उस व्यक्ति की अनुपस्थिति में एक चालाक बिल्ली डॉक्टर का वेश धारण करके वहाँ पहुँची और बोली, "मेरे प्यारे दोस्तों! पिंजरे का दरवाजा खोलो। मैं एक डॉक्टर हूँ और तुम सबके स्वास्थ्य परीक्षण के लिए यहाँ आई हूँ।"

समझदार चिड़ियाँ बिल्ली की चाल को तुरंत समझ गईं। वे उससे बोलीं, "तुम हमारी दुश्मन बिल्ली हो। हम तुम्हारे लिए दरवाजा हरगिज नहीं खोलेंगी। यहाँ से चली जाओ। तब बिल्ली बोली, "नहीं, नहीं। मैं तो एक डॉक्टर हूँ। तुम मुझे गलत समझ रही हो। मैं तुम्हें कोई हानि नहीं पहुँचाऊँगी। कृपया दरवाजा खोल दो।" लेकिन चिड़ियाँ उसकी बातों में नहीं आईं। उन्होंने उससे स्पष्ट रूप से मना कर दिया। आखिरकार मायूस होकर बिल्ली वहाँ से चली गई।

शिक्षा : *समझदारी किसी भी मुसीबत को टाल सकती है ।*

3. **दिए गए संकेत बिंदुओं के आधार पर लघुकथा लिखिए और उससे मिलने वाली शिक्षा तथा शीर्षक भी लिखिए—**

संकेत बिंदु : आश्रम, नटखट शिष्य..., दीवार फाँदना..., उसके गुरुजी यह बात जानते थे..., दीवार पर सीढ़ी लगी दिखाई दी..., नीचे उतरने में मदद..., गुरुजी के प्रेमपूर्ण वचन..., गलती के लिए क्षमा...।

उत्तर :

सबक

एक समय की बात है। एक आश्रम में रवि नाम का एक शिष्य रहता था। वह बहुत अधिक नटखट था । वह प्रत्येक रात आश्रम की दीवार फाँदकर बाहर जाता था परन्तु उसके बाहर जाने की बात कोई नहीं जानता था।

सुबह होने से पहले लौट आता था। वह सोचता था कि उसके आश्रम से बाहर जाकर घूमने की बात कोई नहीं जानता लेकिन उसके गुरु जी यह बात जानते थे। वे रवि को रंगे हाथ पकड़ना चाहते थे। एक रात हमेशा की तरह रवि सीढ़ी पर चढ़ा और दीवार फाँदकर बाहर कूद गया।

उसके जाते ही गुरुजी जाग गए। तब उन्हें दीवार पर सीढ़ी लगी दिखाई दी। कुछ घंटे बाद रवि लौट आया और अंधेरे में दीवार पर चढ़ने की कोशिश करने लगा। उस वक्त उसके गुरुजी सीढ़ी के पास ही खड़े थे। उन्होंने रवि की नीचे उतरने में मदद की और बोले, "बेटा, रात में जब तुम बाहर जाते हो तो तुम्हें अपने साथ एक गर्म शॉल अवश्य रखनी चाहिए।

गुरुजी के प्रेमपूर्ण वचनों का रवि पर बहुत गहरा प्रभाव पड़ा। उसे अपनी गलती का एहसास हुआ और उसने अपनी गलती के लिए क्षमा माँगी। साथ ही उसने गुरुजी को ऐसी गलती दोबारा न करने का वचन भी दिया।

शिक्षा : *प्रेमपूर्ण वचनों का सबक जिंदगी भर याद रहता है।*

4. **दिए गए संकेत बिंदुओं के आधार पर लघुकथा लिखिए और उससे मिलने वाली शिक्षा तथा शीर्षक भी लिखिए—**

संकेत बिंदु : पुराने समय में राजा..., राजा नि:संतान..., राजा द्वारा बच्चे को गोद लेने की घोषणा..., राजा द्वारा पौधा देना और 5 महीने बाद मिलना..., सभी का बालक पर हँसना, राजा द्वारा निर्णय लेना, ईमानदारी का फल मिलना।

उत्तर :

ईमानदारी

पुराने समय की बात है। किसी राज्य में एक राजा राज करता था। राजा का स्वभाव काफी अच्छा था और उसके राज्य की प्रजा भी राजा के काम-काज से खुश थी। राजा को केवल एक बात का ही सुख नहीं था और वह बात थी कि राजा नि:संतान था।

एक दिन राजा को ऐसा विचार आया कि अपने राज्य में से किसी बच्चे को गोद ले लूँ। उसे मैं उत्तराधिकारी बना पाऊँ और वह मेरे आगे के सारे काम-काज को संभाल पाए। राजा ने अपने राज्य में यह घोषणा करवा दी।

राजा की घोषणा के अनुसार सभी बच्चे राजमहल में एकत्रित हुए। राजा ने उन सभी बच्चों को पौधे लगाने के लिए दिए और कहा कि अब हम पाँच महीने के बाद मिलेंगे और देखेंगे किसका पौधा सबसे अच्छा खिला या पनपा हुआ है। साथ ही साथ राजा ने सभी को यह भी कहा कि जिसका पौधा सबसे अच्छा पनपा हुआ होगा मैं उस बच्चे को गोद लूँगा।

पाँच महीने बाद सभी बच्चे अपना-अपना पौधा लेकर राजा के महल में पहुँच गए। सभी के पौधे खिले हुए थे। वहीं मृदुल के गमले में बीज फूटा ही नहीं था। वह घबरा गया और राजा से कहा कि उसने भी पानी से दोनों समय पौधे को सींचा था परंतु अंकुर फूटा ही नहीं। सभी उसकी बात पर हँसने लगे।

तब राजा क्रोधित हो उठे और सबको अपना पौधा रखने को कहा। साथ ही बताया कि मैंने जो बीज दिया था वह बंजर था। लाख प्रयास करने पर भी उसमें से अंकुर नहीं फूट पाएगा। मृदुल ने ईमानदारी और साहस का परिचय दिया। अंकुर न फूटने पर भी वह गमले के साथ राजमहल पहुँचा।

राजा उसकी ईमानदारी से बहुत ज्यादा खुश थे। राजा ने उस बच्चे को गोद ले लिया और साथ में राज्य का उत्तराधिकारी भी बना दिया।

शिक्षा : *ईमानदारी का फल मीठा होता है।*

5. दिए गए संकेत बिंदुओं के आधार पर लघुकथा लिखिए और उससे मिलने वाली शिक्षा तथा शीर्षक भी लिखिए—

संकेत बिंदु : एक लकड़हारा..., लकड़हारे का दिन-रात परिश्रम करना..., साधु द्वारा आगे बढ़ने की प्रेरणा देना..., चंदन वन से मालामाल होना, पुनः साधु द्वारा आदेश देना व लकड़हारे को चाँदी व सोने की खान मिलना और उसका मालामाल हो जाना...।

2. शीर्षक के आधार पर लघु कथा

शीर्षक के आधार पर लघु कथा करते समय हमें ध्यान रखना चाहिए कि कहानी शीर्षक के आस-पास ही घूमे जिससे कहानी का सार तो स्पष्ट हो साथ-साथ शिक्षा व शीर्षक भी स्पष्ट हो जाए।

उदाहरण : **'मन के हारे हार है, मन के जीते जीत' शीर्षक को आधार बनाकर लघुकथा लिखिए और उससे मिलने वाली शिक्षा भी लिखिए—**

मन के हारे हार है, मन के जीते जीत

किसी देश में अमरसेन नाम का एक राजा था। वह बहुत वीर और प्रजा का हित चाहने वाला था। उसकी प्रजा भी उसे बहुत चाहती थी। एक बार किसी बात से नाराज़ होकर उसके पड़ोसी राजा ने उस पर आक्रमण कर दिया। राजा अमरसेन अपनी सेना के साथ बहुत वीरता से लड़ा परंतु भाग्य ने उसका साथ नहीं दिया। युद्ध में उसकी पराजय हुई। उसके बहुत से सैनिक मारे गए। शत्रु के सैनिक उसे जीवित पकड़ना चाहते थे पर वह किसी तरह युद्ध भूमि से बचकर वहाँ से भाग निकला। शत्रु से बचता-बचाता वह एक जंगल में जा पहुँचा। वह छिपकर एक गुफ़ा में रहने लगा। गुफ़ा में रहते-रहते उसे अपने परिवार व देश की बहुत याद आती थी । वह किसी तरह अपना खोया राज्य पुनः पाना चाहता था, परंतु उसे कोई उपाय सूझ नहीं रहा था। वह मन हारकर बैठ गया। एक दिन वह गुफ़ा में बैठा कुछ सोच रहा था, तभी उसकी दृष्टि एक चींटी पर पड़ी। वह दीवार पर चढ़ने का प्रयास कर रही थी। राजा ने देखा चींटी ऊँचाई पर चढ़ती और फिसलकर नीचे गिर पड़ती। चींटी ने अनेक बार प्रयत्न किए। हर बार चींटी जब नीचे गिर जाती तो अमरसेन को उस पर दया आ जाती। वह सोचने लगा कि बहुत हो चुका अब शायद चींटी की हिम्मत ने जवाब दे दिया है। अब वह दीवार पर चढ़ने की कोशिश नहीं करेगी। पर वह यह देखकर हैरान रह गया कि चींटी ने फिर से हिम्मत जुटाई और इस बार दीवार पर चढ़ने में सफल हो गई। यह देखकर अमरसेन को सुखद आश्चर्य हुआ। इस घटना ने उस पर गहरा प्रभाव डाला। उसका खोया हुआ विश्वास फिर से जाग उठा। उसने सोचा, जब एक चींटी बार-बार गिरने पर भी कोशिश कर दीवार पर चढ़ सकती है, तो भला मैं अपने शत्रुओं को क्यों नहीं हरा सकता। राजा अमरसेन की आँखों में आशा की चमक आ गई। उसने नए जोश एवं साहस के साथ अपनी सेना तैयार की और शत्रु पर धावा बोल दिया। शत्रु अचानक हुए इस हमले के लिए तैयार नहीं था। शत्रु की हार हुई अमरसेन को अपना राज्य फिर से मिल गया। किसी ने ठीक कहा है,"मन के हारे हार है, मन के जीते जीत।"

शिक्षा : *मनुष्य को विपरीत परिस्थितयों में भी अपने साहस को बनाए रखना चाहिए।*

वर्णनात्मक प्रश्न

1. 'करत-करत अभ्यास के जड़मति होत सुजान' शीर्षक को आधार बनाकर लघु कथा लिखिए और उससे मिलने वाली शिक्षा भी लिखिए।

उत्तर : **करत-करत अभ्यास के जड़मति होत सुजान**

पुराने समय की बात है, छोटे से गाँव में एक गुरुकुल था; जहाँ प्रत्येक वर्ग के विद्यार्थी अध्ययन किया करते थे परंतु उनमें साहिल नाम का एक ऐसा विद्यार्थी था जो मन से चंचल था। उसका विद्या अध्ययन करने में बिलकुल भी मन नहीं लगता था।

स्व-अभ्यास प्रश्न। विस्तृत समाधान हेतु यह स्कैन करें।

एक दिन गुरुकुल में गुरुदेव ने सभी विद्यार्थियों को रामचरितमानस का पाठ याद करने के लिए दिया। अगले दिन सभी विद्यार्थी वह पाठ याद करके आए और गुरु को सुनाया। जैसे ही साहिल का नाम पुकारा गया, वह शांत हो गया। उसे कुछ याद ही नहीं था। गुरुदेव ने उसे एक दिन का और समय दिया। साहिल घर गया। उसने पुनः रामचरित मानस का पाठ याद किया परन्तु भूल गया। ऐसा 2–3 दिनों तक चला परंतु उसे पाठ याद नहीं हुआ। इसके चलते गुरुदेव ने उसे डाँटते हुए अक्ल का पत्थर (मूर्ख) कहकर गुरुकुल से निकाल दिया ।

साहिल निराश होकर गुरुकुल से चला गया। किन्तु उसके मन में अक्ल का पत्थर (मूर्ख) वाली बात निरंतर घूमती रही। वह आगे एक कुएँ के पास पानी पीने के लिए रुका, जहाँ एक बूढ़ी दादी कुएँ से जल निकाल रही थी। साहिल ने कुएँ से पानी निकालने में उनकी मदद की और पानी के लिए विनती की। बूढ़ी दादी ने उसे पानी पिलाया और उसके निराश चेहरे को देख उसकी वजह को जानने का प्रयास किया। साहिल ने बूढ़ी दादी को पूरी कहानी बताई। तब बूढ़ी दादी ने उसे समझाया कि, "बेटा, कभी भी निराश नहीं होना चाहिए। जैसे कि तुमने जब कुएँ से पानी निकाला तब देखा कि कैसे रस्सी की निरंतर रगड़ से कठोर पत्थर पर भी निशान आ गए हैं, उसी प्रकार किसी भी कार्य का निरंतर अभ्यास करने से अंत में सफलता अवश्य मिलती है। कितना भी मूर्ख व्यक्ति क्यों न हो वह भी बुद्धिमान बन सकता है।"

साहिल को बूढ़ी दादी की बात समझ आ गई। कुछ ही महीनों बाद उसे रामचरितमानस का पाठ कंठस्थ हो गया। उसने गुरुकुल लौटकर रामचरितमानस का मौखिक पाठ सबको सुनाया। साहिल के निरंतर प्रयासों से वह कक्षा का सबसे होनहार विद्यार्थी बन गया।

शिक्षा : *बार-बार अभ्यास करने से कठिन कार्य भी सरल-सहज हो जाता है, अंत में सफलता अवश्य मिलती है।*

2. 'लालच बुरी बला है' शीर्षक को आधार बनाकर लघु कथा लिखिए और उससे मिलने वाली शिक्षा भी लिखिए—

उत्तर : **लालच बुरी बला है**

एक पिता अपने दोनों बेटों से बहुत प्यार करते थे। यह सोचते थे कि शहर चले जाएँ तो दोनों बेटों का भविष्य उज्ज्वल हो जाएगा। उन्होंने अपना पुश्तैनी घर बेच दिया। गाँव में चोरियाँ बहुत हो रही थीं। इसलिए उसने सारा पैसा एक खेत में गाड़ दिया। घर पहुँचकर घर बेचने की बात दोनों बेटों को बताई और यह भी बताया कि घर का नया मालिक एक-दो दिन में यहाँ रहने आ जाएगा। इसलिए शहर चलने की तैयारी शीघ्र करनी होगी।

घर बिकने की बात सुन दोनों बेटों के मन में खोट आ गया। दोनों सोचने लगे कि क्यों न मैं ही सारा पैसा हड़प लूँ। तरकीब सोचते हुए दोनों अपने पिता के पास गए और पूछा, "पर पैसा तो आप लाए नहीं।" पिता ने उत्तर दिया, "अरे, सारे पैसे मेरे पास हैं, तुम दोनों चिंता मत करो।"

रात को बड़ा बेटा उठा और सोते हुए पिता के सामान की तलाशी लेने लगा। तभी छोटा बेटा भी वहाँ पैसा ढूँढ़ते हुए पहुँच गया। एक-दूसरे को देख दोनों घबरा गए। तब फुसफुसाते हुए दोनों ने तय किया कि इस बूढ़े पिता को साथ ले जाकर क्या करेंगे। क्यों न हम दोनों मिलकर पैसा ढूँढे। जब पैसा मिल जाएगा तो उसका बराबर बँटवारा कर शहर भाग जाएँगे।

उन्हें पता ही नहीं चला, पिता की नींद खुल गई थी और वे उनकी सारी बातें सुन रहे थे।

अगले दिन उन्होंने सारा पैसा जमीन से निकाला और एक वृद्ध आश्रम को दान कर दिया। वे अपने बेटों की घृणित सोच से इतने दुखी हुए कि उन्होंने फ़ौरन घर छोड़ दिया और साधू का वेश धारण कर गाँव से हमेशा के लिए चले गए।

दूसरे दिन नया मकान मालिक आया और उसने दोनों बेटों को घर से निकाल दिया। अब दोनों के पास न पिता था, न घर था, और न ही पैसा।

शिक्षा : *लालच की वजह से दोनों के हाथ से पैसा भी गया, उज्ज्वल भविष्य की उम्मीद भी और पिता का प्यार भी। इसलिए लालच को बुरी बला कहा गया है ।*

3. 'बिना विचारे जो करे, सो पाछे पछताय' शीर्षक को आधार बनाकर लघु कथा लिखिए और उससे मिलने वाली शिक्षा भी लिखिए—

उत्तर : **बिना विचारे जो करे, सो पाछे पछताय**

एक समय की बात है। राजा विक्रम सेन अपना शासन चलाते थे। वह बहुत ही दयालु प्रवृत्ति के थे। हालाँकि किसी भी कार्य को वह बिना विचारे ही कर देते थे, जो उनका स्वभाव बन गया था। जो उस राजा की सबसे बड़ी कमजोरी थी। राजा के पास एक चिड़िया थी, जो उन्हें अपने प्राणों से प्रिय थी। राजा की तरह चिड़िया भी उन्हें पसंद करने लगी थी। एक बार चिड़िया ने राजा से कहा कि वह अपने परिवार वालों से मिलना चाहती है। यह सुनकर राजा ने उसे तत्काल जाने की अनुमति दे दी।

जब वह अपने परिवार वालों से मिलकर राजा के पास आ रही थी, तो चिड़िया के पिता ने राजा को देने के लिए एक अमृत फल दिया। चिड़िया खुशी-खुशी उसको लेकर राजमहल में जाने लगी। महल दूर होने की वजह से रास्ते में ही रात हो गई।

चिड़िया रात में वहीं एक पेड़ पर बैठ गई। उस पेड़ के नीचे एक साँप रहता था, जो भूखा था। भोजन की तलाश में साँप ऊपर की तरफ आ गया। जहाँ चिड़िया के समीप रखे अमृत फल को साँप ने चख लिया। जिस वजह से वह फल जहरीला हो गया।

सुबह होते ही चिड़िया अमृत फल को लेकर महल की तरफ जा पहुँची और पिता के द्वारा दी गई भेंट को राजा को दे दिया लेकिन मंत्री ने राजा से कहा कि पहले इसका परीक्षण करवाना उचित रहेगा। राजा ने उस फल का परीक्षण एक पशु पर करवाया।

फल का टुकड़ा खाते ही पशु मर गया और वह अमृत फल विषैला फल सिद्ध हो गया। इस बात पर राजा काफी क्रोधित हो गए और चिड़िया से कहा कि, "धोखेबाज चिड़िया! तू मुझे मारना चाहती है। अब तू ही मर।" राजा ने चिड़िया को मौत के घाट उतारकर महल के बाहर बगीचे में उस अमृत फल के साथ गढ़वा दिया। उस स्थान पर एक वृक्ष खड़ा हो गया जिस पर कई अमृत फल लगने लगे थे। मंत्री ने राजा से कहा कि यह फल भी विषैले होंगे, अतः इसके पास किसी को न जाने की आज्ञा देना उचित रहेगा। सम्राट ने आदेश जारी करते हुए पेड़ के चारों तरफ ऊँची-ऊँची दीवारें बनवा दीं ताकि कोई पेड़ तक पहुँच न पाए।

उस राज्य में एक बूढ़ा और बुढ़िया रहते थे, जो भयंकर कोढ़ रोग से ग्रस्त थे। वह भूखे भी थे। जिस पर बुढ़िया ने बूढ़े से कहा कि महल से उन विषैले फलों को क्यों नहीं तोड़ लाते ताकि हम इन कष्टों से आजाद हो सकें।

बूढ़े ने अपना प्रयास कर महल से वह विषैले फल प्राप्त कर लिए और दोनों ने आधा-आधा फल खाया लेकिन इस फल को खाने के बाद दोनों का रोग समाप्त हो गया। यह देख वह आश्चर्यचकित हो गए। उन्होंने सारा वृत्तांत राजा को कह सुनाया।

राजा उनकी बातों को सुनते ही अपने किए पर पछतावा करने लगे। उस समय राजा ने एक निश्चय किया कि वह भविष्य में कभी भी कोई भी काम बिना सोचे-समझे नहीं करेंगे। राजा ने चिड़िया की याद में महल के बाहर एक भव्य मंदिर का निर्माण कर सदा-सदा के लिए उस चिड़िया को अमर कर दिया।

शिक्षा : *बिना सोचे विचारे कोई भी काम नहीं करना चाहिए।*

4. 'परोपकार सबसे बड़ा धर्म' शीर्षक को आधार बनाकर लघु कथा लिखिए और उससे मिलने वाली शिक्षा भी लिखिए—
[Delhi Gov. 2021]

उत्तर :

परोपकार सबसे बड़ा धर्म

समुद्र के किनारे एक लड़का अपनी माँ के साथ रहता था। उसके पिता नाविक थे। कुछ दिनों पहले उसके पिता जहाज लेकर समुद्री-यात्रा पर गए थे। बहुत दिन बीत गए पर वे लौटकर नहीं आए। लोगों ने समझा कि समुद्री तूफान में जहाज डूबने से उनकी मृत्यु हो गई होगी।

एक दिन समुद्र में तूफान आया, लोग तट पर खड़े थे। वह लड़का भी अपनी माँ के साथ वहीं खड़ा था। उन्होंने देखा कि एक जहाज तूफान में फँस गया है। जहाज थोड़ी देर में डूबने ही वाला था। जहाज पर बैठे लोग व्याकुल थे। यदि तट से कोई नाव जहाज तक चली जाती तो उनके प्राण बच सकते थे।

तट पर नाव थी; लेकिन कोई उसे जहाज तक ले जाने का साहस न कर सका। उस लड़के ने अपनी माँ से कहा—"माँ ! मैं नाव लेकर जाऊँगा।" पहले तो माँ के मन में ममता उमड़ी फिर उसने सोचा कि एक के त्याग से इतने लोगों के प्राण बचा लेना अच्छा है। उसने अपने पुत्र को जाने की आज्ञा दे दी।

वह लड़का साहस करके नाव चलाता हुआ जहाज तक पहुँचा। लोग जहाज से उतरकर नाव में आ गए। जहाज डूब गया। नाव किनारे की ओर चल दी। सबने बालक की प्रशंसा की और उसे आशीर्वाद देने लगे संयोग से उसी नाव में उसके पिता भी थे। उन्होंने अपने पुत्र को पहचाना। लड़के ने भी अपने पिता को पहचान लिया। किनारे पहुँचते ही बालक दौड़कर अपनी माँ के पास गया और लिपटकर बोला, "माँ! पिता जी आ गए।" माँ की आँखों में हर्ष के आँसू थे। लोगों ने कहा, "परोपकार की भावना ने पुत्र को उसका पिता लौटा दिया।"

शिक्षा : *परोपकार से मन को शांति और सुख मिलता है। परोपकारी व्यक्ति का नाम संसार में अमर हो जाता है।*

5. 'यदि मैं सुपरमैन होता' शीर्षक को आधार बनाकर लघु कथा लिखिए और उससे मिलने वाली शिक्षा भी लिखिए—
[Delhi Gov. 2021]

स्व-अभ्यास प्रश्न। विस्तृत समाधान हेतु यह स्कैन करें।

CPSIA information can be obtained
at www.ICGtesting.com
Printed in the USA
BVHW011501300322
632853BV00015B/938

9 789355 611253